意志的胜利
战斗研究

[法]阿尔当·杜皮克　著

张潜 无形大象　译

台海出版社

图书在版编目（CIP）数据

意志的胜利：战斗研究／（法）阿尔当·杜皮克著；
张潜，无形大象译. -- 北京：台海出版社，2022.5
ISBN 978-7-5168-3229-5

Ⅰ. ①意… Ⅱ. ①阿… ②张… ③无… Ⅲ. ①战争—
研究 Ⅳ. ① E8

中国版本图书馆 CIP 数据核字（2022）第 028431 号

意志的胜利：战斗研究

著　　者：[法] 阿尔当·杜皮克		译　　者：张潜 无形大象
出 版 人：蔡　旭		责任编辑：戴　晨
视觉设计：王　星		策划编辑：周　静

出版发行：台海出版社

地　　址：北京市东城区景山东街 20 号　　　　邮政编码：100009

电　　话：010 – 64041652（发行，邮购）

传　　真：010 – 84045799（总编室）

网　　址：www.taimeng.org.cn/thcbs/default.htm

E – mail：thcbs@126.com

经　　销：全国各地新华书店

印　　刷：重庆市联谊印务有限公司

本书如有破损、缺页、装订错误，请与本社联系调换

开　　本：787mm×1092mm　　　　　　　　1/16

字　　数：229 千　　　　　　　　印　　张：13.5

版　　次：2022 年 5 月第 1 版　　　印　　次：2022 年 7 月第 1 次印刷

书　　号：ISBN 978-7-5168-3229-5

定　　价：99.80 元

COLONEL ARDANT DU PICQ

△阿尔当·杜皮克

23.10.20

Mon cher Général,

Le Colonel Ardant du Picq a été l'avocat de la force morale, de l'élément le plus puissant de la valeur des armées. Il en a montré l'influence prépondérante dans le sort des batailles. C'est une œuvre des plus utiles qu'a faite M. votre fils en traduisant ses écrits. Il en trouverait d'ailleurs une large justification dans l'attitude de l'armée américaine au cours de la dernière guerre notamment dans la campagne de 1918.

Croyez, mon cher Général, à mes meilleurs sentiments,

F. Foch.

△阿尔当·杜皮克的手稿

目录

导　言

本书[①]为大众呈现的是阿尔当·杜皮克上校的全部著作，全书按照作者的计划编排，并补充了未曾出版的文章和资料。

部分未出版的资料曾刊载于《战斗研究》第1版（阿谢特与迪迈纳出版社，1880年）。本书的再版与初版间隔的时间较长，最初在军事思想界并无特别影响，但是因此书像优美而生动的教义，书中的理念已经在一批忠实的拥趸者中扎根。

对熟悉本书的人而言，无需强调这部再版之作的重要性与实用性。在新版中，过去的读者们将找到更多引人入胜的材料。他们也会欣喜于这位导师的声望：作者的结论阐述赢得了军事界的高度赞赏，评价逐年增长。他的作品理应得到大众的关注，而不是只在专业领域的作者和军界人士中流通。这些兼具力量与悲悯之美的文字理应传播得更远，呈现在所有能够欣赏深沉思想的读者面前。而随着新的读者得以拓宽视野，他们也无疑会成为本书的拥趸者。

在阅读本著作时，首先应该了解其主要组成、贯通全文的总体理念以及作者的目的。但我们也不能忘记，由于阿尔当·杜皮克在沙场上光荣牺牲，这部著作不幸成为残本。

1870年，阿尔当·杜皮克上校在梅斯附近死于普鲁士人的炮弹，他的遗作可以明确地分为两类：

1. 已完成的作品：一本小册子（印刷于1868年，但未市售），其内容即本书第一部分"古代战斗"；1865年撰写的一系列回忆录和研究，组成了附录1和2的一部分。

2. 留在纸上的草稿笔记，一些不加修订即可构成独立章节，但也有一部分因为匆忙之中草拟而较为简短。我们能从这些笔记中勾勒出一个全心投入、孜孜不倦的思想者形象，笔记的内容或措辞简短，或分散成段，包括评论和回忆，后

---

① 译注：本书由英译版转译而成，英译版系翻自法语第8版。

人在此基础上编写、整合和补充，完成了修订版本；整合后的笔记构成了本书的第二部分"现代战斗"；这些笔记的灵感源自附录的特定研究和回忆录，以及作者所致力的战斗研究，1868 年的小册子在结尾粗略地介绍过其研究内容。上校从亲历战争的军官朋友、长官、同僚和部下中开始调研，这份研究占据了他人生的一大部分。

在记录军官们指挥作战或接触敌军的经历时，为准确无误地收集信息，杜皮克向每位军官印发了统一样式的问卷，该问卷最初是为在利摩日指挥第 21 师的拉丰·德维莱尔将军准备的。这些资料有着难以估量的价值，启发了阿尔当·杜皮克那源源不断的思绪，以及他条理清晰的头脑所预见到的那场改革。问卷调查的形式反映出其忠实、准确地记录事实的研究原则。杜皮克的整个研究从萌芽阶段起就遭到质疑，这是他初次尝试与众不同的研究方法。

问卷的答复由他的家人精心保存，我们从中摘选了部分，收录于附录 2——《历史资料》中。按照作者本人热切的愿望，这些重见天日的资料构成了本书的最后部分。资料中的叙述均带有实例，这些历史的真实沉淀佐证了作者的战略学说。

在编排这一版本时，我们怀着对阿尔当·杜皮克的绝对尊敬，努力不做任何增减，意将其著作原原本本地呈现给读者。其中，一部分文章的前后关联性不强——那是作者迸发出的灵感火花，要是做些多余的修订，反而会让其失色；还有一些内容重复的篇章，是证明本书的第二部分"现代战斗"基于附录写成。此外，或许需要说明的是，这部骤然停笔于 1870 年的作品内含一些批判性评论（比如对参谋部），旨在呼吁一场激进的改革。

欧内斯特·朱代[1]

---

[1] 译注：法国著名媒体人，曾任《小新闻报》主编。

杰出的军事思想家

　　1870 年 8 月 15 日清晨，在朗格维尔 – 莱斯 – 梅斯附近，一枚普鲁士流弹击伤了第 10 线列步兵团团长[①]。这位不知名的普鲁士枪手永远不会知道，他打死的人是我军中最聪慧的军官之一、最清醒的哲人之一，天妒英才，令人扼腕叹息。

　　根据年度登记册的记载，阿尔当·杜皮克指挥一个团，被任命为最高统帅麾下的一线军官。当他倒下的时候，法国正陷入严重的混乱之中，他预见、预言和担心的事情都在可怕地发生着。他是不为人知的栋梁之材，他那未被承认的价值，在他付出巨大的代价之后，却取得了成功。战争的惨败让我们意识到了他的忠言，让他的精神重见天日，我军部队的损失惨重，反而催生了改革的必要性。只有军事思想家的刚健思想才能带来胜利和确保战胜国长盛不衰。要命的惰性招致了敌人入侵，使法国失去了两个省份[②]，并且陷入了战败国的道德困境和社会痼疾的泥沼。

　　阿尔当·杜皮克的心灵和头脑都在恪守一个极具价值但又令人怀疑的理念。在我国的历史长河中，当整个法兰西民族处于前途渺茫的卑微地位时，美德被长久地置之脑后了。人民群众在难得一见的个人身上，发现了某些被浪费了的天赋，例如聪明才智、精神活力、英雄气概和几近超凡的理解能力，尽管发现得太晚了。

[①] 译注：原文是上校（colonel），鉴于当时军衔和职务的分野还不够大，colonel作为职务时一律译作团长。

[②] 译注：法国在普法战争战败后，向普鲁士/德意志帝国割让了阿尔萨斯和洛林省。

在物质颓废和精神萎靡的时代，这样的人物简直是鹤立鸡群。他们继承了所有早已过时了的品质，为几代人树立了榜样，将他们团结在一起，让他们多些远见，少些堕落。阿尔当·杜皮克就是那颗在我们的军事思想黯淡无光的时候熠熠生辉的明星，当我阅读他的杰出著作时，想到在他的聪明才智尚未得到施展之前击中他的致命子弹，我就黯然神伤。我们的失败似乎更加令人痛心疾首，他的英年早逝让我们更加难过。

幸运的是，他的后继者对他更加尊重和信任，他那些曾经不受欢迎的学说，大幅度地促进了我军军官的成长和教育，我们后来者将受到他的独到见解和其中蕴含的永恒真理的启发，将从他的著述中学习领导和训练我军年轻士兵的艺术，并有希望挽回前辈们付出的惨痛损失。

阿尔当·杜皮克以其坚韧不拔的精神力量令人啧啧称奇，在外无救兵、孤军奋战的艰难困苦下，依然精力充沛，不知疲倦。

军队中的大部分老资格人士对未来动向并不上心，他们玩忽职守，对先前战争中取得的荣誉志得意满，信奉过时的军事理论，搞蹩脚的阅兵式，蔑视外军的组织手段，固守不需要任何改进工作的已有的、不变的优势，甚至没有想到线膛枪和速射炮的发展所带来的根本性变革，而阿尔当·杜皮克却在为国计民生而奋斗。他低调谦虚，远离喧嚣，独自营建一座孤独的殿堂，其中充斥着永不停歇的实践和崇高的努力。他的身上燃烧着本该感动全体参谋人员和高级将领的激情，却眼睁睁地看着他的同代人在蒙头大睡。

面对在第一轮打击下就被打得粉碎的现有指挥和备战体制，他的洁身自爱使他出淤泥而不染。当担惊受怕的当权派，从傲慢和草率变得沮丧和迷茫时，敌人的打击正在袭来。依靠杰出的历史天赋，他研究了古代战争的规律，尽管相关史料浩如烟海，但解读和诠释工作却乏善可陈。随后，狂热的求知欲使这位军人投入了他所青睐地对现代战争规律的研究工作中。在这番研究工作中，他完善了自己的心理学成就。通过利用这些成就，他将作战理论删繁就简。通过剖析人类心灵的运行脉络，他公布了关于战斗基本原则的基础数据。他发现了战斗的奥义，胜利的诀窍。

阿尔当·杜皮克时刻铭记着，战斗才是军队的目标和存在的理由，以及最高的表现形式。任何偏离它们的形式，将军队引入歧途的措施，都是自欺欺人、空中楼阁和要命的。和平时期积累下来的所有资源，所有战术演变，一切战略算计，都仅仅是通往和平的工具、操演和参照物。他醉心于战争研究，所以他对战争的阐释解读将历久弥新。他痴迷于人在战斗中的角色。人是一种无可比拟的工具，人的特点、性格、精力、情感、恐惧、欲望和本能，比一切抽象规则和书本理论都强得多。战争，与其说是一门科学，不如说是一门艺术。让伟大战略家、军队统帅脱颖而出和永垂不朽的灵感，构成了不可预见和宛若神明的因素。天才将领从人类心灵中汲取能力来实施令人叹为观止的形形色色的行动，打破了既有成规；至于那些有眼无珠，不会汲取经验教训的平庸将领，注定会铸成大错。

由于急需一种纠正现有谬误和混乱的理论，阿尔当·杜皮克坚持不懈地去做追本溯源的工作。他焦急万分地教导有前途的军官，用无可争辩的经验教训来磨砺他们，使之更快地成熟起来，用他对历史事件的热情来鞭策他们，他在决定帮助他们的同时，继续自己的研究。他义无反顾地抨击当时普遍存在的陈词滥调，将毕生研究的问题转化为一系列基本命题。他最全面地提出了困扰着所有军人的基本问题，这些基本问题的知识在不同的完善程度上对军人做了区分和分类。

他用无可比拟的精神手段塑造他们中的每一个人，以某种严苛的手段雕琢他们，将一种动人心魄的权威传递给他们，并在他们的头脑中具体化，同时给予他们一种依然适用于过去、现在和未来军队的积极正面的形式。下文是关于若干简单和急迫问题的论述，这些问题在今天（1902 年）仍然像在 1870 年一样重要：

将军阁下：

在上个世纪，腓特烈大帝①改进了线膛枪和野炮，并且让普鲁士取得了几场战争的胜利之后（今天，新式线膛枪和火炮得到了改进，它们让我们取得了最近几场胜利），我们发现军队里每个有想法的人都在扪心自问："明天我们该怎样打仗？"我们在战斗问题上没有定论可言，而截然不同的各种战法会混淆军人的心智。

原因何在呢？答：这是一个根本性的常见错误。可能有人会说，没有人愿意

---

① 译注：腓特烈二世（德语：Friedrich II, 1712—1786），1740年至1786年任普鲁士国王。他最重要的功业包括打赢奥地利王位继承战争、七年战争，重组普鲁士军队、首次瓜分波兰，以及对艺术和启蒙运动的赞助。在他的统治下，普鲁士领土大为扩张，成为欧洲的一个主要军事大国，因此被尊称为腓特烈大帝（德语：Friedrich der Große），也被称为"老弗利茨"（德语：der Alte Fritz）。

承认我们必须温故而知新，因为过去的事情不会准确无误地记录在案。昨天的教训只存在于那些知道如何记忆的人的记忆之中，因为他们知道如何耳闻目睹，但他们不会把所见所闻说出来。我要呼吁他们说出来、写下来。

对我这个军人而言，来自战争中真实事件的细枝末节，比上所有蒂尔斯[①]和约米尼[②]的著述更具教育意义。他们俩无疑是作为国家元首和军队统帅著书立说的，但他们从来没有向我们揭示我们想知道的东西，即营、连、班级行动。

关于一个团、营、连、班，知道它迎战敌人的部署或向敌人挺近的阵型是饶有兴味的。在意外地形和危险迫近的单一或共同影响下，它的部署或阵型会如何随机应变呢？

在迫近敌人时，这个阵型会发生变化还是维持不变呢？

进入敌军枪、炮射程之后，它会发生什么变化？

在开火、冲锋或二者兼而有之的行动开始之前，部队在多大距离处自发或奉命排兵布阵？

战斗是怎样开启的？士兵们是如何置身其中的？（这可以从以下研究结果中得到结论：发射了多少子弹，多少人中弹倒地——如果这些数据有案可查的话。）冲锋是如何进行的？敌人在距离我军多远处掉头逃窜？在秩序井然和部署得当时如何对敌人实施火力打击，或者说，在敌人采取的某种行动面前，冲锋会在多大距离上退却？冲锋一方会付出多大代价？关于这所有的一切，敌人方面是如何行动的？

在战斗之前、期间和之后，敌我双方的军官和士兵都有何举动？包括秩序井然和纷乱不堪、大呼小叫和鸦雀无声、手足无措和镇定自若。

在战斗中，士兵是如何受到控制和指挥的？在什么情况下，士兵为了冲杀向前或滞留后方而有了脱离阵线的倾向？

如果指挥者失去了对队伍的控制，那么，指挥者在什么时候不可能再掌握队伍了？

---

① 译注：玛丽·约瑟夫·路易·阿道夫·蒂尔斯（Marie Joseph Louis Adolphe Thiers, 1797—1877），法国政治家和历史学家。他是法国第二任当选总统，也是法兰西第三共和国第一任总统。

② 译注：安托万·亨利·约米尼（Antoine-Henri baron Jomini, 1779—1869），瑞士裔将领、军事理论家，先后在法军和俄军中效力，著述甚丰。

营长在什么时候失去了对部下的控制？同理，连长^①、排长、班长呢？简而言之，如果这样的事情真的发生了，什么时候会出现一种混乱的冲动，无论它来自前方还是后面，把长官和士兵都冲击得七零八落？

混乱势头是在什么地方和什么时候停下来的？长官在什么地方和什么时候得以重新掌控士兵的？

在战斗之前、之中和之后，营和连在什么时候进行点名？点名的结果如何？

参战双方各有多少人阵亡、负伤？军官、军士、下士和列兵等等官兵，都负了什么类型的伤势呢？

总之，所有这些细节都昭示了战斗的物质或精神方面，并使战斗活灵活现。仔细研究一番之后，我们也许就会发现，对身为军人的我们来说，相比于战场上伟大战事中伟大统帅的运筹帷幄和调兵遣将方面的所有讨论，这些问题具有更大的指导意义。从团长到列兵其实都是士兵，而非将军，因此这些都是我们渴望了解的专业知识。

当然，人们不可能获得关于同一事件的全部细节，但是，从一系列真实可靠的记载中，应该能够得到全套的特征性细节，这些细节本身就很容易以一种引人入胜、无可辩驳的方式，展现战争中某一时刻必然和强行发生的事情。以这种方式获取的对士兵的评估，可能会成为未来一种合理战斗手段的基础，也会提醒我们警惕先入为主和迂腐不堪的学院派战术。

凡是见证过战斗的人，都会根据自己的学识和戎马生涯来采用某种战斗手段。但是，经验之海无涯而人生有涯，因此，每个人都无法获得全部经验，除非他善于吸取别人的经验来加以完善自我经验。

将军阁下，这就是我冒昧地向您请教经验的原因。

证据是沉甸甸的，至于其他事情，将军，无论您是否愿意帮忙，都请您亲切地接受您最忠实的仆人最恭敬挚诚的敬意。

阅读这份文章，足以揭示阿尔当·杜皮克理所应得的荣耀。他更清楚地揭示

---

① 译注：原文是上尉（captain）。鉴于当时军衔和职务的分野还不够明晰，所以当captain做职务时，一律译作连长。

让自己的职业臻于完美的手段。在所有职业中，军事对谋略的涉猎最为深刻。

我荣幸地将"思想家"和"军事家"联系起来，目前，那些由先入为主的观点产生的无知，经常把这两个词割裂开，因为这样的观点倾向于认为"思想家"和"军事家"是风马牛不相及和水火不容的。

然而，没有什么职业比真正的军事行当更适合刺激脑力活动。军事是一种最需要行动的行业，同时，根据时间和地点的变化及其组合的不同，军事行动也千变万化。没有比军事更加复杂、困难的职业了，因为军事的存在目的和理由，是通过训练和忍耐源于恐惧的自保意识来培养人，使之克服疲劳和艰险，换句话说，就是从天性中汲取与天性截然相反和对立的东西。

然而，在军事生活的习惯中有许多例行公事的东西，滥用这些东西可能带来令人反感的讥讽，进而引发嘲笑。可以肯定的是，军事生涯有两个阶段，因为它必须同时满足两个迫切需要。平庸之辈会因此退缩和畏惧，他们通过牺牲其中一个来解决问题。如果人们只考虑军事生活中较为低级和有些庸俗的方面，就会发现它是由一种必须重复的机械程序包裹起来的单调义务组成的。如果一个人学会了从整体和宏观角度去把握它，他就会发现，终极考验的时刻需要他成为精力充沛、斗志昂扬、聪明睿智和坚决果敢的奇才！从这个角度和这种情况来看，令人厌倦的驻防生活中的日常琐事，会给予他某种美好的补偿。这些补偿消除了由心智上的惰性和绝对服从的习惯而产生的错误和可鄙的结果。如果屈从于它们产生的麻木不仁，即使最聪明的脑袋瓜都会逐渐生锈和萎缩。由于不能执行英勇雄健的行动，它会拒绝以适当的主动性进行自我更新。一支不能永远保持警惕的军队是病态的，直到敌人证明它行将就木。

因此，我们决不能把例行公事当作军纪不可或缺的伴生品，反而必须不断表明，例行公事中存在着破坏和损失。只有当军纪不知道其活力和伟大之处时才会退化堕落。那些堪为导师的名将都把这个真理当作他们克敌制胜的开端，而且我们发现，最卓越的导师是最严厉的导师。我们听听腓特烈大帝对其在西里西亚实施的机动的批评吧：

在巡阅过程中发现的最大错误，就是你们这帮军官用只有上帝才知道的丑事自娱自乐，却从来没有想过做一丁点正经事。这是愚蠢的根源，一旦发生激战，这种愚蠢就会变得极其凶险。让鞋匠和裁缝当兵，并且让他们当将军是愚不可及的！这些蠢事有大有小，因此，在大多数步兵团中，列兵没有得到良好的训练，查兰巴团的士兵最为糟糕；萨登团的士兵一无是处；凯勒、埃拉赫和哈格尔团里的士兵也强不到哪儿去。为何如此呢？答案是军官们都很懒散，他们想方设法减少麻烦，尽可能让自己远离是非。

在某些战役中，如果没有能以高人一筹的韬略，重塑损兵折将和缺乏经验的军队的杰出将领，那么，用阿尔当·杜皮克的理念来武装这支军队是至关重要的。那些根据他的想法、他的著作塑造出来的人，永远不会犯错。他的著作不是为了符合美学方面的严谨性，而是充斥着无限的挚诚，因此，蕴含着无可辩驳的事实和理论。

杜皮克的残缺著作永垂不朽，任凭光阴荏苒却历久弥新，被德国子弹中断了的作品成了永远屹立不倒的丰碑。这部著作有血有肉、有灵有魂。它入木三分地浓缩了事实，用简单的词汇表达了复杂的思想。这些经过深思熟虑的词汇言简意赅，投射出作者心中的熊熊烈焰，阐明了作者的宏伟信念。清晰的轮廓、简洁的触感，使未来的影像从对过往的分析解读中脱颖而出。这部著作确确实实地包含了预见性工作的实质和精髓。

在对这部著作的卓尔不凡的赞扬声中，也许没有比巴比·德奥雷维尔①的评价更令人刻骨铭心了。此君是一位家族具有悠久历史、豪爽的贵族血统的杰出文学家，他的评论满纸皆是直抒胸臆，颇具启发性，远远脱离了通常狭隘技术性主题概念的窠臼。德奥雷维尔坦承自己在战争方面一无所知，但他作为一个圈外人的真情实感的悼词，只会令人更加无法抗拒。

巴比·德奥雷维尔写道：

从来没有哪位实干家——尽管在普遍的偏见眼光中他做的是粗鄙野蛮的事情，比他更加卓有成效地令战争精神熠熠生辉。机械——可憎的机械，将全世界玩弄

---

① 译注：儒勒·阿梅迪·巴比·德奥雷维尔（Jules-Amédée Barbey d'Aurevilly, 1808—1889），法国小说家和短篇小说作家。

于股掌之中，将世界碾压在愚不可及却又无从抗拒的车轮之下。由于新近发现和改进了的设备的作用，战争科学在很大程度上成为一种破坏手段。然而在这个喧嚣躁动的现代世界中，我们发现了一个对自己的思想收放自如的天纵英才，绝不会任由这些可怕的发明、发现支配，我们知道，如果没有这些发明和发现，普鲁士国王腓特烈、法国皇帝拿破仑等名将都不可能脱颖而出，只能沦为无名小卒。阿尔当·杜皮克上校曾经告诉过我们，他从未完全信服腓特烈和拿破仑倚为股肱的庞大军队，他认为他俩本身的价值就超过了最庞大的军队。可是在今天，这个生机勃勃的头脑，再也不相信会消灭这些大军的机械或数学力量了。他是一部没有丝毫情感的计算器，他认为人类的头脑是战争的根本，因为正是人类头脑引发了战争，他肯定比任何人都更清楚地看到他必须斟酌的战争外界条件的深刻变化。但是，战争中产生的精神条件并没有发生变化，这就是人类永恒不变的心灵。通过训练，心灵能够提升到具有登峰造极力量的境界；这就是罗马人的纪律，它像水泥一样把士兵砌成坚不可摧的铜墙铁壁；这就是凝聚力，即士兵与其领袖之间的精诚团结，这就是使人相信胜券在握的冲动所产生的精神力量。

有一天，德·梅斯特[①]对这种胜利的现象大感不解，他说："胜利就是前进。"《战斗研究》的作者更加言简意赅地说："胜利就是确保解决敌人。"总而言之，赢得战斗的是心灵，而且将永远赢下去，在历史上永远赢得胜利。从古至今，战争的精神和思想品质始终如一。机器设备、现代武器，由人类及其科学发明的所有火炮，都不会终结这种一度被轻率的认定为人类灵魂的东西。阿尔当·杜皮克等人的著作，使精神不至于遭到轻忽，即使这部杰作没有产生其他效果，这一个论述就足以证明它是千真万确的。但是，如果还有其他著作——肯定会有，我也只是想指出这部指导性著作的伟大之处，对我来说，此书像天堂的诗歌一样肋生双翅，它带着我飞越和远离我这个时代物质贫乏的世界。战术技术和战争科学不是我擅长的领域。我不像本书作家那样，对演习和战场都了如指掌。但是，尽管我对军事一无所知，但我已经感受到军事领域充斥着令人感觉拨云见日的真知灼见。他的著作给读者一种精神上的提高，而按照作者的说法，心理优势才是决定战争得失成败

---

① 译注：哈维尔·德·梅斯特（Xavier de Maistre, 1763—1852），法国军人兼作家。

的要素。就像真理本身一样，这种心理优势是不容置疑的，它来自一位领袖的卓越头脑，这位领袖激发出了部下对自己的坚信不疑，并以自己的力量让部下令行禁止。阿尔当·杜皮克上校只是一位军事作家，拥有其独特风格。他拥有拉丁人的简洁和专注。他的思想一以贯之，并将其思想整合起来，而且像组装子弹一样，总能用紧凑的短语将思想表达出来。他的风格像已经取代了刺刀的远程武器一样，既迅捷又精准，他具有当作家的天赋，即使跻身其他领域，他也会成为优秀的作家。他就是由具有自身独特风格的人组成的神圣兵团^①中的一员。

巴比·德奥雷维尔反对铺陈又臭又长的技术细节，却被作者的历史和哲学才华搞得不能自拔，他毫无困难地成为阿尔当·杜皮克的拥趸。杜皮克以同样的方式，轻松惬意地从阐述最乏善可陈的军事行动，到分析政府决策的重大职能和国家的发展演变，妙笔生花，包罗万象。

还有谁能够以更精湛的技巧，解读那个极其渴望在世界舞台上占据主导地位的新兴势力^②，在侵略扩张方面贪得无厌的原因呢？如果我国外交官、大臣和将军们对1866年奥地利的战败^③保持警惕的话，也许我们就不会在普法战争中失利了。

如果不从军入伍，贵族还有存在的理由吗？答：没有。普鲁士贵族本质上都是军人。贵族军官团确实会接纳平民出身的军官，但先决条件是他们自己愿意被贵族军官团接纳。

贵族本质上并不是一个傲慢的集团，但如果他们不傲慢就会缺乏自信。因此，普鲁士贵族趾高气扬，他们渴望依靠武力发号施令，统治国家，掌握更多权力，这就是他们存在的本质。普鲁士贵族集团通过战争实施统治，它渴望战争，必须在适当时刻发动战争。集团的领袖人物具有选择战争良机的卓越判断力。这种对战争的酷爱，存在于贵族生活的骨髓和外表之中。

---

① 译注：神圣方阵（sacred phalanx），即希腊城邦底比斯的神圣兵团（Sacred Band of Thebes）。公元前378年，古希腊城邦底比斯的将军高吉达斯创建了一支很特别的军队，即底比斯"圣军"，它由300人（150对）组成，士兵们是从底比斯的各个军团里面挑选出来的，而且这些士兵皆出身贵族。

② 译注：指普法战争前整兵经武、扩军备战、生机勃勃的普鲁士王国。

③ 译注：指1866年发生的普奥战争。地大人多的奥匈帝国，被貌似弱小一些的普鲁士迅速击败。号称欧洲陆军第一强国的法国，对普鲁士的兴起没有给予足够的重视，在四年后的普法战争中被打败。

每个拥有贵族阶层，即军事贵族集团的国家，都是以军事方式组织起来的。普鲁士军官是多才多艺的绅士和贵族；通过教育和考试成为最精明强干的人；贵族接受教育，成为国家栋梁。作为军官，普鲁士贵族有两个发号施令的动机，而法国军官只有一个。

尽管盖着一层遮挡本来面目的面纱，但是普鲁士王国本质上是一个由军事机关发号施令的军事组织。而一个基于民主体制的国家，不是从军事角度组织起来的。因此，与普鲁士相比，法国处于疏于战备的状态。

一个军国主义国家与尚武好战的国家并不完全相同。法国人由于组织和本能而尚武，但他们的军事化程度日渐式微。

作为一个军国主义国家的邻国，民主国家没有国防安全可言；两国是天生的仇敌，即使一个国家不会威胁另一国家的存在，也会威胁另一国家的正面影响力。只要普鲁士不是民主国家，它就是我们的心腹大患。

未来似乎属于民主，但是在未来欧洲实现民主之前，没人敢断言胜利和霸权不会暂时属于军国主义国家。但是，当没有更多外敌需要征服、监视，需要通过战斗来夺取控制权时，军国主义国家就没有存在的理由了，它很快就会由于缺乏维持其生命力的基础而覆灭。

在绘制一幅与尚武好战、渴望征服的普鲁士几乎一模一样的图景时，阿尔当·杜皮克的慧眼清楚地看到了迫在眉睫的危险，而他那些蒙在鼓里、不足挂齿的法国同胞却不当回事。萨多瓦战役后的次日清晨，没有一位政治家或宣传人员知道第10线列步兵团长一眼看到了什么，想到了什么。这段文字写于弗罗斯威勒、梅斯和色当惨败[1]之前，回想起来，它似乎是对那些满怀虚伪的自由主义或薄弱的意志、在霍亨索伦国家[2]问题上自欺欺人之辈的无情鞭挞。

在流行的理念、虚伪琐碎的共识、胡编乱造的理论、胡言乱语的公告、浪漫小说的痴人说梦、虚荣的骑士精神编织起来的多愁善感的氛围中，阿尔当·杜皮克卓尔不群、坚定不移，他夜以继日地辛勤耕耘着战争领域，没有谁比他更加洞

---

① 译注：都是普法战争中的战役。分别发生于1871年8月6日、1870年8—10月、1870年9月1—2日。
② 译注：普鲁士王国的王室是霍亨索伦家族，所以霍亨索伦国家指普鲁士王国和德意志帝国。

悉战争的可怕考验的血腥奥义。在战场上，军人以赤裸裸的自我出现。当他陷入不应有的行为和恐慌的陷阱中时，他也是个可怜虫。然而，自我牺牲精神使军人在枪林弹雨中发生了改变，为了荣誉和拯救他人而直面死亡，在这种精神的驱动下，他又是一位伟大的人。

阿尔当·杜皮克妥善而完整的理论探讨，以一种尖锐的方式切入了每个军事事件的背景。这些理论探讨把决定着会战结果的关键点的形形色色的战斗，圈拢在一个永恒不变的现象圈里。无论条件、时间和人员如何变化，他都拿出了一套永不过时的规则。热情洋溢的帕斯卡本应成为一位军人，阿尔当·杜皮克拥有帕斯卡的热情，具有用神奇灵秀的语言阐释无穷世界的非凡天分。他不断在军人中进行深入挖掘，把战争包含的全部奥妙都暴露出来，让读者一目了然。

他以令人赞叹的准确性衡量了军队的正常战斗力，指出军队是一群会被截然相反的激情动摇心智的军人，军人首先要保全自己的性命，但是，军人会为了一个由头赴汤蹈火。他展示了军队可能付出的努力的数量和质量，损失的总和，训练和冲动的效果，参战部队的内在价值。这个价值是将领从各种因素中得到的各种价值的排列组合，包括体力准备、信心把握、对惩罚的畏惧、争强好胜、热忱激情、意愿倾向、胜利的愿景、营地管理、射击纪律、能力和优越感的影响等等。他描绘了在一个责任和恐惧之间苦苦挣扎的战士的内心中，浮现出来的可悲深渊，深渊下面阴森可怖，上面清澈透亮。对于列兵来说，责任感可能来自盲目的服从；对于长官手下队伍中的军士来说，责任感来自对其事业的献身精神；对于发号施令的军官而言，责任感来自最崇高的责任！只有在战斗中，军事组织才能证明自身存在的合理性。数以亿计的金钱、数以百万计的将士，都在一个无法挽回的时刻孤注一掷。军事组织决定了这场意味着国家盛衰存亡的可怕竞争的成败！好比一道夺目的荣耀之光照耀在流血漂橹的沙场上，它杀死了战败者，胜利者却毫发无损。

战略和战术的基本要素就是如此。

对战争的理论性猜测、偏见、错误推理、傲慢和夸夸其谈都是危险的，只有一种策略是万无一失的，那就是返璞归真。那些高高在上、不知所云的策略可能让人迷失方向，一旦它与实际操作不符，就会变得荒诞可笑。在其关于 1870 年 8

△ 1870 年的格拉维洛特 – 圣普里瓦战役中，普法两军在圣普里瓦墓地展开血战

月 18 日决战 ① 的经典著作中，弗里茨·霍尼格 ② 上尉得出了一个合理的结论。尖锐批评了施泰因梅斯 ③ 和扎斯特罗 ④ 犯下的诸多严重错误，描述了德军对曼斯山谷和河谷中的法军左翼造成的巨大恐慌之后，他用反思作为这本书的醒目结尾。他说："毛奇 ⑤ 最伟大的例证，就是格拉维洛特－圣普里瓦战役，但是，格拉维洛特战役告诉我们一件事，如果战术出了问题，再好的战略也不会带来好结果。"

正确的战术不是临场发挥，尽管它在敌人面前大展身手，但需要在与敌人遭遇前就谙熟于心。

阿尔当·杜皮克指出：

有些人在性格、头脑、指挥和气质方面是天生的军人，比如比若元帅。并不是所有将领都是如此，因此，有必要制定符合民族性格的标准或战术规则，它们应当成为普通指挥官的指南，而不是要求他们具备比若的杰出品质。

战术是一门艺术，其基础是如何让士兵使出吃奶的劲对抗恐惧的知识，只有组织才能让士兵舍生忘死。

信心就这样产生了。混乱不堪和临时拼凑的部队所具备的热情冲动和无脑自信，会在危险迫近时变成截然相反的情绪，让将士叛国投敌；而团结、坚定、自觉的信心，才能缔造真正的战士，而且这种信心不会在战斗打响时不翼而飞。

现在我们拥有一支军队，我们不难看出，受到激情驱动的人，即使那些知道如何勇往直前、视死如归，但没有严格纪律和坚强组织的人，也会被某些不那么勇猛但组织严密的人击败，后者团结一心，舍己为人。

团结和信心是不能临时产生的，它们只能源自确立了自豪感和精诚团结的互

---

① 译注：指格拉维洛特－圣普里瓦战役（Battle of Gravelotte—St.Priva），普法战争中的一次会战。在此前的马斯拉图尔战役中，普军成功地阻止了法军莱茵军团向凡尔登方向的撤退，并继续向法军发动攻势。见撤退无望，法军只得在格拉维洛特构筑工事，凭险据守。1870年8月18日，格拉维洛特－圣普里瓦战役打响，普军集中优势兵力，逐一攻取法军阵地，迫使法军退往梅斯。

② 译注：弗里茨·奥古斯特·霍尼格（Fritz August Hoenig, 1848—1902），德国军官和军事作家。

③ 译注：卡尔·弗里德里希·冯·施泰因梅斯（Karl Friedrich von Steinmetz, 1796—1877），普鲁士元帅，普法战争中担任第一军团司令。

④ 译注：海因里希·冯·扎斯特罗（Heinrich von Zastrow, 1801—1875），普鲁士将军，担任施泰因梅斯的第一军团下辖的第七军军长。

⑤ 译注：赫尔穆特·卡尔·贝恩哈特·冯·毛奇（Helmuth Karl Bernhard von Moltke, 1800—1891），普鲁士王国和德意志帝国陆军元帅、杰出军事家。他担任普鲁士陆军参谋长达30年，被视为一种崭新的、更现代化的野战指挥体系的缔造者，指挥了丹麦战争、普奥战争和普法战争。他被誉为"普鲁士军事组织和战术天才"，为了与其侄子相区别，他也被称为老毛奇。

相知根知底的队伍。此外，团结又产生了力量感，这种力量使进攻充满勇气和对胜利的信心。勇气，也就是在最危险的形势下也能压抑恐惧本能的意志，最终决定着战斗的胜负。

阿尔当·杜皮克走在了他那一代人的前面，他提出了一种作战战斗理论，并试图将其建立在精神因素的基础上。他的论述产生了巨大影响，但是，他的理论还没有被广为接受。

怎样迫近对手呢？如何由守转攻？如何调节冲击力？如何下达具备可行性的命令？如何确保命令传达呢？如何节约宝贵的生命来执行它们呢？这些问题都在困扰着将领和其他当权者。结果就是总统、国王和皇帝们都犹豫不决、战战兢兢、反复斟酌，连篇累牍的报告，一遍又一遍的演习，阻碍了他们的军事器材、组织和装备的改进。

只有那些能够应对未来战争困难的领导人，才会得出几乎与杜皮克完全一致的结论。最近，德·内格雷尔[①]坚持认为，由于士兵神经紧绷，他们的体力消耗会由于无法察觉敌人的踪迹而迅猛提高，他这样说道：

战斗浪潮掌握在每个战士的手中，而且无论在什么时候，每个士兵的个人勇气都更加重要。

无论高级指挥官如何具有科学头脑，其战略手段多么高超，其专注力的精确性如何，其兵力有多大优势，如果士兵在无人监督的情况下不够自觉，如果士兵自己没有被不成功便成仁的决心驱策，胜利就会脱缰而去。指挥官需要比昔日更充沛的精力。

他不再有发动古代大规模进攻的冲动。从前，等待产生的可怕焦虑会让他希望遭到猛烈进攻，这是危险的情绪，但很快就一去不复返了。现在，他所具备的所有正常心智和体力都会接受长时间考验，在这样的考验中，只有坚毅的内心才能让他支撑下去。

---

① 译注：弗朗索瓦·奥斯卡·德·内格雷尔（François Oscar de Négrier, 1839—1913），法兰西第三共和国将军，参加了阿尔及利亚战争和中法战争。

今天的军队在疏散阵型中通过行动赢得战斗胜利，每个士兵都必须以其意志和主动性来进攻和消灭敌人。

法国人永远是优秀的步枪手，聪明、灵巧和英勇，法国人生来就是勇士。冷冰冰的枪械确实不错，问题在于如何使用它。必须承认的是，在今天使用武器并非易事。对身体安逸的渴望以及由此产生的普世理论，让人更愿意接受经济上的奴役和为疏于战斗之辈牟利，但这种渴望并没有鼓动法国人为拯救自己兄弟的生命而献出自己的生命。

在意志薄弱的士兵手中，新式武器几乎毫无用处，无论他们有多少人。相反，当每个士兵都具有更大的勇气和更镇定的精神力量时，来自速射无烟火器令士气低落的力量——尽管某些军官依然拒不承认这种力量，会以更强大的力度展现出来。

因此，努力发展本民族的精神力量至关重要，只有这股力量才能支撑士兵在死亡无处不在的战场上经受住痛苦的考验。

这就是南非战争①中最重要的教训。小国会找到这样的证据：在本国年轻人做好承担起士兵职责的准备，并在内心树立牺牲一切的理想时，他们才能过上自由的生活，而且只能以此为代价生活下去。

这种信念的宣讲与那些由崇高权威和媒体愚蠢传播的连篇鬼话相悖，在关于大兵团威力方面，这些鬼话只关注兵力数量；在关于新式武器的神奇价值方面，这些鬼话宣称只靠机械的完善就足以赢得胜利；对于士兵的勇气，则持压制态度，因此勇气似乎成了几乎多余、令人为难的因素，这样的教条最能毒化军队了。对这番旁门左道和无知或迂腐教条造成的愚蠢行为，阿尔当·杜皮克予以了最具体的驳斥。下文给出一些正确无误的理论，我们应该将其铭记于心，镌刻在我国军事院校的墙壁上。我国军官将其当作教训来吸取，作为条例进行管理，还得铭心刻骨，永志不忘：

---

① 译注：南非战争（South African war）也叫第二次布尔战争（Second Boer War），1899到1902年间英国同荷兰移民后代布尔人建立的两个共和国为了争夺南非领土，尤其是争夺黄金和钻石资源而进行的一场战争。最终，英国获胜，整个南非都成为英国殖民地。后来担任英国首相的温斯顿·丘吉尔作为英军的随军记者参加了这场战争。

人类承受恐惧的能力是有限的。今天，士兵承受的 5 分钟恐惧，抵得上蒂雷纳[1]时代的 1 个小时。

今天比以往任何时候都更需要严密的阵型。

谁敢说他在战斗中无所畏惧呢？此外，鉴于现代装备对神经系统具有可怕的影响，纪律更加不可或缺，因为战斗只能以疏散阵型进行。

战斗需要精神方面的凝聚力，一种前所未有的团结一致。

自从滑膛枪、线膛枪、火炮等火器发明以来，各种武器之间的互相支援和支援距离都增加了。士兵越认为自己是在孤军奋战，就越需要高昂的士气。

由于分散作战，我们需要比以往任何时候都更强悍的凝聚力。

这是浅显明了的真理：如果一个人不希望阵线被击破，他就应该让阵线更具弹性，从而予以强化。

率领 8 万人奔赴疆场，参战者却只有 5 万人是不明智之举，率领 5 万人都能参战的人马才是更好的办法。这 5 万人会比其他人更热衷本职工作，他们对战友抱有信心，但是，如果他们中间有三分之一的人逃避工作时，他们就不再如此了。

散兵的作用愈发重要。监督和指挥散兵的必要性比以往更大了，因为散兵被用来对付更强大的武器，所以他们更倾向于使尽浑身解数临阵脱逃。

因此，我们都需要找到一个方法来在一定程度上规范我军士兵的行动，因为只要你防不住，他们就会通过逃跑或前进来临阵脱逃，如果发生了让他们大吃一惊的意外情况，他们会通过退却来尽快跑路。

团队精神会随着军旅经验的增加而提高。战争时间变得越来越短，但交战越来越激烈，因此，需要预先打造团队精神。

这些理论是亘古不变的，本书是这些理论臻于完善的成果。连同在整合史实方面的严谨和可靠无误的判断，这些理论证明阿尔当·杜皮克拥有登峰造极的先见之明。六十年前，他的先见之明昭示了优秀军队的构成原则，这些原则是通往

---

① 译注：蒂雷纳子爵（Viscount de Turenne, 1611—1675），全名亨利·德·拉图尔·奥弗涅（Henri de La Tour d'Auvergne），法国太阳王路易十四时代的首席名将，法国历史上的六位大元帅之一。作为拉图尔·奥弗涅家族最杰出的成员，他在50年的戎马生涯中取得的军事成就使他成为现代历史上最伟大的名将之一。

△ 1855 年的塞瓦斯托波尔围城战中，法军向俄军的堡垒发起进攻

胜利的诀窍。它们与误导着我国议员和军事政客的那些原则截然相反，后者建立在要命的偏见基础上，而且会草率地引发战争。

阿尔当·杜皮克并不仅仅是一位优秀的纸上谈兵者，在实际的军事组织中，向他请教会得到有益的指导。他能完备地阐释现代军队的特征，他能理解克劳塞维茨[①]的名言：“武装力量和国家实力的产物……是一个国家的心脏和灵魂。”

我们切勿再次忘记，在冯·德·戈尔茨[②]发表著名的预言之前，是阿尔当·杜皮克提出了这种精雕细琢的乐观观点，重燃了那些在义务兵役制度下承担着繁重的任务压力、苦苦挣扎的将军们的激情。

很多事物都有两个极端。没有人知道，完善的远程武器能否带来辉煌的胜利；没有人知道，较少的人马与机智、天才、士气和装备的结合，能否战胜一支装备相当但兵力更多的敌军。

在废除了1872年法律和撤销了1889年法律之后，在征兵以及随后的团队训导方面实行了许多令人不安的改革之前，研究阿尔当·杜皮克并从他的思想中探索力量的奥秘，而非从军事自动主义和唯物主义的欺骗性幻想中进行探寻，正是适逢其时。

法国的军事使命和战争本身一样，都没有结束。战争的惨痛性也许令人扼腕，但是，尽管正义性不足的国际仲裁法庭软弱无力且没有约束力，它却继续干预着世间的纷争。我不认为我国会甘心屈从于这帮被多诺索·科尔特斯[③]嗤之以鼻的卑鄙无耻之徒，他说：“当一个国家表现出对文明化了的战争畏惧时，它会直截了当地接受它犯下的错误的惩罚。上帝改变了该国的性别，剥夺了它正常的阳刚之气，将其变成一个女性化的国家，并派遣征服者去剥夺它的荣誉。”

法国有时会落入阴险狡诈的诡辩家挖掘的陷阱，这帮人鼓吹全面裁军，传播灾难性的投降教条，美化耻辱和屈从，愚蠢地驱使我们走上自杀之路。对一个国家的觉醒而言，阿尔当·杜皮克富有阳刚之气的忠告是令人高山仰止的训

---

① 译注：卡尔·菲利普·戈特弗里德·冯·克劳塞维茨（Karl Philip Gottfried von Clausewitz, 1780—1831），普鲁士将军和军事理论家，强调战争的心理和政治方面。撰写了军事理论名著《战争论》（德语：Vom Kriege），但在他去世之前此书并未完稿。

② 译注：科尔玛·冯·德·戈尔茨（Colmar Freiherr von der Goltz, 1843—1916），普鲁士王国和德意志帝国军官、陆军元帅。奥斯曼帝国输掉第十次俄土战争后，请求德意志帝国派遣军官前来协助改革奥斯曼军队，于是在1883年，戈尔茨奉派前往奥斯曼帝国，担任军事顾问长达12年，重组和改革了奥斯曼军队，获得了苏丹授予的帕夏（Pasha）头衔，因此被称为“戈尔茨帕夏”。

③ 译注：胡安·多诺索·科尔特斯（Juan Donoso Cortés, 1809—1853），西班牙作家、保守派、天主教政治理论家和外交家。

诚。既然法国迟早会重操尘封的宝剑，愿她从他身上中吸取教训，为自己和人类好好战斗！

欧内斯特·朱代

1902 年 10 月 10 日于巴黎

　　阿尔当·杜皮克在其著作中极少谈及自己，他小心翼翼地遮掩自己的个性。尽管他的生平和履历鲜为人知，却值得读者予以关注，因为这个人具备作家一样的独创性。出于天生的好奇心，我向上校的家人探寻珍藏在他们的记忆中他的生活细节。他的兄弟在致我的信函中友善地和盘托出，其中包括许多尚未公开的细节和彰显出的性格特征，证实了我们对阿尔当·杜皮克的评估，从而令人欣慰地完善了他的著作给我们留下的印象。

阁下：

　　下文是您要求我为《战斗研究》的作者而写的一些不成章法的个人履历。

　　我的兄弟进入圣西尔军校[①] 时 21 岁，年纪不小了，我想这是缘于当时的年龄限制。他本来不想当陆军，他显然更喜欢当海军，因为海军的冒险生活似乎会为他提供大展身手的机会，如果情况允许的话，他会参加海军的。他的童年躁动不安，而且有些难以相处，但是步入青春期后，他保留了早年的躁动生活留下来的对体育锻炼的强烈爱好，尤其在体操方面，尽管那时练习得不多，但他的敏捷性和肌肉力量使他天生喜欢体操。

　　他的各门功课都很出色，凡是他喜欢的科目，尤其是法文写作，他学得特别棒。在学习方面，当他对某门课程感兴趣时，他就超越了一般学生做习题的水平。当然还有一些他没有兴趣或不合口味的科目，比如拉丁语语法，他就学得不好。我不记得他参加过奖学金分发活动，尽管他对此很有兴趣，但也许是因为他的兴趣过头了。在这些情况下，他通常会在早饭后不知去向，直到晚上才露面。

---

　　① 译注：法国圣西尔军校（法文名：École Spéciale Militaire de Saint-Cyr，简称ESM）是法国最重要的军校，1802年由拿破仑成立于巴黎枫丹白露，1806年迁至巴黎郊外凡尔赛宫附近的圣西尔（Saint-Cyr），并因此而得名。著名毕业生有戴高乐总统、贝当元帅等等。

他的爱好是机械概念和手工，对数学的兴趣一般般。他几乎被圣西尔军校拒之门外，他在考官面前晕头转向，考试的第一部分成绩可以忽略不计。他用自己年轻时最喜欢的格言慰藉自己："前进再前进"。鉴于第一次考试已经结束，所以他对第二次考试完全不上心，这种态度却给了他另一个机会，让他以优异的成绩脱颖而出。由于在笔试中他关于《汉尼拔的战役》的文章写得相当出彩，因此他获得了及格分数。

在圣西尔军校内，他相当幽默、坦率，颇具恻隐之心，所有同学都喜欢他。后来，在步兵团中，他毫不费力就赢得了同侪的喜爱和下属的尊敬。下属对他感恩戴德，因为他对他们表现出真心实意、热情挚诚和令人感动的关切，这是缘于他熟悉他们的勤务细节和士兵的装备。他在这些问题上坚持原则，绝不允许出现依靠他的关系而玩忽职守的人。

可以说，他在成年之后正直无欺。在任何情况下，他都绝对光明正大，这给了他高于其职衔的威信。在 12 月 2 日政变[①]中，尽管他只是个小小的中尉，却投下了反对票，因此遭到了他的团长的警告。后者不愿意看到他为此影响前程，他却以一以贯之的坦率答道："上校阁下，既然有人征求我的意见，我想他一定想要我说真话。"

在克里米亚战争前夕，他所在的第 67 步兵团似乎注定不会奔赴战场，他申请并成功获得了调往轻步兵（第 9 营）的机会。在克里米亚战争中，他就在该营效力。战争开始之际，他首先参加了残酷的多布罗加[②]远征。此役是在一个最不利于健康的地区进行的，有可能在当地发现哥萨克人，并将与他们战斗的经过写入战报。结果，法军没有发现哥萨克，却染上了霍乱。可以说，在几个小时内霍乱就让不少人丢了性命。我的兄弟被留在后卫部队，负责埋葬死者，焚烧死者的物品，救治病人，结果他自己也感染了霍乱。这场病来势汹汹，全靠他坚定的求生意志才康复。他被撤到瓦尔纳[③]医院，头天晚上他就被城里的大火赶出了医院，不得不

---

① 译注：1851年12月2日，法兰西第二共和国总统路易—拿破仑·波拿巴发动自我政变，政变名为"卢比孔河行动"。选择这一天是因为其伯父拿破仑·波拿巴在1804年12月2日加冕称帝，又在一周年后取得其生平最辉煌的奥斯特里茨大捷。政变以成功地解散国民议会和随后于次年重建法兰西帝国，路易—拿破仑·波拿巴自封为拿破仑三世而告终。

② 译注：今天罗马尼亚东部沿海地区。

③ 译注：今天保加利亚第三大城市、最大港口。

在城外的田野中避难，当地清爽的空气出人预料地让他痊愈了。他返回法国疗养，一直滞留到了 12 月（1854 年）。此后，他重返自己的团，经历了严酷的冬季和漫长的围城战①。

我的兄弟供职于特罗胥②旅所属的萨勒师，该师负责进攻塞瓦斯托波尔的中央堡垒。这次行动被视为一场根本没有成功希望的单纯牵制行动。我的兄弟指挥他所属营的攻坚纵队，在炽盛的炮火下，幸运地、安然无恙地撤了下来。该营的几个最出色的军官却以身殉职。他和十几个人进入堡垒，在抵抗了一番之后，这帮人都成了俘虏。如果我兄弟身边的号手没有抵挡住砍向他头部的一刀，他肯定会当场丧命。1856 年年初，他获释离开战俘营之后，在对他评价颇高的特罗胥将军的要求下，立即被任命为第 100 线列步兵团的少校。次年，他被任命为第 16 猎兵营营长。叙利亚战争期间，他在该营服役，在那里却没有什么重大行动。

返回法国之后，他晋升为中校，尽管他很受好评，而且在晋升名单上名列前茅，但是，战争部长兰登元帅③的敌意让他的仕途长期举步维艰。兰登元帅不喜欢他特立独行的性格，元帅对他的怨恨源于一个为他的营提供鞋子有关的事件。当时，尼埃尔元帅④问我的兄弟这批鞋子的质量如何，他直言不讳地说质量糟糕。

我相信，他终于在阿尔及利亚晋升为第 55 团的中校，并在那里参加了两场战役。1869 年 2 月，他被任命为第 10 线列步兵团上校团长，在普法战争前的一年半期间，他驻扎在洛里昂和利摩日。在此期间，他忙于著书立说的准备工作，从各方搜罗第一手资料。资料姗姗来迟，肯定是出于冷漠，而非缘于恶意。他去过巴黎几次，目的是让当权者认识到军队的缺陷和局势的险恶，结果是徒劳无功！他经常说："他们对此都处之泰然。"

阁下，我再次表达我的感激之情，表达我最崇高的敬意，请您接受。

另外，鉴于您在我们第一次通信中对我家的家世表现了兴趣，我可以说，在我所知道的我的父系祖先中没有一个军人。根据在阁楼上发现的阿尔贝·丢勒的

---

① 译注：指塞瓦斯托波尔围城战，从1854年10月持续到次年9月，历时将近一年，以英法联军攻克该城告终。

② 译注：路易·儒勒·特罗胥（Louis Jules Trochu, 1815—1896），法国将军。普法战争期间担任国防政府总统兼巴黎武装力量总司令，面对普鲁士军队的攻势一筹莫展，最终兵败投降。

③ 译注：兰登伯爵（Count Randon, 1795—1871），全名雅克·路易·塞萨尔·亚历山大·兰登（Jacques Louis César Alexandre Randon），法国元帅，担任过阿尔及利亚总督。

④ 译注：阿道夫·尼埃尔（Adolphe Niel, 1802—1869），法国军事和政治领导人，也是法国元帅。

一部版画画册的记载，我所知道的最早的祖先是 16 世纪末生活在利摩日的一位金银器工匠。他的子孙后代一直都是商人，直到我的祖父改行，据我所知，他从来没做过生意。家母一脉来自洛林，情况有所不同。我的外曾祖父是一个军人，我的外祖父也是，家母的两个兄弟在第一帝国的战场上为国捐躯。现在，我的家族有两个成员在军队中效力，一个是我兄弟的儿子，另一个是我的堂侄，他们都与我们同姓。

阿尔当·杜皮克上校 [1]

巴黎，1903 年 10 月 12 日

---

[1] 译注：原文落款如此，可能是用来掩饰发信人的真实姓名。

阿尔当·杜皮克上校的戎马生涯

阿尔当·杜皮克（夏尔－让－雅各布－约瑟夫）1821 年 10 月 19 日出生于佩里格（多尔多涅），1842 年 11 月 15 日以特别军事学校学生的身份参军。

1844 年 10 月 1 日，升任第 67 线列步兵团少尉。

1848 年 5 月 15 日，晋升为中尉。

1852 年 8 月 15 日，晋升为上尉。

1853 年 12 月 25 日，调至第 9 猎兵营。

1856 年 2 月 15 日，升任第 100 线列步兵团少校。

1856 年 3 月 17 日，调至第 16 猎兵营。

1863 年 1 月 23 日，调至第 37 线列步兵团。

1864 年 1 月 16 日，升任第 55 线列步兵团中校。

1869 年 2 月 27 日，升任第 10 线列步兵团上校。

1870 年 8 月 18 日，在梅斯的军事医院中因伤重不治而亡。

参与战役和负伤经历

1854 年 3 月 29 日—1856 年 5 月 27 日参与克里米亚战争；1855 年 9 月 8 日在攻打中央阵地（塞瓦斯托波尔）时被俘；1855 年 12 月 13 日被敌军释放。

1860 年 8 月 6 日—1861 年 6 月 18 日参与叙利亚战役；1864 年 2 月 24 日—1866 年 8 月 14 日在非洲作战；1870 年 7 月 15 日—1870 年 8 月 18 日参与普法战争。

1870 年 8 月 15 日于朗格维尔 – 莱斯 – 梅斯（摩泽尔）被炮弹炸伤，右大腿粉碎性骨折，左大腿撕裂，腹部擦伤。

勋章

1860 年 12 月 29 日，获帝国荣誉军团勋章，骑士勋位

1868 年 9 月 10 日，获帝国荣誉军团勋章，军官勋位

英国女王赐予王家勋章。

因在撒丁岛的英勇表现被授予勋章。

获准佩戴奥斯曼帝国梅日迪耶四等勋章。

第10步兵团战史节选：1870年战役

7月22日，第10线列步兵团的三个现役营自利摩日和昂古莱姆乘火车出发，于23日抵达沙隆军营。莱茵军团的第6军正在康罗贝尔元帅的指挥下在此地集结和整编。第10步兵团隶属于该军的第1师（蒂克西埃）第1旅（佩绍）。

第10线列步兵团的备战整编始于利摩日，完成于沙隆军营。

各营的编制扩充至720人。全团共计2210名战士，再加上军乐手、坑道工兵和司令部，作战人员达到2300人。

第6军的士兵很快整编完毕，于7月31日接受了康罗贝尔元帅的检阅。

8月5日，第1师接到前往南锡的命令。全师共乘坐9列火车，先头部队于早晨6点出发。当晚抵达目的地后，第1旅于利奥波德赛马场扎营，第10团的营地驻扎在拉格雷沃广场。

由于福尔巴克和雷什奥芬的败仗，原作战计划发生变更。第6军接到命令返回沙隆军营。第2旅在图勒和科梅尔西殿后的部队乘同一趟列车返回。

第1旅于8月8日凌晨从南锡上火车，当日下午抵达沙隆军营。

然而，第6军并未在军营里停留几日，10日他们又接到前往梅斯的命令。11日早晨，第10团分别乘上了三列火车。第一列火车上是参谋人员和第1营，他们顺利地抵达了梅斯。第二列火车上是第2营以及隶属第3营的4个连，夜间11点，他们在弗鲁瓦尔附近被拦下来。

原来，迪厄卢阿尔附近长约2千米的电报线被普鲁士军队切断，道路也可能遭到破坏。

为了及时赶到梅斯，且不妨碍后方列车的进程，先头纵队的莫兰少校指挥他的部队下车，继续向梅斯前进。

他命令先头车厢的连（瓦尔帕约拉上尉指挥的第2营第6连）下车，负责侦察前方300米的道路状况。列车的安全得到了各种措施的保障，根据侦察的进度调整速度前进。

在如此急行8公里之后，部队抵达马尔巴什站，危险的迹象已经消失，他们重新与梅斯方面取得联络，列车便恢复了常规速度。由于第二列火车延误，第三列火车也紧随其后抵达。全团在12日下午会合。

第1师和其他部队被派往蒙蒂尼的对侧，各部分别在以下位置扎营：

第9猎兵团和第4战列步兵团位于蒂永维尔铁路的前方，右翼在莫塞勒，左翼在蓬塔穆松高路。第10线列步兵团位于东铁路的蒙蒂尼维修站前方，右翼在蒂永维尔和南希铁路的岔路处，受到友军的支援，左翼位于圣普里瓦方向。

第10团的前方是一座正在建造的防御工事。负责工事的该团工兵连驻扎在左翼的临近处。

第2旅沿着高地山脊朝塞耶方向驻扎，其左翼部队位于河畔，右翼部队位于圣普瓦防御工事后方，与圣普里瓦道路垂直相交，师属的各炮兵连部署于其后方。

8月13日至14日早晨，第1师未改变位置。14日下午，警报的响起让他们进入武装状态。瓦利耶尔和圣朱利安一带发生了战斗（博尔尼会战）。第10团迅速占领了蒙蒂尼村左侧的阵地。

黄昏时分，第1师撤回铁路路堑的后方，收到了在夜间有序撤退的命令。

第10团保持着武装状态，第3营（德谢纳少校指挥）整夜守在蒙蒂尼堡垒前方。

在黎明到来前，第1师越过蒂永维尔铁路的路堤，渡过莫塞勒河，向格拉沃洛特方向行军。下行抵达隆日维尔－莱斯－梅斯以南的平原后，部队停下休整，准备煮些咖啡。

上午7时，士兵们才刚生起火，几颗炮弹就在部队中爆炸。炮击来自蒙蒂尼高地的布拉丹农场，第1师在当日早晨才途经此地。此时，一支德军前哨骑兵在两个炮组的支援下突然将其占领。

杜皮克上校立即拿起武器，指挥第10团在道路以北列队。此处地势较高，也有充足的掩体为士兵提供掩护。

上校亲自在路中央鼓舞士气。在他的亲身表率下，士兵们几乎没有因为遭到突袭和形势不利的炮击而慌乱。

突然，一颗炮弹在道路上爆炸，距离上校仅有几英尺 [①] 远，他的双腿立即被炸得惨不忍睹。

这颗炮弹对第10团造成的伤亡不止于此：指挥第3营的德谢纳少校伤重不治，勒布莱上尉当场阵亡，波内中尉（第3营第1连）和10名士兵受伤。上校在士兵的簇拥下迅速被转移至高路对侧，第10团的军医忙于救治这场可怕炮击造成的其他伤员，只好另找医生来替他诊治。

同时，杜皮克上校叫来了多莱亚克中校，交给他装着团内重要文件的鞍囊和自己的野外望远镜。杜皮克忍受着重伤的剧痛，没发出一丝呻吟，从容冷静地说道："我很遗憾自己止步于此，没能带士兵们上阵杀敌。"

他们希望上校喝一点白兰地，但他予以拒绝，只喝了一些士兵送来的水。

医生终于赶来。上校指着自己被炸开两个口子的右腿，比画着说道："医生，我的腿得在这里截肢。"

这时，一名肩膀受伤、痛苦呻吟的士兵被抬到上校边上。上校便把自己的安危抛在脑后，立即对医生说："医生，先替这位勇士诊治吧。我可以等。"

由于缺乏手术器械，上校未能如愿当场截肢。尽管这位指挥官本人强烈反对，他还是被转移到梅斯的医院。

四天后（8月19日），阿尔当·杜皮克上校伤重不治，他如同古时的英雄般从容，没有发出一句怨言。身在远离部队与家人的地方，他口中多次挂念着那些倾注深爱的词语："永别了，我的妻子、我的孩子、我的团！"

---

① 译注：1英尺=0.3048米。

福熙元帅致 A.W. 格里利少将① 的信

亲爱的将军：

阿尔当·杜皮克上校提倡"精神力量"，这是军队的力量当中最为有力的部分。他证明了精神力对于战斗的结果具有压倒性的影响力。

您的儿子译成了一部极具价值的作品。该书的结论在美军的上一场战争中得到充分证实，特别是在 1918 年的战役中。

我亲爱的将军，请接受我的最高致意。

F. 福熙

1920 年 10 月 23 日于马勒塞布

---

① 译注：英文版译者的父亲。

I

第一部分

古代战斗

引言

战斗是军队的终极目标，士兵是战斗的基本工具。在军队当中，人事、组织、训练和战术之间息息相关，如同一个手掌上的几根手指。若不了解士兵这个基本工具以及他们在战斗中的思想与精神状态，军队就难以有效运作。

人们在论述战争时，总是从武器开始，想当然地以为，参战者会始终如一地依照军事条例的要求与命令操作武器。然而，这样的存在并不是真实的士兵，而是剔除其变化无常的天性，成了无情的走卒、理论上的作战单位，是在图书馆的空想里诞生的产物。士兵是血肉之躯，身体与灵魂的铸合。在面临毁灭之际，肉体不听使唤、内心产生动摇时，纵然灵魂素来强大，也无法主宰身体。

萨克斯元帅曾说："人心是研究一切战争问题的起点。"

为了研究人心，我们将跳过复杂而有待梳理的现代战斗，首先去探索古代的战斗。虽然古代战斗细节不详，但事件的脉络简明而清晰。

多少个世纪都未曾改变人之本性——感情、直觉，而最强烈的一种本能就是自保。这在不同时代与地区里、特征和性情各异的民族身上，都得到了验证。面对危险与痛苦，我们往往称赞英国人冷静、法国人勇猛，还有俄国人冠以坚韧之名的迟钝。但是这些士兵在本质上并无不同，他们在组织与训练、详细战术制定与作战部署时，都是专家和指挥官们命令调遣的对象。杰出的指挥官无论对当代还是历史上的士兵，都应该了然于胸，而这些知识源于对古代战斗阵型与成就的研究。

本书的脉络将引导读者进行分析，通过对战斗的研究而了解士兵。

我们还将回顾古代战斗之前的远古争斗。读者将从蛮荒时代到当今的时代变迁中，加深对于生命的理解。

阅读本书能否使读者像战争大师那样博学？答：没有人只看他人作画，就能成为画家的，但读者能从书中加深对名将们及其杰出战例的理解。

根据这些人的经验，我们将质疑基于数学和物理理论的作战原则，避免因距离与行军地形而产生错误的认知。

人们错以为，战斗中的士兵冷静沉着、不知疲倦、专心致志、服从命令，是聪敏又易于驱使的人形工具，实际上恰好相反。从将军到列兵的参战人员，无不焦虑、动摇、情绪化、茫然、心神恍惚、激动而疲惫，甚至无法自我控制。坚强的士兵虽然存在，但实属罕见。

然而，有一种根深蒂固的错误认知：无论士兵在战场上受了多么严重的伤，都能在次日恢复如初。错误的作战思想会导致军队的体制脱离实际，比如指挥官发布不切实际的命令，会损害军队的纪律，又或在踏上战场后，若实际战斗与和平时期训练的理论天差地别，军官与士兵们就会不知所措。

虽说战斗之中总是贯穿着意外，但倘若军队能判断和承认正确的理论，使其应用于士兵的训练、在行伍之间传播，就能减少战斗之中的意外。接下来，让我们从战斗中研究士兵——真正进行战斗的人。

第一章
远古与古代战斗中的士兵

　　士兵打仗并不是为了厮杀，而是为了追求胜利。在战斗中，士兵会尽其所能地避免前者而争取后者。

　　野蛮部落，甚至是现在的阿拉伯人在相互交战时①，都会由小股士兵设下埋伏。在发动突袭选择下手的目标时，每个士兵都是一名刺客，他们的目标与其说是"敌人"，不如称之为"猎物"。由于双方的武装条件相近，任何一方取得优势的唯一途径就是突袭。人在受到惊吓时，需要一瞬的反应时间，才来得及自我防卫，就在这一瞬之间，敌人若是来不及逃脱，就会命丧黄泉。

　　敌人遭到突袭后，往往不会自我防卫，而是试图逃跑。面对面的肉搏十分罕见，对于缺少防具的敌军而言，斧头、匕首等原始武器相当危险。除非双方在意外中遭遇，不决出胜负就有性命之虞时，才会发生面对面的肉搏。即使两军不期而遇，仍有办法避免争斗：双方会逐渐退后，直到一方开始快速逃跑。在这样的局面下，军队往往抓住机会逃跑，以下的战斗即是一例——参战的虽然不是野蛮人，而是当代士兵，但并不影响事例的代表性，记录战斗的证人是一名好战的士兵，当时正在养伤而无法战斗，只能作壁上观。

---

　　① 多马将军《阿尔及利亚的风土人情》，夜袭与屠营。

这是在克里米亚战争期间战况最激烈的一日，A、B两队士兵绕过原野上的一座土丘后，在10步的距离内不期而遇，双方在震惊中停下步伐。随后，他们没有举起手里的步枪，而是一边向对方掷石块一边向后退。两军都没有军官在前指挥，由于害怕对方同时举枪，因此没有人敢率先开火。双方离得太近，也没法指望逃跑——至少当事者认为如此。在这么近的距离内交火必然会伤亡惨重。可以预见，一旦有人开枪，敌军就会立刻开火反击，夺去他的性命。于是他们并不用力地扔出石块，避免开枪走火，分散敌军的注意力、争取时间，伺机退出步枪平射的射程距离内。

这种心照不宣的状态并未持续多久，约1分钟后，B军的侧翼出现了援军，A军决定逃跑，对方随即开始射击。

无疑，这是一件荒唐可笑的事情。

但是试想一下：在茂密的丛林里，一只狮子与一只老虎在小径的转角迎头相遇，两头野兽立即停下脚步，后肢撑住地面，做出扑跃之势。它们用目光打量着对手，喉咙里发出低吼，利爪躁动难耐，毛发竖起，尾巴拍打地面，伸长脖颈，耳朵垂下，张开血盆大口，摆出猫科动物独有的凶相，露出骇人的尖牙。

即使未亲眼所见，也令人不寒而栗。

形势对于双方都有不利之处：两兽相斗，必有一亡。势均力敌者，或许会两败俱伤。

于是，原本蓄力欲跃的一条后腿，保持着屈起的状态，缓缓向后挪动了几英尺[①]。一只前爪亦轻轻地随之后撤。稍许停滞之后，另两条腿也缓慢地重复了以上动作。两头猛兽面朝着对方，在不知不觉中逐渐退却，退到对方扑跃的距离以外。狮子和老虎缓缓转身，头也不回地离去，两头野兽步伐自然，丝毫没有慌乱，显出兽中之王般的威严。这时，我不再战栗，但也笑不出来。

战斗中的人并无可笑之处，他们手里的武器远比狮虎的爪牙可怕，步枪能在瞬间取人性命，其威力无坚不摧。在敌军面前，士兵不会急于拿起武器，让战斗变成你死我活的杀戮，抑或点燃导火索，和敌人同归于尽。

---

① 译注：1英尺＝0.3048米。

有谁没见过狗与狗之间、猫与狗之间、猫与猫之间的类似事例呢？

在 1831 年的波兰战争中，两个俄国骑兵团和两个波兰骑兵团相互冲锋。当距离近到能看清彼此的脸庞时，双方的骑兵们减缓步伐，调转了方向。在这个不合时宜的时刻，俄国人和波兰人将彼此视为兄弟，把相互搏杀看作犯罪，从战斗中抽身而出，避免了兄弟之血洒落疆场——这是一名目击战斗的波兰军官告诉我的。

你如何看待这些"相亲相爱"的骑兵？

言归正传，随着人口数量趋于庞大，一国的居民分布于广阔的地域上，针对敌方全体国民的突袭作战不再可能。随着公众良知的建立，各国在开战之前会发布预警信息，战争有了正式的宣告。出其不意不再是战争的唯一手段，但依然是其中一种，甚至至今还是最有效的战术。士兵不再有机会击杀毫无抵抗的敌人，由于预先发布了战争警告，可以预想会有人多势众的敌军严阵以待。因此，士兵不得不进行战斗，为了以最小的风险赢得胜利，他们以狼牙棒压制棍棒，以弓箭对付狼牙棒，以盾牌抵御弓箭，以盾牌与胸甲对抗简单的盾牌，以长枪攻击短枪，以钢剑迎战铁剑，以武装战车压制步兵，诸如此类不一而足。

士兵们绞尽脑汁，试图消灭敌人而保全自己。他们在力量占优时才会勇敢，而他们的优势并非无法动摇。一旦面临更强大的敌人，他们会毫无愧色地逃走。尽管凭借武器与护甲，士兵能够近身战斗，但自我保护的本能之强烈，会使他们丢弃羞耻心服从于天性。这样的情况不是理所当然的吗？士兵在战斗中亲身检验，才能判断双方孰强孰弱，一旦发觉对方更强，就会放弃战斗。

在远古时代的战斗中，个人的力量与勇武至关重要，以至于英雄的身死，或许会导致国家陷落。在战斗中，两军的士兵出于彼此的默契，往往敬畏又焦虑地观看勇士相互搏斗。所有人的命运都寄托在孤身奋战的勇士手中，这很正常，因为在士兵看来，勇士都是无人能敌的超人。

然而，智力颠覆了武力对战争的支配权。阿喀琉斯般的勇士纵然无人能挡，却也敌不过十个齐心协力的士兵。战术和纪律应运而生：战术是为了事先规划合适的组织与战斗方法、统一作战行动；纪律是为了克服人性的弱点、确保士兵在战斗中齐心协力。

最初，士兵相互厮杀，各自为战，行动如同野兽：捕杀猎物、躲避强敌。纪律与战术的出现，促使了指挥官与士兵之间、士兵内部团结一致。而除了智慧因素的进步，士兵的道德水平是否有所提升？答：要让军队团结一心、有效执行战术部署，每个人的奉献都不可或缺——在这一意义上，每个士兵都与远古的勇士一样重要，战斗不再是个人的行为，由此就产生了团队精神，而逃跑成为一种丢人现眼的行为。在军队当中，逃跑意味着抛弃长官与战友。从任何方面来看，士兵的价值都有所提升。

智慧向我们揭示了在合理的指挥下集体作战所具备的优势，而发挥出这种优势的手段就是纪律。

纪律的出现是否会导致惨烈的搏斗或至死方休的缠斗？答：不会！如果用高明的战斗序列将成群的士兵编为一支纪律严明的军队，面对纪律涣散之师将战无不胜，但面对同样纪律严明的部队，他们就又变回了远古人类。一旦确认或预见到自己会被实力远超自己的敌人消灭，士兵就会逃之夭夭。人心从未改变分毫，纪律略微延长了两军正面搏杀的时长，却无法取代自保的本能以及随之产生的畏惧情绪。

畏惧！……

一些军官和士兵悍不畏死，但这种不怕死的勇士是罕见的。大多数人都会恐惧战栗，因为人无法抑制肌肉的颤抖。所有组织、纪律、部署、运动、机动以及行动模式，都必须对畏惧的因素有所考量。士兵的天生弱点会影响上述各个方面，从而助长敌军的优势。

古代战斗中，这种畏缩也得到了研究。纵观各个尚武民族，其中最尚武好斗的是不仅最透彻地了解战争的普遍规律，也最重视人性弱点，并极力避免其影响的民族。值得注意的是，在军事体制和战斗手段方面，尚武民族往往不是最高明和理性的。

事实上，尚武民族多是自大骄狂之辈。他们的战术只会执着于勇气。换句话说，他们不愿意承认人性的弱点。

高卢人是战争方面的蠢材，使用的战术颇为粗糙原始。在发起第一轮突袭之后，他们总是被希腊人与罗马人击败。

希腊人不仅是勇士，也是政治家，他们的战术水准在高卢人之上。

罗马人在本质上是政治家，于他们而言，战争只是一种不完美的政治手段。他们从不抱有幻想，会考量人性的弱点，并探索、发展出了军团体制。

不过，本章仅仅对结论予以确认。

第二章
罗马军队的战术

希腊军队的战术中发展出方阵，罗马军队的战术中发展出军团；蛮族的军队在战术中运用方形、楔形和菱形的方阵。

——任何关于战争的入门读物都会解释各种阵型之原理。波利比阿在对比方阵和军团的时候，就曾经做过相关探讨。（参见《历史》第18卷）

希腊的精神文明虽然比罗马更发达，但其战术水平却并不比罗马人更高明。希腊人基于数学原理制定战术，而罗马人则是根据对于人心的深刻理解——当然，希腊人并没有忽视士气，罗马人也没有忘记作战原理[1]，但是，两大民族优先考虑的要素截然不同。

哪种阵型最能驱使希腊军人奋勇作战？

如何使罗马军队的士兵最高效地战斗？

第一个问题仍然有待讨论，而第二个问题已经由罗马人得出了答案。

罗马人的勇气并非与生俱来，这个民族从没诞生过像亚历山大那样的猛人。高卢人、辛布里人、条顿人，这些凶悍的蛮族让他们胆战心惊。面对以勇气为荣的希腊人、天生蛮勇的高卢人，罗马军队恪守使命、以惊人的集体纪律迎接战斗。强烈的爱国主义情绪鼓舞着他们的军官。

---

[1] 罗马战术对作战原理和士气因素的结合令人叹为观止，让两者相互配合，又互不干扰。

◁罗马军队执行十一抽杀律

希腊军队以训练和奖赏维持纪律，而罗马军队除了这些手段，还会以死亡震慑士兵——对于表现怯懦或临阵叛逃的部队，他们会抽取十分之一的人员，用棍棒将其集体处决 ①。

为了战胜士兵们畏惧的敌人，罗马将领的办法不是用热情感染军队，而是以怒火整顿士气，通过超负荷的训练和清苦的生活条件磨砺士兵，促使他们恪守纪律、养成在必要时献身沙场的觉悟。而希腊将领要想振奋士气，就会请提尔泰奥斯作歌一首 ②。如果两支军队有机会在战场上交手，不知会是怎样一番场景。

不过，仅仅依靠纪律的战术算不得高明。老话重提——在战斗之中，自保本能无时无刻不在影响士兵的行动和情绪。纪律在他们心中建立起更高一级的恐惧，以压抑这种本能，但江山易改，本性难移。在一些光荣的战斗里，纪律和奉献精神使得士兵战胜了本能，但是这些战斗正因为难得一见才光荣，并由于与众不同而饱受赞誉，这反而反映了普遍的情况。

战斗科学的最高造诣，就是在士兵失去理性、屈服于本能时稳定军心。罗马军队战术的高明之处也在于此。在一些战役中，汉尼拔和恺撒正是成功地稳住军心，才赢得了胜利。

---

① 译注：即"十一抽杀律"（Decimation），罗马军队曾以此消除部队的恐慌和畏战情绪。

② 罗马人并没有轻视提尔泰奥斯（译注：Tyrtæus，公元前7世纪的希腊诗人，以写战歌著称）等诗人的影响力，他们并不小看任何有效手段，深知各种方法的价值。

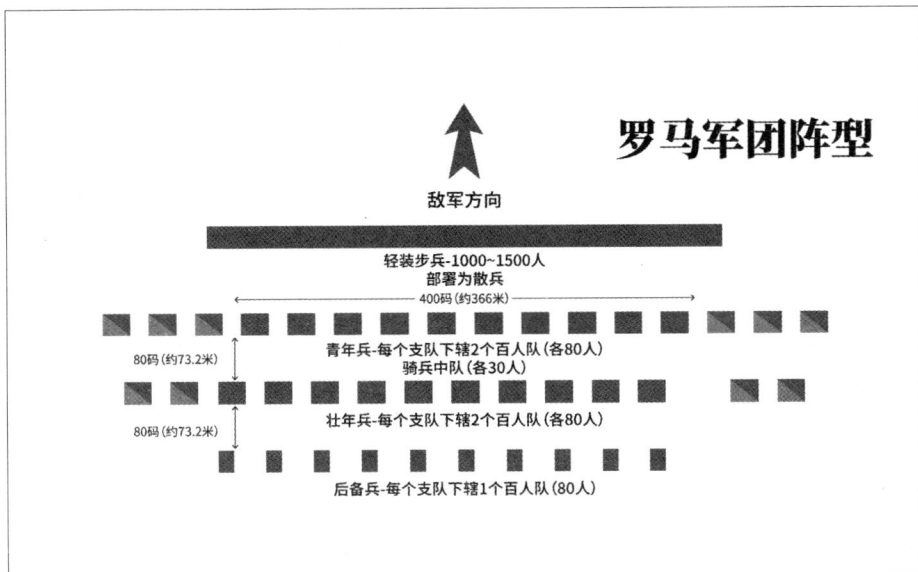

罗马军团阵型

敌军方向

轻装步兵-1000~1500人
部署为散兵

400码（约366米）

80码（约73.2米）

青年兵-每个支队下辖2个百人队（各80人）
骑兵中队（各30人）

80码（约73.2米）

壮年兵-每个支队下辖2个百人队（各80人）

后备兵-每个支队下辖1个百人队（80人）

交战通常发生于阵型较深，由目标明确的长官指挥、监督的作战群体之间。群体之间的战斗由一系列的个人交锋构成，士兵并排列阵，仅第一排士兵参与战斗，第二排在后方观察战斗形势，同时保护前排的侧翼，如果第一排的士兵受伤或力竭而倒下，他们就递补上去。这一过程将持续至最后一排顶上战线。在全力以赴的厮杀之中，士兵难免身心俱疲。

通常，这样的战斗持续时间并不长，精神力量消耗得较少的一方会赢得胜利。

第一排的士兵在前厮杀，第二排的士兵在身后观战，在前两排作战的时候，后面各排的士兵在两步之外待命，只有在前线士兵阵亡、负伤或力竭时才轮到他们战斗。在等待的期间，第一排在战斗中的人潮涌动令人震撼，刀剑相撞的声音声声入耳，而在人潮中倒下的士兵或许格外引人注目，他们会看到伤员和精疲力竭的人从人群的缝隙中向后方爬来。他们只能被动地注视着，等待面前的危险到来。这些士兵还未亲身参战，就已经感受到战斗的痛苦，精神上的压力使其无比焦虑，往往没有轮到他们投身战斗便转身逃跑。

高明的战术和作战部署让军队保持战斗力。具体来说，就是只把必要的作战单位投入战斗，其余单位作为后援或预备队，部署在局势紧张的区域之外，避免他们在投入战斗时过度紧张。罗马军队的高明之处就体现在这种战术，以及准备和执行任务过程中的严明纪律上。罗马士兵能忍耐持续高强度任务带来的疲劳，通过在战斗中不断轮替生力部队，他们实现了无与伦比的持久战斗力 [1]。

高卢人打仗不加思考，只会一成不变地使用僵化呆板的战线阵型，因而无法解除后排士兵的紧张感。与希腊人一样，高卢人信奉人多力量大和密集纵深队形的冲击力，但他们没有意识到，鉴于第一排的士兵害怕面对死亡，纵深队列无法推动他们前进。人们总是误认为士兵会前赴后继地作战，直到最后一排战士顶上去与敌人交手。事实恰好相反，恐慌有强烈的感染力，前排的停滞就意味着后排的败退！

当然，希腊人也在密集队形的后半部分部署预备和支援部队，但集中作战的思想占据了主导，他们把预备和支援部队与前线部署得距离过近，忘记了"士兵"才是战斗的根本。

罗马人也相信集中作战的力量，但仅限于精神层面。他们没有增加队伍的排数、让队形更加密集，而是让士兵感受到战友站在身边，给予他们信心、解除紧张感。队伍的排数根据后排的精神承受力计算出来。

士兵或许还未参战，就难以忍受前线战斗所带来的精神压力，为了避免这种情况，罗马人没有增加队伍的排数。但希腊人没有做到如此准确的观察和计算，有时候甚至会组成32排的队列，希腊人坚信后排的预备队意志坚定，而最后一排的部队却发现自己被强行拖进前面几排战友造成的混乱局面之中。

在罗马军团的步兵支队里，在历次战斗中证明了自己勇气的精锐士兵，会坚定不移地站在第二、三排的战位上待命。他们距离战斗一线足够远，不会因前线的战斗而让自己负伤，逃进他们队列缝隙中的一线战友，虽不会把他们拖入战斗，但也足够接近，能够在必要时提供支援，或者在需要夺取胜利时顶上一线。

在马略和恺撒的军队中，第1大队的3个支队彼此独立又互相支援，当他们准备协同作战的时候，最可靠的老兵会被统帅部署在最后几排，最年轻、躁动的

---

[1] 另外，他们的军事常识能够确保他们迅速发现并学习使用更好的武器。

士兵位于前排。罗马军团不是仅仅靠人多势众而堆砌起来的，支队里的每个士兵、大队里的每个支队、军队里的每个大队都在作战中井然有序地逐次采取行动。

我们知道，根据罗马军队的理论，士兵应该以连绵的横队排成纵深队形作战。而一些天才的将领改变了既有的阵型。如果士兵久经沙场、训练有素、忠实可靠、坚韧不拔，能够迅速执行横队长官的命令，并且对指挥官和战友充满信任，那么天才的将领会削减战阵的厚度，甚至放弃多线横队阵型，从而扩展阵线正面的宽度，将更多士兵同时投入战斗。这些将领深知敌军后排的士兵承受着沉重的心理压力，既不会向前支援前线战友，也难以保全自我；而这些将领麾下的军队士气高于敌军，有时候肉体耐受力也更胜一筹。在汉尼拔的军队里，部分步兵，即非洲步兵按照罗马军队的模式装备和训练，他的西班牙步兵与当今的西班牙同行同样坚韧不拔，而高卢士兵久经苦战的考验，也适合持久作战。汉尼拔胸有成竹地激励他的大军，排列出厚度仅为罗马军队一半的战阵，在坎尼包抄、歼灭了两倍于己的敌军。在法萨卢斯会战中，恺撒也出于同样的原因，毫不犹豫地削减了阵型的厚度，成功歼灭了两倍于己、同为罗马军队的庞培所部。

上文提及了坎尼和法萨卢斯会战，接下来我们将以这两场会战为例，探究古代战斗中密不可分的作战机理和士气因素。这两场战例的资料之清晰和公正，在古代战争史上无出其右者。坎尼之战的史料应归功于波利比阿的清晰叙述，其信息来源为坎尼战场的幸存者，甚至可能还有一些战胜方的士兵；而法萨卢斯之战的史料来自恺撒本人在论述战争艺术时清晰而公正的自述[①]。

---

① 译注：法萨卢斯会战的史料，见于恺撒自己写的《内战记》（Bellum Civile）。

第三章
汉尼拔的大捷：坎尼会战分析

波利比阿的记载：

瓦罗的骑兵位居右翼，部署在河畔；步兵在骑兵旁边连成一整条战线；步兵支队彼此靠拢，组成比平时更为密集的阵型，队列的纵深比宽度还要大。

盟邦骑兵位于左翼，完善了罗马军队的战线，轻装部队位于左翼稍前方。包括盟军在内，罗马军队的兵力共有8万名步兵和6000余名骑兵。

与此同时，汉尼拔派投石手和轻装部队渡过奥菲杜斯河，部署于大军前方。其他部队分两处渡河。他把伊比利亚和高卢的骑兵部署在左翼，以河岸为依托，用以对付罗马骑兵。战线向中路延展，从左到右为半数非洲重装步兵，伊比利亚和高卢步兵，以及另一半非洲重装步兵，最右翼是努米底亚骑兵。

此时，所有部队呈一条直线。准备迎击敌人时，汉尼拔把伊比利亚和高卢步兵往前调动以迎敌，由于这些部队仍然与战线上的其他部队相连接，于是，原先的直线阵型变成了凸出的新月形，让中路的阵线变得更薄。这番部署的主要目的是由伊比利亚人和高卢人率先开启战斗，非洲人则充当预备队进行支援。

非洲步兵配备着罗马步兵的武器装备，这些装备是此前会战中汉尼拔从罗马人身上取得的战利品。伊比利亚人和高卢人使用同样款式的盾牌，但是装备的剑却大不相同：伊比利亚人的剑适合突刺和劈砍，但高卢人的刀剑只能在近距离用剑刃劈砍。中路步兵部队排列如下：高卢步兵位于正中央，伊比利亚人分为两部

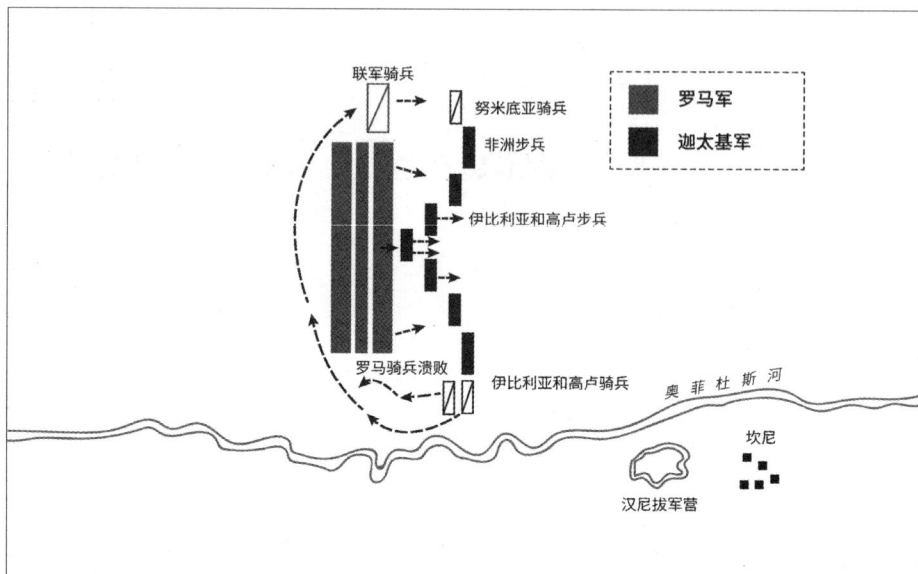

分位于高卢步兵的两侧，他们与最外侧的非洲步兵相邻。高卢人赤身裸体，伊比利亚人穿紫色的亚麻上衣，在罗马人眼里构成了一幅怪异骇人的景象。迦太基的军队总共有 1 万名骑兵和 4 万余名步兵。

罗马右翼由埃米利乌斯·保卢斯 [1] 指挥，左翼则是瓦罗，指挥中路的是前任执政官塞尔维利乌斯和阿蒂利乌斯。迦太基军由哈斯德鲁巴指挥左翼，汉诺指挥右翼，汉尼拔与其弟马戈坐镇中路。正如笔者前述，两军呈南北相向对，冉冉上升的太阳播撒的光芒没有影响到任何一方。

战斗由两军前哨的轻装部队打响，双方未分胜负。在迦太基左翼的伊比利亚和高卢骑兵投入战斗后，战况立刻焦灼起来。罗马骑兵在战斗中仿佛野蛮人一样凶悍；与通常的战术不同的是，他们先是向后撤退，随后又上前反击，并罕见地跳下战马，与敌人捉对厮杀。与此同时，迦太基军队占据了上风。地上躺满了英勇战死的罗马人，幸存者沿着河岸逃窜，被敌人毫不留情地砍杀。

---

① 译注：他的全名为路求·埃米利乌斯·保卢斯（Lucius Æmilius Paulus），此处原文称他为保卢斯（Paulus），下文又称为 L. 埃米利乌斯（L. Æmilius），为了避免歧义，统一称之为埃米利乌斯·保卢斯。

罗马重装步兵立刻填补了前方轻装部队的位置，加入战斗中。起初，伊比利亚人和高卢步兵稳住了阵线，勇猛地抵挡了进攻，但在罗马军团的重压之下支撑不住，转身后退，使新月形阵线上出现了缺口。罗马人穷追不舍，他们侧翼的部队都涌向了战况激烈的中路，轻易地击穿了高卢人的阵线。迦太基的整条阵线并没有一同战斗，在新月形的阵型当中，率先迎战的高卢人组成中路突出部分的弧线，在位置上居于两翼部队的前方。罗马人追赶着败退的高卢人和伊比利亚人，部署在侧翼的部队涌入中路，占领了敌军放弃的阵地，但这次追击太过深入，导致其两翼暴露在非洲重装步兵的面前。右翼的非洲重装步兵向左转，左翼的非洲重装步兵向右转，就可以直扑罗马步兵的侧翼。面对这样的局面，士兵的任务是显而易见的。汉尼拔早就料到，罗马军队追击高卢人的时候，定会落入非洲步兵的包围。罗马人陷入重围，无法维持队形[1]，只好单独或以小团体为单位抵抗正面和侧翼的敌人[2]。

埃米利乌斯·保卢斯在战斗打响时位于右翼，没有卷入这场屠杀。他认为军团的步兵将会决定战斗的结局，为了敦促全军执行命令，他策马赶到战况最为激烈的地方，拦阻逃兵、杀死敌人，试图重振士兵的激情，而汉尼拔在整场战斗中都亲力亲为，以同样的方式鼓舞部下。

迦太基军右翼的努米底亚骑兵尚未投入战斗或者伤亡不大。此时正适合发挥他们的长处：从各个方向围攻敌军，使其自顾不暇、无法合力作战。这个时候，哈斯德鲁巴指挥的左翼骑兵已经击溃了罗马军的右翼骑兵，前来与努米底亚骑兵会合，罗马的盟邦骑兵见势不妙，便不战而逃。

此时，哈斯德鲁巴的决策展现了他的谨慎和才干，也助推了会战的胜利。他知道努米底亚骑兵在数量上有优势，且最擅于追击败退之敌，就派他们去追杀敌人的溃散骑兵，自己则率领伊比利亚和高卢骑兵去支援非洲步兵。他从后方打击了罗马人，指挥多支骑兵部队从多处冲击陷入混战的敌军。援军的抵达提振了非洲步兵的士气，越来越多的罗马士兵丧失斗志，丢下了武器。此时，埃米利乌斯·保卢斯——这个毕生为国尽忠尽职的优秀公民，全身受到多处致命伤，在最后的战

---

[1] 这只是借口：支队具备完美的机动性，能轻易地转向任何方向战斗。

[2] 迦太基在全军层面上包围了罗马对手，而他们的士兵和较小的作战单位并没有围住对方。罗马军队呈楔形，承受攻击的是楔形的侧边和尖端，而非孤立的翼侧。另外，当天罗马支队的深度比宽度更大。

斗中为国捐躯。

四面受敌的罗马人继续奋战,他们要抵抗到底。但随着人数越来越少,他们最终被敌人围成一小圈,屠戮殆尽。阿蒂利乌斯和塞尔维利乌斯也在此时被杀,这两个正直诚实的人英勇奋战,无愧为真正的罗马人。

中路的杀戮在进行时,努米底亚人正在追击溃逃的罗马左翼骑兵。大多数罗马残兵败将不是被杀,就是落于马下,只有部分人逃到了维努希亚,其中包括执政官瓦罗——这个可耻之徒的治军理政让国家蒙受了巨大灾难。坎尼会战就此结束,双方都在战斗中展现了豪迈的勇气。

罗马骑兵共有6000人,最后只有70人随瓦罗逃到维努希亚,罗马盟邦骑兵也只有300人生还,他们躲进几个城镇安身。有1万名未参战的罗马步兵沦为俘虏[①],而参战的步兵中只有3000人逃进了附近城镇,其余约2万人[②]光荣战死。[③]

汉尼拔在战斗中损失约4000名高卢步兵、1500名伊比利亚和非洲步兵以及200名骑兵。

让我们来分析这场战斗:

两军的前方散布着零星的轻步兵,他们之间的前哨战不分胜负。真正的战斗打响,始于汉尼拔的骑兵袭击罗马左翼的正规骑兵。

根据波利比阿的记载,随着战况逐渐白热化,罗马骑兵在战斗中像野蛮人一样凶悍:与通常的战术不同的是,他们先是向后撤退,随后又上前反击,并罕见地跳下战马,各自与敌人厮杀,如此种种。

由此可知,罗马骑兵一反常态,居然像步兵那样进行近身肉搏。通常情况下,罗马骑兵会先冲向敌军骑兵,进入标枪的投掷射程后,如果敌方察觉到袭击却没有转身逃跑,罗马骑兵就会谨慎地放缓步伐,各排轮流掷出标枪,然后退到后方

---

① 这些部队原本负责攻打汉尼拔的营地,但会战之后在自己的营地里战败被俘。
② 译注:此处疑有误,波利比阿记录的阵亡人数应为7万人。
③ 引文出自多姆·蒂利耶译本。李维的著作中没有给出罗马士兵的准确数字。他声称为了算出罗马军队的最大规模,他的统计不会忽略任何数字,据他所闻,参战罗马军共有87200人——与波利比阿的数据相符。在李维的记述中,有4.5万人阵亡,战后有1.9万人被俘或溃逃,共计6.4万人,那么剩余的2.3万人去哪里了呢?

准备再次冲锋；敌军骑兵也会采取同样的行动。如此反复几轮之后，终有一方相信对手要发起冲锋，于是头也不回地飞速逃离，直到被追上或甩掉对方为止。

而坎尼之战当日，在战况白热化之际，罗马骑兵进行了真正的战斗：双方骑兵短兵相接，士兵捉对厮杀。但这场搏斗是迫不得已的，双方都无路可走、唯有生死相搏。战斗开始之前，战场上没有进行常规散兵战的空间。（据李维记载）罗马骑兵夹在奥菲杜斯河和军团步兵之间，没有回旋余地。伊比利亚和高卢骑兵同样挤在战友和奥菲杜斯河之间，其人数两倍于罗马骑兵，即使排成前后两条战线，仍旧行动不便。宽度有限的战场更有利于人数较少的罗马骑兵，他们只需迎战从正面进攻势均力敌的故军。

话接前文，两军没法避免肉搏，于是短兵相接、捉对厮杀。古代骑兵的鞍具简陋、没有马镫，还要在马上扛着盾牌、马槊和刀剑，对他们而言，捉对厮杀往往意味着两人扭作一团，摔下马来徒步战斗。提多·李维在补充波利比阿的记载时，也有过同样的叙述。提契努斯河会战证明，古代骑兵一旦短兵相接，就会演变成徒步战斗。这对于装备精良、训练有素的罗马骑兵更有利。例如在提契努斯河会战中，罗马轻步兵被打得溃不成军，精锐骑兵尽管遭到了突袭和包抄，但是他们依然徒步或在马背上奋勇作战，让汉尼拔的骑兵承受了多于己方的损失，并且救回了受伤的指挥官。除上述优势之外，罗马执政官埃米利乌斯·保卢斯治军有方，他机智又热忱，壮烈战死在步兵队列中，不像瓦罗看到手下骑兵战败就逃离战场。

但在坎尼之战中，罗马的 3400 名骑兵几乎被 6000—7000 名高卢和伊比利亚骑兵全歼，后者损失不足 200 人。会战当日，汉尼拔的骑兵总共只损失了 200 人。

这一切该如何解释？

原因在于，大部分罗马骑兵不愿意为国效命，他们趁前排士兵战斗的机会逃之夭夭，被追击的敌军毫不费力地从背后杀死。波利比阿写道：在奋勇抵抗之后，大多数人倒在了原地。这是他听到的溢美之词。失败者总是夸大自己的勇气，而胜利者从不进行反驳。然而，数字不会说谎，在关于实际战况的记载中，没有任何殊死抵抗的迹象。那一天，高卢和罗马骑兵勇敢地正面交锋。近身搏斗催生了紧张和焦虑的情绪。在两军下马缠斗之际，后方的罗马骑兵看见战场的对面，第 2 线的高卢骑兵正整装待发，于是逃之夭夭了。恐慌情绪迅速蔓延到正在徒步战斗的罗马骑兵之中，方才杀得天昏地暗的罗马骑兵立即脱离战斗，跳上坐骑，他们抛弃了战友，把自己的生死交予敌军处置，仿佛一群闹哄哄的绵羊般抱头鼠窜。

然而，这些骑兵曾经都是勇士，他们是军队的精锐、是贵族骑士、是执政官的护卫、是贵族出身的志愿兵。

罗马骑兵战败之后，哈斯德鲁巴率领高卢人和伊比利亚骑兵穿过汉尼拔的后方[①]，攻打正在与努米底亚骑兵[②]交战的罗马盟邦骑兵。后者不等敌人进攻，便立即转身逃跑。努米底亚骑兵的数量占优（3000人）且擅长追击，在其穷追猛打之下，放弃抵抗的罗马盟邦骑兵只有约300人逃生。

在轻步兵的前哨战后，两军的步兵战线接战。根据波利比阿的记载，罗马步兵在两翼遭到迦太基军队的围攻，后方又被哈斯德鲁巴的骑兵包抄。最初被罗马人击退的高卢和伊比利亚步兵，很可能也重整旗鼓投入战斗，在一些轻步兵的支援下攻打罗马楔形阵的尖端，从而对罗马步兵形成了合围。

恺撒的战场经验告诉我们，古代骑兵难以对抗队形严整的步兵，甚至无法战胜保持冷静的落单步兵。伊比利亚和高卢的骑兵们应该能看到，罗马军队后方有装备长矛的三线部队，但这些可靠的战士被友军围堵住了[③]。如果他们能投入战斗，或许能阻止敌军骑兵的进军，但作为预备队，他们没能够伤敌人分毫。

汉尼拔麾下的步兵中，装备罗马武器的最多只有1.2万人。高卢和伊比利亚步兵只能用简陋的盾牌自卫，他们在步兵交锋中败下阵来，损失将近4000人——几乎是他们在整场战斗中的全部损失。

不计攻打汉尼拔营地的1万名罗马士兵，以及汉尼拔手下守卫营地的5000人，双方的兵力对比如下：

汉尼拔的2.8万名步兵以及哈斯德鲁巴的骑兵，共3.6万人的迦太基军队，包围、屠戮了几乎两倍于己、7万多人的罗马军队。

人们或许搞不明白，7万大军与装备更低劣的3.6万名士卒交战，何以惨遭屠

---

① 译注：此处很可能有误。从前后文来看，哈斯德鲁巴的骑兵是从罗马中路的背后迂回过来的。

② 努米底亚骑兵是非正规的轻骑兵部队，凭借摄人心魄的吼声和狂放的奔袭驰骋沙场，他们擅长前哨、骚扰、突袭作战，但是无法对抗纪律性强、装备马嚼和重武器的正规骑兵。他们组成庞大的列队，精准无误地四处袭扰和杀戮；无比适合长途追击或屠杀溃败之敌，他们对溃败的敌人毫不手软。正如战绩所证明的，努米底亚骑兵与阿拉伯骑兵类似，他们的战斗装备粗劣，但手中的家伙特别适合屠戮。

③ 按照罗马军团的战斗序列，三线部队（tiarians）为罗马军队的第三阵线。前线队伍士兵的间距逐渐收拢后，自然会把三线部队包裹起来。

△坎尼之战，汉尼拔大获全胜

戮殆尽？每个士兵至多只需对付 1 个敌人，因为是近身战斗，尤其是如此大规模的包围战中，两军直接投入交战的兵力是相等的。古代没有能够粉碎人群的火炮和步枪，无法集中火力优势摧毁密集阵线。迦太基人的弓箭在战斗之初即消耗殆尽。罗马军队人多势众，密集阵线看似坚不可摧，似乎只需抵抗敌军的攻击，就能将其消耗殆尽。

然而，罗马军队却被一扫而光。

起初，罗马步兵击败高卢和伊比利亚步兵，展开追击——即使双方士气相当，后者也敌不过装备精良的罗马人——罗马中路部队高歌猛进，两翼呈 45 度斜线跟进，构成冲击矛头的两侧，以支援中路并保持队列间距。整支罗马军队组成楔形阵，向着胜利进军。忽然，非洲步兵袭击了他们的侧翼，撤退中的高卢和伊比利亚步兵也回身重新投入战斗[1]。哈斯德鲁巴的骑兵从后方攻击了罗马预备部队[2]，到处都

---

① 由亲自坐镇中路的汉尼拔指挥加入战斗。
② 即三线部队，罗马军队的第三战线。

是出乎意料、无法预测的战斗。方才还以为胜券在握的罗马人，听见狂野的战吼[①]从正面、右边、左边、后方，从四面八方灌入鼓膜。

罗马军队承受的真正打击实际上并不沉重，因为敌军的阵线厚度不到其一半，但在精神上的压力是巨大的。罗马人最初感觉局促不安，随后演变为恐慌的情绪。第1阵线的士兵精疲力竭、遍体鳞伤，正准备从前线撤下来，但惊恐的后排士兵却在退却，楔形阵的内部乱成了一锅粥。前线的士兵自觉孤立无援，士气大减，于是也跟着后排一起逃跑，罗马人溃不成军，任由敌军屠戮。据波利比阿记载，他们丢弃了手头的武器。

以上就是坎尼会战的分析。而在回顾法萨卢斯会战之前，有一个诱惑是笔者无法拒绝的：让我们稍许偏离坎尼会战主题，谈一谈汉尼拔的历次战役。

汉尼拔在战役指挥中表现出了一以贯之的特点，就是必须战胜罗马人的坚韧性。对汉尼拔而言，不光要打败敌人，还必须将其歼灭。在战斗中，他总是尝试切断敌军的所有撤退路线。汉尼拔明白在和罗马人打仗的时候，只有歼灭他们才能终结战争。

汉尼拔不认为军队会在绝境中爆发勇气，他信奉恐慌的力量，深谙出其不意的袭击能够造成恐慌。

在这些战役中，最动人心魄的不是罗马军队的伤亡，而是汉尼拔军队的损失：纵观汉尼拔之前和之后的历史，还有哪支军队的伤亡数与罗马人相近，却成了胜利者？在这如此的伤亡数字之下，要让军队奋战至获胜的一刻，需要极强的手腕。

汉尼拔以绝对的自信鼓舞士兵。在他指挥的会战中，由充当炮灰的高卢人组成的中路，几乎总是会被敌军击破，但汉尼拔和他的部下从不为此焦虑不安。

确实，汉尼拔的中路被规避了迦太基军两翼的罗马人打穿了，但是，罗马人在打败高卢人时自己也乱了阵脚，而汉尼拔知道如何让高卢人在战斗中保持韧性。战败之后，罗马人大概欣喜于逃过一劫，只想着进一步远离战场，没有回去袭击敌军的侧翼或后方。尽管没有明确记载，汉尼拔无疑准备过罗马人重返战场的对策。

---

① 阿莱西亚会战证明了战吼的效果：尽管恺撒事先提醒了士兵们，但他们还是被身后传来的战吼声惊吓。在战斗中，后方传来的嘈杂声总会挫伤军队的士气。

此事很有可能属实：高卢人虽然被打得七零八落，但依然保持了惊人的信心。

为了鼓舞士气、树立信心，汉尼拔会在战前解释他的作战计划，因此士兵不会背叛他。他肯定说过军队的中路会遭到突破，但这是计划的一环，自有应对后手，叫大家不必担惊受怕，而在会战中，他的人马似乎也没有为此忧虑。

且不谈汉尼拔被所有世人视为最伟大杰作的战役理念。他之所以成为古代最伟大的将领，正在于深谙士气在战斗中的作用，并且洞悉两军士兵的精神状态。在所有的战争、战役和战斗中，他都展现出这方面的造诣。他的部下不如罗马人出色，装备更粗劣，兵力仅为对手的一半，但汉尼拔却是一位常胜将军。他懂得士气的价值，对麾下的军队绝对信任，并且指挥艺术高超，因而他总能确保他的军队在士气方面占据上风。

诚然，在意大利战役中，汉尼拔麾下的骑兵多于罗马骑兵，但罗马的步兵数量具有压倒性优势。如果情况正好相反，汉尼拔无疑会换一种战法。只有在懂得运用它们的名将手中，战争工具才能够发挥其应有价值。正如在下文将探讨的法萨卢斯之战中，庞培虽掌握更多更好的骑兵部队，却依然败在恺撒手下。

汉尼拔在扎马吃败仗，是因为遇到了天才也无法破解的绝境，而这场战斗再次证明了汉尼拔对士兵的透彻认识以及他本人在军中的影响力。在汉尼拔麾下，只有第 3 阵线上的士兵才是可靠的战士，也是唯一奋勇战斗的部队，在腹背受敌的绝境下，在斩杀了 2000 名罗马士兵之后才被敌军歼灭。

读者将会在阅读后文时明白，这是何等高涨的士气、多么奋不顾身的战斗！

第四章

恺撒的胜利：法萨卢斯及其他战例分析

《内战记》如是记述法萨卢斯会战：[①]

在接近庞培的营寨时，恺撒的阵列是按下述情况布置的：

在左翼的是内战一开始时恺撒根据元老院的决议交出去的两个军团，它们一个称作第 1 军团，另一个称作第 3 军团，庞培自己就处在这一面。西庇阿带着叙利亚来的军团处在阵线中央，基利家的军团和我们已经说过的阿弗拉尼乌斯从西班牙带来的一些大队联合在一起，被安置在右翼。庞培认为这些是他所有的最坚强的部队。其余的他都安插在阵线中央和两翼之间，合起来共有 110 个大队。这支兵力总人数达 4.5 万人。他还有大约 2000 名留用老兵，这些人都是在以前的历次战事中受过他的恩惠，这次又再赶来集合的，他把他们分散在全军。此外还余下 7 个大队，他把他们布置在营寨或就近的堡垒内，担任守卫。在他的右翼有一条两岸很陡急的河流掩护着，为此，他把他的全部 7000 名骑兵[②]和全部弓弩手、投石手都布置在左翼。

恺撒保持他过去的习惯[③]，把第 10 军团放在右翼，第 9 军团虽说在迪拉基乌姆

① 译注：出自恺撒《内战记》的叙述，本书引用的《内战记》原文系任炳湘翻译的商务印书馆译本，为了统一行文，译者修改了一些译名。

② 在庞培的7000名骑兵中，有500个高卢和日耳曼人（当时最出色的骑兵）、900个加利西亚人、500个色雷斯人，以及数量各异的色萨利人、马其顿人和意大利人。

③ 恺撒的各军团在战斗序列中分为3条阵线：第1阵线有4个大队，第2阵线有2个大队，第3阵线有3个大队。如此一来，同一军团的各大队就能在战斗中得到本军团的其他大队的支援。

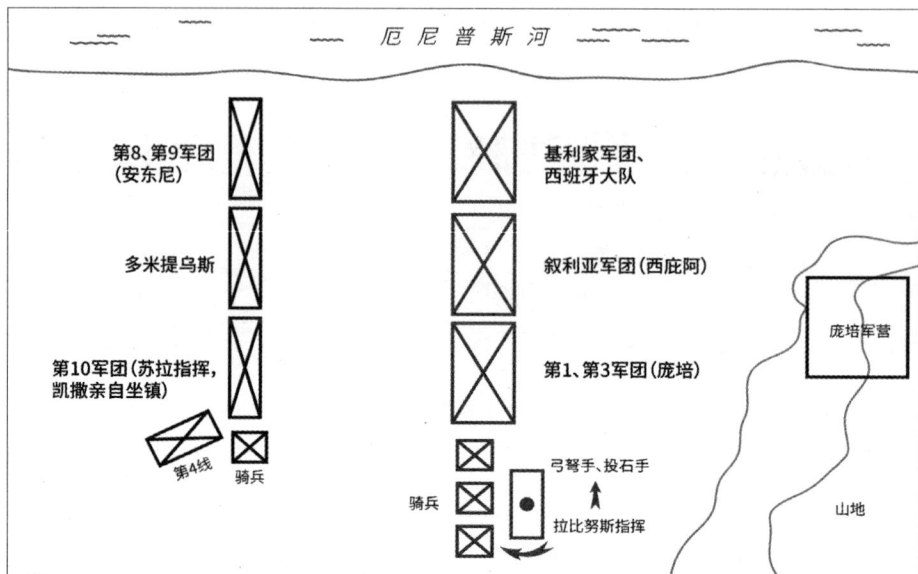

战役中人员已经大大减少，却仍布置在左翼，他把第8军团也和它放在一起，这样，差不多就把这两个军团联合成一个，命令他们必须彼此互相支援。他在阵地上有80个满编的大队，总人数为2.2万人。两个大队①被留下来守卫营寨。他派安东尼统率左翼，部百流·苏拉统率右翼，格涅乌斯·多米提乌斯统率中军。他自己面对着庞培，同时注意到对方的上述阵势，深恐自己的右翼会被数量巨大的骑兵包围，就急忙从第3线中的每个军团抽出一个大队来，用它们构成一列第4线，让它们面向着敌人的骑兵，并向他们说明自己的打算，提醒他们，这天的胜负就取决于他们这几个大队是否勇敢了。这时，他又命令第3线和全军，不得到他本人的命令，不许交锋，说在他希望他们这样做时，会用帅旗发出号令的。

恺撒随后走到队伍之中，鼓励他的士兵奋勇战斗，看到士兵们热情高涨后，他发出了号令。

两军之间，留下的距离刚刚够让双方军队冲击。但庞培事先就关照他的部下要等恺撒先过来攻击，自己不要离开阵地，免得阵脚被弄乱。据说，他是在该犹·特

---

① 译注：《内战记》的原文为7个大队。

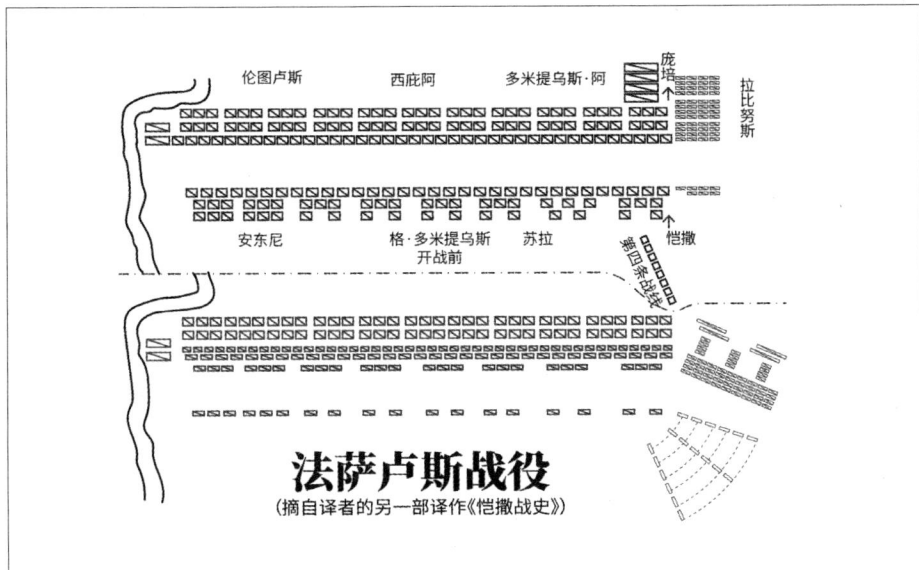

伦图卢斯　　西庇阿　　多米提乌斯·阿　　庞培　　拉比努斯

安东尼　　格·多米提乌斯　　苏拉　　恺撒
开战前

第四条战线

法萨卢斯战役
（摘自译者的另一部译作《恺撒战史》）

里阿里乌斯的劝告下采取这种做法的，这样，就可以粉碎恺撒军队的第一次冲刺和猛攻，使对方的队伍陷于混乱，然后，坚守在行列中的庞培军队，就可以趁势进攻那些混乱了的敌人。他还希望，如果军队坚持在一起不动，就便于抵御对方投掷过来的重标枪。同时，由于恺撒的部队这样一来就有双倍的距离要跑，势必跑得气急败坏，疲乏不堪。但在我们看起来，庞培采取这种做法是失策的。因为所有的人心胸中天生都有一股因渴望战斗而炽热起来的精神上的锐气和冲劲，这种激情，做统帅的只有以负有责任加以发扬鼓励，切不可反加以遏止。因而，从古传下来的做法，即军号要四面齐鸣，全军要一气猛喊，绝不是没有道理的，这样做为的是可以使敌人惊惧，使自己的部下得到鼓舞。

此时，我军在一发出号令时，就已经挺举着标枪，跑步上前。当他们看到庞培的军队并不迎上前来相敌时，就利用从过去战斗中得来的经验，自动停止前冲，在大约一半距离的地方站定下来，以免奔到敌人面前时已经体力耗尽，等略许停息了片刻之后，才又重新起步向前。他们投出了标枪，又依恺撒的指示，迅速抽出剑来。庞培的军队对这种攻击也并非应付不了，他们格开投过去的武器，顶住军团的攻击，仍旧保持着自己的行列，在掷出了自己的标枪后，也挥起剑来。

就在这时候，庞培左翼的骑兵按照命令，合力冲过来。大队弓箭手也跟着涌上前来。我军骑兵挡不住他们的攻击，慢慢离开他们的阵地后撤，庞培的骑兵更加凶猛地压过来，而且一伙一伙地散开，从我军暴露着的一侧开始包围我军。恺撒看到这个，马上发令给他那以6个大队组成的第4线，这些人迅速奔跑，全力挺进，用极大的冲劲迎击庞培的骑兵，使得他们没有一个人能站得住脚，全部转过身去，不仅逃出阵地，而且一直飞逃，躲进极高的山中去。当他们被驱走时，所有的弓弩手和射石手都被孤零零地丢了下来，一无支援地遭受歼灭。这些大队一路穷追猛打，扑向庞培的左翼，趁对方仍继续在队里抵抗，战斗不止时，把他们包围起来，从背后攻击他们。

就在这时，恺撒命令直到此刻还没有行动、安守在阵地上的第3线向前推进。这样，一面既有精力旺盛的生力军来接替体力不支的人，背后又有别的人赶来攻击，庞培的军队支撑不住，全都转身逃走。

恺撒果然没料错，正像他在鼓励他们时说的那样，胜利将由放在第4线面对敌人骑兵的那几个大队开始取得。正是由于他们首先击退骑兵、歼灭弓弩手和射石手，又从左翼包围了庞培的部队，才使对方开始溃退。

但庞培在看到自己的骑兵被逐回，自己最为信赖的那一部分军队陷入一片混乱时，对其余的就更失去了信心，他立刻离开战场，径自策马奔回营寨。他清清楚楚地用士兵们都可以听到的声音对布置在帅帐门口值岗的百人队长们说："管好营寨，要仔细守卫，免得出什么乱子，我要再到别的几道门去巡视一下，鼓励一下守卫营寨的人。"说完这些话，他进入帅帐，对大局完全丧失了信心，顺其自然去了。

当庞培的部队一路逃进壁垒时，恺撒认为不应该给这些惊慌失措的人喘息的机会，就鼓励部下乘胜追击，马上进攻敌军的营寨。虽说战斗已经一直拖到中午，大家因为酷热，疲乏不堪，但仍旧准备全心全意服从命令，忍受一切艰苦。敌人的营帐由留在那边防守的几个营竭力捍卫着，尤其是那些色雷斯人和蛮族的同盟军，更是在拼着命守卫。至于那些从战场上逃走的士兵，个个都既惊慌又疲劳，许多人连自己的武器和连队标帜①都丢了，他们主要想的是下一步逃到哪里去而不是怎样防守营寨。布置在壁垒上的那些人也不能再经受得住我军的大量箭矢，在

---

① 译注：标帜（color）是罗马军团下面百人队的旗帜。

负伤累累之后离开了岗位。因而，在他们的百人队长和军团指挥官带领之下，一路飞奔，逃到一直延伸到营寨附近的高山里去。

恺撒在战斗中仅损失 200 名士兵，但其中近 30 名英勇的百夫长阵亡。庞培的军队里 1.5 万名士兵丧生，超过 2.4 万人逃进山里；由于恺撒用堑壕围住了山，迫使他们在次日投降。

以上即是关于法萨卢斯会战的记述，其叙事条理之清晰，几乎无须做任何批注。

恺撒的军队最初分为 3 行阵线，这是罗马军队常用的阵型。但是，阵型并非一成不变，比如马略作战只使用 2 行阵线。虽然如前文所述，天才指挥官会随机应变地部署队形，但是，没有理由认为庞培会使用其他阵型。

面对两倍于己的敌军，如果恺撒墨守成规地把每个大队分为 10 行，那么凭他的兵力，只够拼凑出一条完整的阵线，再加上人数减半的第 2 阵线作预备部队。然而，恺撒了解手下兵将的英勇，他知道纵深队形只是外强中干。他毫不犹豫地削减了队形的厚度，以保证六成士兵在参战之前维持队形。恺撒尤其关注第 3 阵线的预备队，以防他们求战心切、头脑发热；有可疑的记载称，恺撒为了让第 3 阵线远离前线，或许将其部署于通常距离的两倍之外。

庞培左翼的 7000 名骑兵、4200 名投石手和弓弩手试图包抄恺撒的侧翼。庞培对这次行动寄予厚望，但恺撒仅派出 6 个大队共 2000 名士兵迎战。他坚信这 2000人定能击退庞培的骑兵，再投入 1000 名骑兵追击败敌，彻底将其打垮，以至于庞培的骑兵连重整旗鼓的念头都没有。一旦失去骑兵的掩护，4200 个投石手和弓弩手就成了恺撒 6 个大队手下的待宰羔羊；恺撒的骑兵部队中混编了 400 名矫健的青年步兵[①]，骑兵去追击惊慌的敌人之后，这些步兵留下来协助那 6 个大队消灭了敌军的投石手和弓弩手。

恺撒不费吹灰之力便荡平了庞培的 7000 名骑兵，歼灭其 4200 名步兵，他的军队气势如虹，动摇了敌军的决心。

庞培命令步兵静待敌军来进攻，恺撒对这个决策的批评略有苛刻。诚然他说

---

① 恺撒声称，为了弥补骑兵数量的劣势，他从各部的旗下精兵中挑选了 400 名最敏捷的青年，在日常的训练中让他们习惯在骑兵之中作战，由此，他的千余骑兵敢于在开阔战场上迎战庞培的 7000 骑兵，却毫不畏惧敌方的数量优势。

△法萨卢斯战役

△扎马战役中，汉尼拔一败涂地

得有道理，统帅不宜压抑士兵的激情，主动进攻能助长军队的士气。不过，倘若麾下士兵训练有素、值得信赖，也不妨施展计谋，转变策略；庞培的士兵被证明是可靠的：他们原本的计划是在阵地上以逸待劳，迎击混乱而疲劳的敌人，但在敌军士气高涨、队列整齐地冲过来之后，他们也没有动摇。庞培军虽然没能取胜，但特里阿里乌斯的建议是正确的。恺撒军队的行动也证明了这一点。在古代的战斗中，列队作战是为了让部队相互支援、士兵互相协助，而这场战斗反映了古代士兵在队列中的信心状态。

恺撒率先发动了攻势，但最初的战斗没有决定战局走向，两军在阵地上鏖战了数个小时。双方的武器装备相近，勇气和战斗力也旗鼓相当，庞培的士兵在肉搏战中并不吃亏，我们可以推测，在此战之中，他的4.5万大军仅仅损失200人。可是随后，这4.5万人溃不成军，仅在战场和营地之间的杀戮场上就被歼灭掉1.2万之众。

庞培军队的厚度为恺撒军队的两倍，在后者的攻势下毫不动摇。但另一方面，密集阵型虽适合阵地鏖战，却难以击退敌兵。恺撒记载道，庞培告诉手下的步兵会派骑兵包抄敌军，但庞培的这些步兵在英勇奋战时，身后却突然传来了恺撒的6个大队、2000名士兵的呐喊声。

庞培的部队人多势众，抵挡这次攻击岂非小事一桩？但情况恰恰相反。后方遭到包抄的一翼开始退却，恐惧逐渐扩散开来，蔓延至其他部队。庞培的士兵惊慌失措，没人想着回到营地重整旗鼓；只有原先部署留守营盘的部队在保卫营地。庞培的主力就像坎尼会战中的罗马人那样放弃了抵抗。若不是营盘守军英勇奋战，让一些逃兵趁机躲进山里，次日被俘的2.4万人或许在会战当日就沦为刀下之鬼。

通过坎尼和法萨卢斯两场会战，我们能勾勒出古代战斗的情景。接下来，我们将以时间顺序再简述几个典型战例，作为这一章的补充材料[①]。

据李维记载，罗马人和某邻邦（我记不清具体是哪个国家）交战之时，因为害怕自己乱了阵脚不敢上前追击。

---

① 若要详细研究各个战例，请参看以下文献：有关希腊军队1万人在俾斯尼亚与法尔纳巴佐斯的交战，参见色诺芬的《万人远征记》（利斯肯与索旺出版社）第569页第34段；关于提契努斯河之战，参见波利比阿的《历史》第3册第8章；至于恺撒与西庇阿、拉频弩斯、阿弗拉尼乌斯以及盖图利人、努米底亚人的交战，参见恺撒或其追随者撰写的《阿非利加战记》（利斯肯与索旺出版社）第281页第61段，以及第283、285和286页的第69—72段。

他还写道，在与赫尔尼基人交锋时，罗马骑兵在马背上对敌人束手无策，于是向执政官请求下马步行作战。其实在历史上，并非只有罗马骑兵如此，善于骑马的民族，如高卢人、日耳曼人，甚至帕提亚人，在真枪实战中的时候都会翻身下马。

沃尔西人、拉丁人和赫尔尼基人曾经组成联军和罗马人交锋，李维如此记载战斗的尾声："最终，第一排的士兵被击垮了，他们遭遇一场屠杀，士兵丢盔弃甲、各自逃命。这时，骑兵部队冲上前去，他们奉命不去追杀落单的士兵，而是用弓箭袭扰、激怒、迟滞较为集中的人群，以免他们四散逃开，好让后面的罗马步兵将其一网打尽。"

哈米尔卡率军镇压雇佣兵叛乱之时，后者试图包抄其侧翼。此前，叛变的雇佣兵对迦太基军队连战连捷，但哈米尔卡不按常规出牌，打得敌军措手不及并战而胜之。他把军队分为3条阵线，分别由战象部队、骑兵和轻步兵、重装步兵方阵组成，正当敌人气势汹汹地逼近之时，他命令战象部队、骑兵和轻步兵2条阵线佯装撤退，迅速移动至第3阵线各个方阵的两翼。敌军一门心思地追赶败退的迦太基部队，如此一来就撞上了前面没有了战友的迦太基重装步兵方阵，在迦太基重步兵的突袭下被打得落花流水。战象、骑兵和轻步兵随即展开追击，屠杀逃窜的敌兵。

哈米尔卡的军队几乎毫发无损，就杀死了6000敌军、俘获2000人。由于两军并未实际交锋，他的军队是否全无伤亡也未可知。

在特拉西梅诺湖会战之中，迦太基军队损失1500人，几乎均为高卢士兵；而罗马军队阵亡1.5万人，被俘1.5万人。战斗持续了3个小时。

扎马一役，汉尼拔军中2万士兵阵亡，另有2万人被俘；罗马军队阵亡2000人。在这场激烈的会战中，汉尼拔军队的第3阵线孤军奋战，直至敌军骑兵包抄其侧翼和后方才败下阵来。

腓力与弗拉米纽斯的部队在库诺斯克法莱交锋，腓力把他的重步兵组成纵深32排的方阵，向对手发起进攻，但腓力的后路被弗拉米纽斯的20个支队包抄，从

△皮德纳战役，罗马士兵趁机钻入马其顿军中的缺口，将无法近身战斗的马其顿士兵砍翻在地

而输掉了会战。此役，罗马军队战死 700 人；马其顿军队战死 8 万人①，被俘 5000 人。

在皮德纳，埃米利乌斯·保卢斯②与珀修斯的军队展开会战，马其顿方阵一度高歌猛进、所向无前，但在罗马人的节节抵抗下，方阵间产生了缝隙。数百名罗马士兵趁机钻入马其顿军中的缺口，将手持长矛、无法近身战斗的马其顿士兵砍翻在地。长矛兵只适合并排列队，对付位于长矛长度以外的敌人。此时，马其顿长矛兵混乱不堪，惨遭敌军的屠戮。在参战的 4.5 万马其顿士兵中，有 2 万人阵亡，5000 人被俘虏！而罗马军队的损失则在历史学家眼中不值一提。

马略在艾克斯与条顿人交战后③，从后方突袭之。在一场骇人的屠杀之后，10 万名条顿人丧生，罗马军队仅有 300 人阵亡④。

在喀罗尼亚之战中，苏拉对阵本都国王米特拉达梯麾下的阿基劳斯将军。苏拉的军队仅有大约 3 万人，阿基劳斯有 11 万人，但苏拉以背后突袭的战术赢得了胜利。罗马军队在战斗中只损失 14 人，他们一路追杀敌军，直到在追击中筋疲力尽。

在奥尔霍迈诺斯之战中，苏拉和阿基劳斯再次交手，这是喀罗尼亚之战的重演。

恺撒声称在征服不列颠期间，他的骑兵只有孤军突入才能和敌军交手。不列

---

① 译注：原文如此，应为8000人。参加此役的马其顿全军也不到3万人。
② 译注：注意不要与坎尼会战中阵亡的同名者混淆。
③ 译注：即色克蒂留斯温泉之战，发生在今日法国的南部。
④ 在古代，战斗损失的类型几乎只有阵亡和轻伤。在战斗中负致命重伤或无法继续战斗的人，立刻就会受到致命一击。

颠人会在作战中假装逃跑，试图诱使罗马骑兵脱离步兵的支援，然后从他们的战车里冲出来利用自己的优势徒步战斗。

恺撒派出不到 200 名老兵，乘坐小艇走水路奇袭不列颠人。为了避开数量占优的敌方海军，这支部队在夜间登陆，占据有利地形后等待夜晚结束。破晓时分，不列颠酋长奥塔西利乌斯从阿莱西奥要塞派来大约 400 名骑兵和一些步兵前来对阵。罗马士兵英勇抵抗，斩杀一些敌军之后，人员整齐地回归到恺撒的大部队中。

在马其顿，恺撒的后卫部队渡过格努苏斯河时遭到庞培骑兵的截击，河岸相当陡峭，恺撒面临庞培的 5000—7000 名骑兵，自己麾下只有 600—1000 名骑兵，其中还混编了精挑细选的 400 名步兵。在接下来的战斗中，恺撒的后卫奋勇作战，击杀了大量敌军，毫发无损地与大部队会合。

恺撒在非洲的塔普苏斯与西庇阿交战，歼灭敌军 1 万人，己方仅有 50 人阵亡，受伤若干。

在西班牙的蒙达城下，恺撒与庞培之子[1]对垒。恺撒统领 80 个步兵大队和 8000 名骑兵，共约 4.8 万人；小庞培麾下有 13 个军团，6 万线列步兵、6000 骑兵、6000 轻步兵和 6000 辅助部队，共约 8 万人。据史料记载，两军白刃相接、寸步不让，杀得天昏地暗。[2]这场拉锯战异常激烈、势均力敌、持续良久。恺撒的军队有 1000 人阵亡、500 人受伤；小庞培一方阵亡 3.3 万人，若不是蒙达城距离战场只有 3.2 公里，小庞培的损失可能会再翻一番。战后，蒙达城用尸体和丢弃的武器构筑了防御工事。

在研究古代的战斗时可以发现，胜利几乎都是通过奇袭敌军的侧翼或后方赢得的，尤其在对阵罗马军队时，因为这种战法能扰乱罗马军队的卓越战术体系。罗马战术体制之优秀，以至于罗马将领只需有敌军一半的才干就能胜券在握。若要打败罗马人，只能靠出其不意，比如汉尼拔麾下高卢部队出人意料的凶悍战法。

色诺芬有言："不论好事还是坏事，越是难以预见的事态，越能激发喜悦和沮丧的情绪。最典型的例证是，战场上奇袭必定会引发恐慌，即使遭到突袭的一方实力更强。"

---

① 译注：即庞培的长子，也叫格涅乌斯·庞培。
② 近身肉搏、短兵相接的激战在当时非常罕见。就像如今的决斗极少发生白刃相接一样。

不过，装备胸甲和盾牌的战士很少在前线阵亡。

在汉尼拔打胜仗之时，除了高卢士兵，他的部队很少有损失；高卢兵在战斗中使用简陋的盾牌，也不穿铠甲，通常在战斗中充当炮灰。

尽管汉尼拔麾下的高卢人几乎屡次失利，但他们在作战中表现出来的坚韧，是在其他高卢部队中未曾见过的。

修昔底德如此总结轻装部队进行的战斗："通常情况下，双方装备轻型武器的部队都选择了临阵脱逃。"[1] 士兵排成密集队列作战虽并无坏处，但士兵之间的近距离会在士兵之间产生一种压力，无法随心所欲和全力以赴地进行战斗。

恺撒与纳尔维人作战时，发现他的部下本能地聚集起来抵抗人多势众的蛮族，并在敌军的压力之下步步后退。因此，恺撒下令让队伍的各行、列都拉开间距。军团步兵们原本排列紧密，在巨大压力下运转不灵而逐步退却，延展阵型就能斩杀敌人，并且挫伤对方的士气。实际上，一旦位于前线的士兵被罗马军团步兵砍倒，其他纳尔维人就开始停滞、退却。罗马人包抄其后路，在一场混战之后，纳尔维人迎来了败局[2]。

---

① 如今，装备步枪的轻装步兵成了摧毁敌人的主力部队。

② 研读恺撒的这段叙述，应该如何看待支撑集群战术的数学理论呢？人们至今仍在就此争论不休。可是，该理论若无可取之处，马略何以抵挡辛布里人和条顿人那势如潮水的大军？特里阿里乌斯是一位经验丰富的宿将，洞悉眼前的战况，所以，庞培在法萨卢斯之战中采纳他的建议，说明集群部队的强大物理冲击力纯属纸上谈兵，各位统帅都知道该怎样对待它。

第五章
古代战斗中的精神因素

我们已经了解古代战斗的士气因素和作战机理，古人笔下的"混战"一词往往是夸大其词，所描述的是刀剑相接但士兵未陷入混乱的战斗状态。

从战斗的结果——例如伤亡人数，就能看出"混战"一词不恰当。在追击的时候，士兵或许会杀入败逃的敌兵中；但在战斗之时，每个士兵都需要身边的战友守护侧翼和后背，否则随时可能遭到敌兵的致命一击①。

假设恺撒在法萨卢斯、汉尼拔在坎尼遭遇了真正的"混战"，他们必将沦为败军之将。因为他们的军队阵线薄弱，敌军一旦贯穿阵线，便能以二敌一、包抄其士兵的后路，将其战线瓦解。

两支势均力敌、孤注一掷的军队杀得疲惫不堪，彼此默契地暂时撤退，稍事喘息后再回战场厮杀——这是古代战斗中从未出现的景象。

试问，这样的战斗怎么能称得上是一场"混战"呢？

厮杀在一起的士兵分不出胜败，只会两败俱伤。在这时，交战的士兵如何辨别敌我？试想，敌我双方混作一团，士兵在正面交战时如何抵抗侧面或背后的攻

---

① 在现代的战斗中，炮弹不长眼睛、敌我不分地实施轰炸，但是孤军突进的危险性却远不及古代，因为在如今的战场上很少遭遇敌军。而在法萨卢斯会战中，年老的百夫长克拉斯提努斯自告奋勇，要率领100个士兵冲在前头，他对恺撒说："将军，不论我是死是活，今天的战斗一定值得您夸耀。"在恺撒的准许下，克拉斯提努斯及其战友冲上前去、战死于沙场上。恺撒并不反感盲目的献身，他麾下的军队成熟老练，不必担心此种狂热冒进的情绪蔓延开去。这样盲目的勇气会感染身后的士兵。很可能出于这个原因，恺撒才同意了克拉斯提努斯的请战。然而事实证明，面对一支高素质的敌军，逞血气之勇地突进无异于送死。

击？这样一场以命相搏的死斗，活下来就是胜利；在交杂与混乱中，无人能逃离，也不知道逃往何处。

无论如何，双方的战斗伤亡数目便已证明：古代并不存在真正的混战。

总而言之，"混战"言过其实，源于画家和诗人的想象。

真实的战斗场景是这样的：

士兵进入冲锋的距离后，全速冲向敌人，一面挥剑搏杀、一面相互支援。此时，士卒们往往士气高涨，决心奋战到底，士兵们秩序齐整、大步流星。只凭这股气势就能吓退意志不够坚定的敌军。

出色的军队在交战之时，不会轻率地一拥而上，而是极为审慎①地维持战斗阵型，例如在法萨卢斯之战，恺撒进军缓慢，还用斯巴达风笛控制前进节奏。大军接近敌人的时候，出于作战需要和下意识反应，士兵会放缓步伐，第一排的士兵会确认自己处在第一、第二阵线上的身边和后方战友的支援下，并拉近彼此的距离，以便于攻击和格挡。战斗是士兵与士兵的交锋，每个人都与面前的对手厮杀；若某个士兵不砍翻眼前的敌人就贸然突入敌阵，他的侧翼就失去了战友的支援，面临被袭击的风险。在战斗中，士兵会用盾牌撞击敌人、扰乱其重心，趁敌人试图恢复平衡之时予以致命打击。第一排士兵挥剑战斗时，第二排士兵守在前排队列间隙的后方，负责保护前排战友的侧翼，对付冲入间隙的敌人，并接替疲惫的战友；第三排、更后排亦是如此。

由于每个士兵的两翼都有援军，最初的遭遇战极少能决定战局，两军随后挥剑相搏，开始真刀真枪的近身战。

如果第一排的士兵迅速负伤，而后排士兵又没有及时解救、顶替他，失败就会接踵而至。罗马人最初与高卢人交战时就是如此：高卢人用盾牌抵挡住罗马人的第一波攻势之后，便挥舞起巨大的铁剑，凶悍地自上而下劈裂罗马士兵的盾牌，向他们杀过来。高卢兵尽管人数较少，但在战斗中斗志昂扬、不畏伤痛，加上赤身裸体的姿态和狂野的战吼，已经令其对手惊悚不已，在高卢人的第一轮打击之

---

① 据李维记载，在罗马一方的步兵支队中，士兵相互提醒保持队形，除了拾取箭矢、拯救战友（罗马公民）、杀死敌军之外，士兵绝不离开队伍。

下，罗马人便败下阵来。不过，罗马人很快就发现，敌人固然勇猛却缺乏韧性。他们用铁皮环带裹住了盾牌的顶部之后，双方的胜负从此易手，罗马人再也没有输给过高卢兵。

罗马人装备更精良的武器，士兵的个性更坚韧，高卢人挡不住他们的攻势；在罗马军队的步兵支队里，8排士兵轮替上阵①，几乎使罗马士兵的韧性提高了10倍。罗马各支队能够自行滚动，与敌人车轮战，而高卢军队的队列紧密而凌乱，即使在近身格斗中有人伤亡，也没法由别人顶替，因此战斗的持续性局限于个人力量。

在武器装备相近的情况下，只要维持队列秩序，将敌军的战线破坏、击退并使其陷入混乱，便可旗开得胜。一旦队伍失去秩序，阵线破碎，士兵就会感觉孤立无援、四面受敌，继而逃之夭夭。诚然，突破敌阵之时免不了弄乱己方的队形，但只要率先突入的士兵将敌人杀伤、击退，就能振奋自己和旁边战友的士气。进军所向之处，打得敌人措手不及、兵败如山倒，不是直接落荒而逃，就是侧翼被包抄而败退。侧翼暴露的士兵为了重新得到支援，会向后方的队列撤退，试图与后排战友并做一排。而后排的士兵看到前排撤退，就让开了道路。倘若撤退持续的时间较久，敌军赶来追杀，一线人员的退却和伤亡就会引发一场恐慌。一旦后排士兵在给前排战友让道的时候转过了身，此时就很难指望他再转身面向敌人。在逃生之路的诱惑下，他们绝不会转身迎战敌人。

士兵生性多虑，离不开战友支援，后排逃跑的风潮迅速蔓延，正在前排以命相搏的士兵也有样学样。接下来的情节不言自明，一场屠杀开始了。

回到战斗本身。有证据表明，古代战斗中没有排列紧密、呈单条直线的战斗队形。在战斗中，排成战阵的各支部队相互联系，像士兵一样随时关注着身边的支援。战斗发生在与敌兵发生接触的第一排士兵沿线，这条战线是不连贯而弯曲的，由于各个局部的战况各不相同，战线呈现向各个方向七扭八弯的状态，不过双方的士兵始终分隔在线的两边。一旦一线打响战斗，士兵随时可能丧命。在本能驱使、

---

① 译注：罗马军团的支队（maniple）由两个百人队组成，每个百人队有60到80个军团士卒。百人队正面10人，根据百人队的人数不同，进深为6到8排。此处说8排士兵，应该指该支队的两个百人队并排部署，各有80名士卒，这样，正面宽20人，进深8排。

形势所迫之下，一线士兵各个都会全力以赴以保全自己的性命。

在战斗中，分隔两军的战线不会纠缠到一起。为了赢得胜利，双方的将军与士兵都在努力确保不断得到己方的支援，同时击败并切断敌方的援军。

装备刀剑的士兵也会发生激战，这时候两军的士兵可能会，也确实会交织在一起，但人群中没有混乱的场面、队列之间没有混杂在一起[1]。

刀剑相接的白刃战是最要命的，因为使用刀剑最考验士兵的个人勇气和战斗技巧，导致战况瞬息万变。而使用其他武器作战引发的局面则相对简单。

让我们来对比使用长矛和宽刃剑的战斗。

长矛兵组成的密集方阵在能够维持阵型时威力巨大，4.6—5.5 米长的长矛宛如密林般挺立，叫人难以近身[2]。另一方面，方阵能够轻松干掉附近的敌军骑兵和轻步兵。长矛方阵是一支庞大笨拙、以固定步调前进的部队，难以捕捉机动灵活的部队，而各种因素都可能让方阵出现缺口：行军、地形、意外的抵抗、勇士的单身突袭，还有受伤的敌军会爬到高举的长矛无法刺中的地方，劈砍前排士兵的腿。方阵里的士兵视野狭窄，即使最前面的两排士兵也没有发动自由攻击的空间。波利比阿曾写道：长矛兵无法近身战斗，只能对付距离自己矛身长度左右的敌人。敌军钻入长矛之间的缝隙里就能避开攻击[3]。一旦敌人冲进方阵里，长矛兵就丧失斗志，变成一群乌合之众，会如一群受惊的绵羊一样被敌人挨个放倒。

面对来势凶猛的敌军，这群乌合之众使用匕首自卫，随着恐慌蔓延，涌动的人潮纷纷改变方向、转身逃窜，试图逃离险境。与长矛方阵交战时，倘若选择逃跑，自然不会发生混战；如果特意避开长矛方阵的攻势，然后从方阵的间隙之间一拥而入，也不会有导致混战或队列混杂：楔入方阵的敌兵一般不会过于深入，于是不会与敌人混成一团。

长矛方阵之间的战斗也绝少发生混乱。双方通常会僵持许久，除非有一方分兵包抄了敌方的侧翼或后方——这种战术在古代屡试不爽，甚至能通过影响敌方

---

[1] 小股部队落入敌军包围圈，遭到敌方屠戮的期间，可能会暂时呈现混战的景象；在一场溃败之中，会有一些勇敢的败兵不愿白白惨遭屠戮，会奋力抵抗追杀的部队。但是，这些战斗都不是真正的混战：其中一方遭到围困、寡不敌众，但战斗没有陷入混乱状态。

[2] 即希腊人的方阵。

[3] 罗马士兵突入方阵间隙的时候，没有损失一个士兵。

士气赢得胜利，这是因为人之本性从未改变过。

上文已经多次提过，古时候两军交锋，士气衰竭和逃跑都始于后排。

前文中我们分析了线列步兵的战斗，因为在古代战斗里，其行动往往是决定性的。至于双方的轻步兵——正如修昔底德所言——总是落荒而逃，直到追杀败逃的敌兵时，他们才会姗姗来迟，重返战场[1]。

在骑兵交锋之中，排列整齐的集群冲锋对士气冲击极大。两支骑兵部队冲向彼此，很少有双方都能保持队形、直接交战的情形。在提契努斯河和坎尼会战中，曾有过这种情况，但是正因为难得一见才被特地记录在案。即使在这些战例中，两军也没有全速迎头相撞，而是在照面时先勒住了马，随后才开始战斗。

当年疾风暴雨般的骑兵冲锋是浪漫主义的幻想，在现实中无处可觅。两个骑兵要是全速撞在一起，结果就是人仰马翻，这既非骑兵所愿，也不是战马所想。在相互冲锋的时候，出于人和战马的本能，骑兵会下意识地收紧缰绳，如果敌军没有停步，骑兵就会停下脚步，如果他还想继续前进，他会调整前进方向，以免撞上对手。即使两人正面相遇，骑兵也会勒紧缰绳，战马人立而起，各自扭开脑袋，以减弱碰撞的力度，结果和面对面勒马停住没什么区别。两军照面之初，双方刀剑、马槊相交；但在马背上无法真刀真枪地作战，士兵骑坐不稳、彼此之间难以支援，感觉在单打独斗，承受着很大的心理压力。因而，骑马交战只是蜻蜓点水，当士兵心里感觉，或亲眼发现自己只身遭到包围，战斗就立刻结束；一旦士兵感到孤立无援，就无法忍受这种煎熬，率先逃离战场，其他人也就有样学样。只要敌人没有同样逃走，就能肆无忌惮地展开追杀，直到遇到其他骑兵部队的抵抗，反过来遭到对方追赶。

骑兵从不与步兵交战。他们只用弓箭和马槊袭扰步兵，然后飞快地纵马而去，不会发动正面攻击。

马背上从不会发生近身格斗。战马所带来的机动力，让骑兵能快速地威胁敌军、发起冲锋，而在敌军并未因此动摇的时候，骑兵也能以同样快的速度逃跑。通过骑马这一手段，骑兵能遵循其心理趋向和头脑理智，以最小的风险造成最大的伤

---

[1] 在马略改革之前的早期罗马军团里，轻步兵（velites）在战斗打响前被短暂地部署于各个支队之间，暂时充当支援部队。

害。色诺芬说：“没有马镫和马鞍的骑兵连投掷标枪都很困难。”对这些骑兵而言，战斗就是反复地袭扰、炫技、恐吓，以及用弓箭进行的散兵战。每个骑兵都伺机奇袭和恐吓对手，一旦敌军的骑兵或步兵阵脚大乱，骑兵就趁机发动追击。接下来，骑兵亮出剑，是“败者遭殃”（vae victis）的时候了。

人类最惧怕战马的踩踏，恐惧的幻想比实际情况夸张千百倍。战马都或多或少地避免踩人，也不会在战斗中把人撞翻。如果两位古代骑兵必须全力厮杀，他们会选择徒步作战（参见提契努斯河之战、坎尼之战以及李维记载的战例）。我翻遍古代史料，除了亚历山大大帝的格拉尼库斯河会战①之外，再也找不到骑马战斗的战例了。而那次骑马战斗中，到底是否发生了真正的战斗呢？亚历山大的骑兵强渡河流，登上波斯固守的陡峭堤岸，在双方均武装精良的情况下，仅仅损失85个战士，波斯骑兵却损失了1000人！

中世纪战斗的特点与古代并无二致，区别在于科学技术有所发展。与古代骑兵相比，骑兵之间的战斗可能变得更为频繁了，这是由于中世纪骑兵的盔甲更加坚固，要战胜他们，不光要将其从马背上击落，还必须在其落地的一刻迅速取其性命。然而，中世纪的骑兵也明白，马背上的战斗决定不了战局走向，在全力以赴战斗的时候，他们还是会徒步作战。（参见三十人大决斗、巴亚德之战等）

从头到脚全身披挂的胜利者无一损失，牺牲者都是农民出身的杂兵。在骑士精神的影响下，贵族——各国的骑马武士——在战场上建立起“相互友爱”的文化，败阵的俘虏支付赎金即可免遭屠戮。

我们着重论述了步兵的战斗，是因为步兵战斗最为惨烈。不论是在徒步、马背上，还是在战舰的船桥上发生的战斗，我们所看到士兵的本性未曾改变。只要充分地了解士兵，就能通过研究过去的战斗中推演士兵在未来行动中的行为。

---

① 译注：亚历山大大帝的四大战役中的第一场。公元前334年，在亚历山大东征途中，马其顿与波斯军在格拉尼库斯河（今土耳其境内的比加河(Biga Cay)）上发生的首次大规模交战。波斯军队大败，损失2万余人。

第六章
何以造就真正的战士，为何现代的战斗更加艰难

　　我在本书的开头写道：士兵打仗并不是为了搏斗，而是为了胜利。他们将尽其所能地避免前者而争取后者。人们持续不断地改进战争工具，始终是为了消灭敌军。直面难以战胜的强敌，把生死托付给神明或命运——如此不顾一切的英勇行为并非人的本性使然，而是出于道德文化的影响。况且这种情况也极为罕见，因为人们在面对危险时，自我保护的动物本能往往占据上风。而在这时，士兵总是错误地估计形势，后文就将对此展开论述。

　　士兵畏惧死亡。只有勇士才能理解并履行责任，把使命当作头等大事，而多数人仅仅只是瞥见死亡的幻影，就畏葸退缩。纪律的目的就是以惩罚和羞辱的手段，在这种恐惧之上建立更高层次的恐惧。但在战斗中总有那么一刻，恐惧本能压过了纪律，士兵就会逃之夭夭。此时，就算对他们喊话："站住，站住！只要再坚持几分钟，再坚持一会儿，你们就胜利了！你们现在毫发无伤——如果转过身就死定了！"他们仍会采取听不见，更听不进去的状态，心里只是充满恐惧。有多少军队曾经起誓"不成功便成仁"？又有多少军队履行了誓言？这番话就像绵羊发誓对抗狼群。历史证明，没有军队能够千古长存，只有至死奋战的坚韧灵魂以及温泉关勇士般的奉献精神才得以流芳百世。

　　在此，我们要再次探讨战斗的本质——曾有许多人阐明过这个问题，但现在其答案已被人遗忘，不为人所知晓。

　　为了在突如其来的战斗考验中确保胜利，像高卢和日耳曼的军队那样只有一

群勇敢的士兵是不够的。

我们给这些士兵指派一名指挥官，这个人不仅要坚定不移、指挥果敢，他的指挥权是建立在传统、法律和社会基础之上，而且要让他对这种权力习以为常、深信不疑。

我们为军队配备精良的武器，制定出合适的作战方法，既符合敌我双方的装备状况，又不至于让士兵身心俱疲。此外，还要合理下放指挥权力，唤起每一名士兵的力量。

我们利用人们冲动的热情、独立的渴望、宗教的虔诚、民族的自豪、荣誉的热爱以及对财富的贪婪来鼓舞军队，依靠铁的纪律保证无人临阵脱逃，使得军队上下团结一致，各单位、指挥官、人员以及士兵之间通力合作。

如此一来，我们是否得到了一支可靠的军队？答：并没有。团结是军队首要的、最强大的力量，建立于严苛的纪律条例之上，依托于高涨的热情。但仅仅依靠纪律是不够的，还必须让士兵保持专注，以防止临阵脱逃，维护军队的纪律。要维持军纪，既要给予士兵精神压力，敦促其在畏惧和自满时继续前进，也需要知根知底的战友相互监督。

高明的军事组织尽量避免人员流动。如此一来，在和平年代共同演习的战友，就能在战争中并肩作战。士兵们共同生活、听从同一名长官的指令，军官指挥同一批士兵，军队上下休戚与共，士兵之间心有灵犀，共同执行战争任务——由此就能催生出兄弟之情，培养专业素养、战友感情和最为重要的团结意识。接下来，士兵自然会产生服从命令的责任心，纪律将在军队中推广并得到严格遵守。

由此，军队就建立起了信心。

这种信心与吵吵闹闹、准备不足的军队截然不同——后者怀着狂热而盲目的自信，他们的信心会轻易地急剧膨胀，又迅速地灰心丧气，走向胆怯的反面。优秀军队的自信发自内心的深处，怀有这般信心的士兵坚定而清醒，从不会忘记自己身处白热化的战斗中，而唯有这样的信心，才能使士兵成为真正的战士。

如此一来，我们就打造出了一支优秀的军队。经过前文的分析，我们不难理解士兵如何受到情绪的感染，就算他们能坚定地面对死亡，面不改色地从容赴死，但如果没有约束部队的纪律和严密的组织构架，也会惨败于勇气略逊但坚韧不拔、组织严密、通力合作的军队。

人们喜欢构想出这样一番战斗场景：一群武装的暴徒在激情的感染下，把当面之敌打得人仰马翻。

这番场景的想象成分多于现实。如果战斗取决于个人的悍勇、激情，那么只要募集一伙这样的勇士就不难打胜仗。但在任何一支军队中，与敌军交战的士兵都明白，战争不是单打独斗，而是要讲究团队协作。如果在陌生的指挥官领导下，让士兵的战友身处险境之中，那么这位士兵就会产生不团结的感觉，甚至质疑自己能否指望别人的帮助。一丁点儿的疑虑就会导致犹豫，而一瞬间的犹豫就会扼杀进取之心。

军队的团结和信心不是一蹴而就的。团结和信心让士兵相互信任，这种感情力量会赋予人勇气和闯劲。一旦勇气暂时压倒本能，就能为军队带来胜利。

团结让士兵成为战士。但正如万事万物一样，团结也有程度之分。试分析：在团结士兵方面，现代战斗面临的条件是否不如古代苛刻？

在古代的战斗中，危险的来源只有近身作战。如果军队士气足够高昂，能与敌军在宽刃剑剑身长度的距离之内遭遇，就会发生战斗。经历过近身战的人都知道，如此近的距离下，转身逃走必死无疑；如前文所述，一旦败者逃跑，胜者就能毫无损失地将其歼灭。这个简单的原因促使士兵选择坚守岗位战斗下去，但不会持续很久。

时至今日，只有在极少数的战例中，两军是以短兵相接开始交战，大多数战斗往往隔空打响。危机始于遥远的距离外，士兵必须在枪林弹雨中长途跋涉，前进的每一步都愈发沉重。战斗的败者或许会沦为俘虏，但往往非死即伤，而胜利方的损失并不亚于败者。

古代战斗往往是集群近身战，发生在狭小的战场、开阔的地形上，两军都能看到对方的全部兵力，战斗中也没有现代武器那震耳欲聋的噪音。作战队列无须从出发点行进几千英尺① 才能抵达进入战斗。指挥官督阵也很容易，一旦有个别士兵畏缩，他立刻就能发现。只有整体性的恐慌才会导致大规模逃亡。

如今，战斗往往发生在面积巨大的战场上，战斗呈单薄的线列队形，随时可能因突发状况和地形障碍导致战线破裂。自战斗伊始，随着枪声打响，指挥官就

---

① 译注：1英尺＝0.3048米。

很难监督麾下的士兵，后者或分散进行散兵战，或难免在急行军中失去秩序[1]。不少士兵藏身匿迹，逃避战斗[2]，对于留在战场上的勇士而言，这些现象可能造成物质和精神上的沉重打击，导致战斗的失败。

让我们再把目光聚焦到古代和现代战斗中的士兵上。优秀的古代士兵强壮健硕、天资聪慧、精力充沛、训练有素、沉着冷静、处变不惊。他们披坚执锐，拥有久经考验、值得信赖的老战友。战友不会弃他不顾，从而使他被敌军压倒，大家只要确保相互支援就能战无不胜，甚至毫发无伤，有的士兵经历了二十场会战，仍然能从战场生还。士兵必须及时相互支援，古代军队能看清敌人的全貌，迅速地轮替作战，才能确保以充沛的精力迎战敌人。马略麾下军团的 5 万个士兵，曾经抵挡住辛布里人势如潮水的猛攻，杀敌 14 万人、俘虏 6 万人，自己却只损失了两三百个缺乏经验的新兵蛋子。

而在今天，不论多么强壮、坚韧、训练有素和英勇无畏的士兵，也说不准自己能否从战场上生还。他们面对的并非不足为惧的敌兵，而是铁与铅铸成的枪弹所带来的命运。取人性命的枪弹在空中穿行、呼啸，它们难以辨清又不长眼睛。战友或许也是勇敢、优秀、值得信赖且有奉献精神者，但士兵在战斗中不会互相保护，像古代士兵那样提供显而易见的支援，而只是在心理层面上相互慰藉：在激烈的战斗中，军队的人数越多，自己就越可能幸免于难。士兵明白要满怀信心投入作战，才能在心理层面上、实际战斗中变得更强悍。一旦建立起信心，行动就变得果决，更能承受拉锯战的考验，因而能更迅速地终结战斗。

要终结战斗，士兵必须向前挺进以攻击敌军[3]，面对铁与铅铸成的枪弹，不论步兵还是骑兵都宛若赤身裸体，而火枪在近距离的射击中往往弹无虚发。无论发生什么情况，士兵都必须前进。士兵相信进攻从来不是相互的，倘若自己坚决挺进，敌军就不会坚守在步枪平射的距离内——这是在训练中所学也是在战场上所

---

[1] 现代战争工具的发展导致了这一结果。

[2] 在一支军心涣散的队伍里，距离敌军还有50里格（league，4.8公里）开外的时候，就有士兵搞这种勾当。而那些英勇作战而负伤住院的士兵们，一个劲地抱怨军队缺乏士气，这种现象迅速发展为一场灾难。随着军中不再制定残酷的军法，就只有凝聚人心才能维持纪律。

[3] 与每分钟射击6—8次的部队交手——不管对方的枪法有多差劲，都将是一场苦战。战斗的决定权属于留有最后一颗子弹的人，属于懂得如何节省子弹、耗尽敌方弹药的人。作战的思路亘古不变：两军若是相互射箭，就想办法耗尽对方的箭；用棍棒格斗，就试图折断对方的棍棒。而作战中的难题也从未变过：行军打仗时，纸上谈兵往往容易，贯彻执行却是一桩难事。

见的经验。然而，万一情况并非如此呢？假设敌军在步枪的平射距离内坚守阵地，会发生什么呢？

这样建立的信心与罗马军队的斗志真是天壤之别！

前文已证明，古代士兵要脱离战斗，既困难又危险。而在今天，逃跑的障碍更少、风险更小，对士兵的诱惑更大。

综上所述，当今的战斗更需要士兵的精神凝聚力和团结。在本章的末尾，我要谈谈阻碍形成凝聚力和团结的困难。

随着滑膛枪、线膛枪、火炮等火器的问世，各个兵种支援彼此所需的距离也随之扩大。① 此外，如今的军队可以利用各类通信工具，将数量庞大的军队集中在某一地域。因而正如我们所说，战场的规模变得十分广阔。

督战变得越来越困难。士兵相隔的距离越来越远，脱离了最高长官和下级军官的管控，军队在战斗中免不了失去秩序，而当代武器对士气的影响力更大，所以战斗中的混乱情况与日俱增。在阵脚大乱、踌躇不定的战线交火中，士兵与指挥官往往会失去彼此的联系。

连队和班级别的部队迅速陷入激战中，只有组织得当或担任预备队和集结点的队伍才能维持秩序。如今，战斗正前所未有地趋向于士兵与士兵之间的搏杀。

也许，战斗不该是这样的！但这就是当今的现实。

指挥官不会立即让所有部队投入作战，或者陷入激战中，总是尽量留住一些机动部队，以便能随时派往任意方向作战。与过去和未来一样，今日进行决战的永远是组织性强的部队。胜利永远属于善于稳住阵脚、保存力量和指挥调度的指挥官。

这是无可辩驳的事实。

指挥官可以留住决定性的预备队，等敌军被迫动用其预备队之后，再把自己的预备队压上去。

在军队作战时，士兵以及下级军官（从下士到营长）的自主权有所提高。作战自主权是活力之源，部队之于上级指挥官前所未有的独立性，意味着上级指挥

---

① 越是感到孤立无援的士兵，就越需要士气的鼓舞。

官能在决定性时刻调动更多的军队，导致战斗的规模趋于庞大。如今，战斗正前所未有地趋向于士兵与士兵、连长与连长之间的争斗。实际上战斗之本质一贯如此，因为正如前文所述，基层士兵才是战斗的实际执行者。但在如今，士兵对战斗结果的影响力之大是前所未有的。因此，当今的战斗理念应该是"士兵之战"。

且不论战术和纪律的条条框框，士兵在战斗之中目无长官，显然是必须加以抑制的问题。当代的战斗条件导致士兵迅速脱离指挥官的掌控，而指挥官必须尽其所能地延缓这个脱离进程。

由此，我论述了前文中提到过的事实：要打赢当今的战斗，需要前所未有的精神凝聚力与团结。① 浅显易懂的道理是：若要绳索不易断开，必须增强弹性才能使其更加强韧。

---

① 海军作战正是最典型的"舰长之间的战斗"。每一名舰长都应努力提高团结意识，这样水兵能在战斗时团结一心（比如特拉法尔加之战、利萨之战）。1588年，梅迪纳—西多尼亚公爵（译注：西班牙"无敌舰队"指挥官）在准备海上作战时，向前锋舰队和后卫舰队各派出3名指挥官，他们与刽子手一同乘轻舟出发，奉命绞死任何擅离职守的舰长。1702年，英勇的英国海军上将本博在战斗中各断了一只手和一只脚，他在临死之前审判了4名舰长，判处1人无罪、3人绞刑。由此，英国海军开始死板而严苛地要求舰队司令和舰长，为了有效地进行作战，这种苛求是必不可少的。而陆军的营长、连长和士兵们，一旦受到敌军火力的侵袭，甚至比漂在海上的舰长们更加晕头转向。

第七章
本研究之目的以及有待补充之处

读者需冥思默想，才能深入地理解有关战斗的课题。要将这种理解付诸实践，必须研究现代的战斗，而研究资料不应限于历史学家的记载。

历史学家概述了作战单位的行动，但战斗的细节、士兵个人的战斗经历依然尘封于历史的迷雾中，埋藏在参战者的叙述里。然而我们必须研究这些问题，因为它们反映了战斗中的实际情况——不论是过去、现在还是将来，作战的方法都是从实情出发。

那么，在哪里能够找到这些问题的资料呢？

论对描写战斗之清晰，绝少有资料能超过比若上校[①]对洛皮塔尔桥之战[②]的报告书。在战斗之中，再微小的细节都有其意义，如此细致入微的描写，是亲身经历、亲眼见证战斗的人根据其经历写出来的，我们研究现代的战斗，正需要这样的材料。

相比长篇大论的叙述，战斗中的死亡人数、受伤的类型及特点往往更能说明战况。有时候，当事者的叙述会与实际伤亡状况有出入。要了解过去的广大士兵（尤

---

① 译注：即前文中的比若和后文中的比若元帅。托马斯·罗贝尔·比若·德·拉皮康内里（Thomas-Robert, Bugeaud de la Piconnerie, 1784—1849），法国元帅，早年参与拿破仑战争，后在阿尔及利亚的殖民战争中功勋卓著，获封元帅和公爵。

② 译注：也叫蓬·德·洛皮塔尔之战。1815年百日王朝期间，比若未随拿破仑主力参与决战，而是在驻守法国南部的阿尔卑斯军团指挥第14步兵团。6月28日，当时还是上校的比若，虽然得知拿破仑退位的消息，但仍然鼓舞队伍的士气，率领1800名士兵在洛皮塔尔桥打败了1万名来袭的奥军。

其是法军）如何作战，需要弄清以下问题：在危机造成的压力和自保本能的推动之下，士兵对军队规定或推崇的战斗方法，会遵从执行、不放在眼里还是忘在脑后？在这时，士兵会如何进行战斗？——依照规定的战术、听从直觉还是根据自身的战争知识呢？

只要弄清这些问题的答案，就近乎能预见未来士兵的作战方法。在未来，战争工具的毁灭性将比今日、昨天的大很多。如今我们已经知道，士兵对恐惧的承受力有限，而面对的敌对力量越发强大，对死亡就越发恐惧，由此已经可以预见，当前人们研究的战斗方法在未来是最不实用的。目前的战斗手段源于人们对战场的错误印象，与我军的实战经验完全相悖。在未来的战斗中，士兵的个人勇气和小群组作战的战术将上升到前所未有的重要位置。而士兵的勇气要靠军队纪律来保障。

只需研究过去的战斗，我们就能够洞悉符合实情的战法，并且准确地预见到未来的士兵将如何作战。

若我军在平日的指令和通告都切合实际，在未来的作战中就不会感到迷茫，因为提前采用了顺应趋势的战斗方法，自然会对其组织构架和部署习以为常。提前实施举措甚至可能改变原本的趋势走向，减少其发生的可能性。由于这些举措，指挥官得以长久地掌控士兵，直到士兵的本能占据上风以后，才会放任其自由行动。

这就是维持纪律的唯一办法，若士兵在最关键时刻违反战术安排，军队的纪律就会土崩瓦解。

须知，上述举措与战前部署有关，与士兵的战斗手段有关，但是与军队采取的机动行军无关。

所谓机动行军，就是部队在军事行动之中的运动，即各种规模的战术单位在战斗场景下迅速有序的移动。机动行军并不是战斗的一部分，而是战斗之前的行动。

许多人把机动行军和实际战斗混为一谈，因而质疑我军的操练条令。但这些条令制定得很出色，迄今实施状况极佳，并提供了军队实施任何运动、迅速有序地组成各种阵型的办法。

修改、探讨我军的操练条令，解决不了任何问题。操练条令与实际战斗中的问题无关。要解决问题，必须研究过去的战斗，只有汲取过往经验，才能够推导出未来的趋势。

　　我们必须进行这项研究，并得出结论——这是价值和权威经受过战争考验，并得到军队认可的指挥官都做过的事情。他们个个都称得上"对士兵了如指掌，深谙用兵之道"。罗马人也担得起以上评价，他们的知识源于持续不断的战争经验以及对战争的深刻反思。

　　在今天没有连绵不断的战争，军队必须慎重地积累经验。我们应当审慎地研究、总结，促使军队（尤其是经历战斗的士兵）进行反思。许多事情都蕴含着物极必反的道理。既然在长矛和刀剑交锋的古代，有些军队能够击败与自己相似但规模两倍于己的敌人。那么在远程武器当道的今天，谁又能确定聪明机警、士气高涨、装备精良的一支小型武装，在与自己相似但更大规模的敌军对垒时，不能完成类似的壮举呢？ ① 尽管拿破仑一世曾经声称"胜利总是属于拥有最坚强的步兵营的一方"，但为相信这一臆断付出的代价是高昂的。

---

① 目前，奇袭的效果显然不比昔日那么持久，尽管如此，如今的战争往往会迅速决出胜负。

第二部分
现代战斗

第一章
总论

古代与现代的战斗

我听说在哲学界有一种批判的声音认为，只从普遍意义上探讨人性，而忽视种族、国家及时代差异的研究，导致缺乏社会和政治价值。而各国军界的问题则截然相反：军人们热衷于详尽叙述本国的传统战术和组织，还无不自视为最勇敢的民族，从不把战斗中的危险放在眼里。由此形成的军事理论远远偏离实际。在整兵经武的当今时代，我们应该着眼于研究战斗中的士兵以及战斗本身。

随着工业与科学的发展，战争艺术发生了诸多变化，但是人心从未改变。正如前文所分析的，战斗胜负在本质上是精神方面的问题。在军队当中，组织、纪律、战术等课题的基础，就在于决胜时的人心。然而，人们对此却不加考虑，导致作战时谬之千里。卡宾枪就是一例，这种武器精度高、射程远，在战斗中却发挥不了人们希望它发挥的作用——究其原因，正是军队仅考虑枪械功能而忽略了士兵的心灵而造成的。我们必须思考人心！

随着武器改进，破坏力逐渐增长，更加能威慑士兵，勇于迎难而上的士兵愈发罕见。人心从未改变，亦不会发生改变。人们没有意识到，真正应该伴随科技而发展的东西，是军队的组织、战争机器的协调。若没有冷静、理性的组织来维持军纪，进而保证士兵忠诚可靠、英勇奋战，即使调用百万大军也没有用。

面对一只狮子，素不相识的四名勇士不敢挺身而出，而勇气稍逊的四个人，只要彼此知根知底，相互信任和支援，就能坚决地发动攻击。这个故事中蕴含着军事组织的科学原理。

诚然，在任何时候，一项新武器的发明或许能保证战争的胜利，但实用的新武器并非每天都在诞生，即使出现新武器，其他国家也很快会跟进装备。除去将领的天赋和运气，决定战争的因素是军队素质，优秀的军队精力充沛、忠实可靠、充满信心、团结一致。在这个意义上，军队与士兵是一样的。仓促拼凑出的连或营，无论士兵多么训练有素都是一盘散沙，只有相互熟识才能萌生团结。

通过研究古代战斗，我们理解了战争的可怕之处。若不是军法惩戒的压力，士兵定然不会奋力作战。在研究现代战争之前我们就知道，真正的军队需要健全合理的组织构架，保证作战团结一致。如今武器经过改良，杀伤力越来越强，战斗呈现日益开放、难以监管的趋势，逐渐脱离军队统帅乃至下级军官的掌控。因此，军队需要更强的凝聚力。要维护士兵的团结，应建立更健全和合理的制度。虽然武器的威力有所增长，但人性及其弱点未曾改变。如果20万人的军队仅有半数在奋战，剩下的人一哄而散，还不如10万指望得上的精兵来得可靠。

纪律的意义是让士兵奋不顾身地作战。没有纪律就不配被称为军队。军队都有其组织构架，而任何组织都存在缺陷，没有哪支军队能尽善尽美地促进团结。各国军队的纪律手段都不尽相同。纪律是一种思想状态、一种基于民族显著优缺点的社会制度。

纪律并不是一朝一夕建成的。它是一套制度、一种传统。指挥官必须相信自己的指挥权，对指挥作战习以为常、引以为豪——在一些由贵族指挥军队的国家中，军纪因此得以加强。

普鲁士军队没有忽视组织的统一和团结，他们意识到了其中的价值。在吞并黑森之后，普军在组建当地的团时，为了控制民族主义的倾向，规定各团成立的第一年，应该由三分之一黑森人、三分之二普鲁士人组成；第二年改为三分之一普鲁士人、三分之二黑森人；第三年才允许全体官兵均为黑森人。

美国人展现了在现代战争中一支大军缺乏凝聚力的后果。由于纪律涣散、组织混乱，结出了不可避免的恶果：两边的散兵躲躲藏藏，远距离交火长达数日，直到某一方的行动出错或灰心丧气、被迫放弃战斗为止。

有人说，美国内战中曾有过阿让库尔之战①那样的混乱场面，但那其实只是逃兵之间的混战。在整场战争中，近身战斗空前减少。

远距离交火是士兵的本能行为，他们始终会试图拉开交战距离。有人认为，使用远程武器反而会导致近身战斗增加。但实际上，军队交战的距离越来越远，少有机会近身战斗。

远古人类和眼下的阿拉伯人的情绪波动很大。在战争中，微不足道的小事、甚至一次呼吸都随时可能左右其情绪。而一个文明人在狂野激烈的战争中，自然而然地会回归其原始本能。

阿拉伯人在战争中机敏而狡黠，他们常以狩猎为主要消遣，从追赶猎物中学会了追杀敌人。多马将军将阿拉伯人描绘成骑士。难道夜间偷袭、劫掠营地也称得上是骑士战争行为吗？真是荒唐透顶！

人们常说现代战争是一门艰深晦涩的学问，只有专家才能窥其门道。不过，只要人们还在战争中以命相搏，它就是一个有关本能的命题。

古代的战斗形式与操练内容十分相似，但现代战斗则并非如此，这会导致军官和士兵在实战中产生迷茫。

古代的战斗对于胜利者仿佛是一场野餐，战胜方几乎毫无伤亡，但今天的战斗并非如此。

火炮在古代战斗中没有任何作用。

由于火器的发明，战斗的伤亡数量减少了，并且随着火器技术的改进而持续减少——这一点看似自相矛盾，却有数据可证、有道理可循。

武器的改进让战争更加残酷致命了吗？答曰：并非如此。人只能承受一定限度的恐惧，一旦超过了这个限度，他就会逃之夭夭。法萨卢斯之战持续约四个小时，恺撒于早晨拔营出战，其部队随后排兵布阵、投入战斗，战斗一直持续到中午。恺撒说他的士兵疲惫不堪，这表明，在他眼里，这场战斗持续的时间相当长。

---

① 译注：这场会战按英语读法叫阿金库尔之战，发生于英法百年战争期间的1415年，法国重骑兵在英国弓箭手的射击下乱作一团，大败亏输。

关于中世纪的战斗可参看傅华萨[①]的著作。在"三十人大决斗"[②]中，骑士们选用适合步战的武器，下马一决胜负（在动真格的时候，中世纪骑士通常选择步战），而作战地点也是挑选好的。战至中局，双方全都筋疲力尽，同意暂时休战、稍事休息。此时，布列塔尼一方剩 25 人，英国一方仍是 30 人。换言之，双方打得精疲力竭，英国一方都没有一人丧命！要是没有蒙托邦脱颖而出，决斗的结局大概是双方彻底力竭、再无人丧命，因为随着疲劳加剧，决斗者愈发无力刺破敌人的盔甲。蒙托邦既是一个罪犯也是一位英雄，他策马突击英国人，打破了决斗的规则，而正是他制造的混乱，让布列塔尼人趁势突进（如果单枪匹马冲进英国人的阵线，他立即就会丧命）。经此一战，布列塔尼一方战死 4 人，英国一方阵亡 8 人，其中有 4 人因盔甲厚重中暑而死。

面对敌军的火力，蒂雷纳的军队为何能比如今的军队坚持更久？答案很简单。人能承受的恐惧是有限度的，在当今，战斗 5 分钟所经历的恐惧要胜过蒂雷纳时代的 1 个小时。我将在后文举例说明。

在现今的武器条件下，操作武器的方法广为人知，在这方面的训导并不重要。军人不是教出来的。以旺代的农民为例，他们之所以能成为有口皆碑的优秀军人，原因不在于个人素质，而在于团结。旺代士兵往往来自同一个村庄、同一村社，由其领主或神父指挥，理所当然地会紧密团结在一起。

随着武器逐渐完善，现代战斗愈发令人胆寒，维持纪律也就越来越困难。

军队的机动性越差，战斗的死亡率就越高。如今，士兵惧怕遭遇敌人胜过害怕死亡，刺刀战鲜有发生，因而军队的士气很少受其影响。蒂雷纳的军队似乎曾经承受住过惊人的战斗损失，却没有崩溃，只是我们不知道当年的连长们报告的伤亡数目是否属实。

腓特烈大帝有言，位于敌军背后的 3 名我军士兵，其价值胜过正面迎敌的 50 个士兵，这话的依据就是士气因素。如今，战场范围比腓特烈时代更加广阔。军

---

① 译注：傅华萨（1337—1405），法国作家和历史学家，最著名的作品是《闻见录》，以在各地旅行的采访见闻，记录了英法战争、贵族和宫廷的生活等。

② 译注：英法百年战争中的一次骑士战斗，发生在 1351 年 3 月 26 日。围绕布列塔尼公国的继承权，罗伯特·本伯勒和让·德·博努瓦在英法两国的支持下，各自率领 30 名骑士、侍从和佣兵进行了一场决斗。决战中，侍从骑士纪尧姆·德·蒙托邦骑马冲破了英国的阵线，法国一方由此取胜。决斗的结果并未影响大局，但被奉为骑士道精神之典范。

队灵活机动，不依赖于某种特定的地形，战斗往往发生在更加崎岖的地形上。

古代武器的特点要求军队以密集队形作战。而现代武器的威力更大，能轻易地破坏队伍的秩序，因而现代战斗都以疏散队形进行。军队应该如何应对这一现状？士兵有没有在作战中四散而去？为了维持队伍团结，军队要让士兵彼此熟识，并且实行铁腕管理，保留预备部队，让战场上的士兵感受到威胁。

现代武器骇人的杀伤力叫人惴惴不安。谁能说自己在战斗中不感到害怕？随着作战队列的分散，作战的纪律性越来越重要；士兵的信心之源不是密集的队形，而是在朝夕相处中产生的对战友的了解、对长官的信任，而长官必须总是出现在士兵的视野之中。死板的纪律和荣誉感给了罗马士兵信心，但在今天，战争不再是人与人的争斗，而是与命运的抗争，谁还能像罗马士兵那样信心十足呢？

如今，炮兵能在极远的距离外有效打击目标，各个兵种都有很大的行动自由权，相互之间的见面联络随之减少，这对军队的士气产生了影响。可靠的军队往往能让队伍更加分散，从而减少在敌军炮火轰击下的损失，使士兵以更加高涨的士气迎接近距离交锋。

距离战场越远，就越难以判断其地形。因此，在现代战争中，散兵的前哨战和地形侦察变得愈发重要。这些是散兵的一大重要用途，却经常在战争中被遗忘（比如诺德林根之战中的格拉蒙公爵[①]）。

战斗队形是在危险面前克服人性弱点、维持部队纪律的手段。武器威力更大的现代战斗进一步放大了人性的弱点；由于战斗队形松散，战斗的队形难以聚拢，而为了减轻损失、便于使用武器，松散队形又必不可少。因此，当今的战斗比任何时代都讲究作战队形——其意义不在于几何布局，而在于维持部队的纪律。同时，战斗队形的组成难度也成倍增加。

在古代的战斗中，军队团结一心（至少希腊和罗马的军队是如此）。士兵与长官、战友相互熟识，在战斗中能看到彼此。

在现代，胜利的军队之损失不亚于败方，军队的人员更替频繁。而古代战斗的胜者几乎毫发无损。如今，士兵往往不熟悉战友，迷失在硝烟、绝望和混乱之

---

① 译注：此战发生于三十年战争期间的1645年，指挥法军右翼的格拉蒙公爵误以为阵地前方的沟渠无法越过，就没有阻拦敌军接近，最终致使麾下的部队崩溃。他虽英勇抵抗，仍不免沦为俘虏。

中，仿佛在孤军奋战。他们无法在战斗中互相督促，战斗中的团结就少了一道保障。当一个士兵倒下，消失在视野之中，谁能分辨他是中弹还是畏战退缩了呢？而古代的士兵在众目睽睽下，没法假装被看不清的武器击倒，然后销声匿迹。战场的状况越难以监督，越需要连、排和班级的战斗单位自主作战，不能再把"随叫随到"当成一种骄傲。

古代军队避免发生短兵相接，以免伤亡惨重。而在现代战争中，只要士兵坚守岗位，近身战斗就不会发生。

近身战斗日渐式微，取而代之的是火力交锋以及（最为重要的）机动行军中的心理战。疏散的战斗队形需要我们找回古代战斗中不可或缺的团结。

战略是一场游戏。最早的战略家远远早于拿破仑时代，乃是贺拉斯和他的三个敌人。

在当今面积广阔的战场上，把控部队比过去任何时代都困难。指挥一支军队的将军角色，要比过去难得多，许多过去能抓住的战机，现在只能交给命运摆布。因此，善于战斗、忠实可靠、坚韧不拔的精锐军队显得更为可贵。军队必须奋战更久，才能等到援军从远方赶来，避免机缘巧合影响战斗。战斗分解成了士兵的战斗，指挥官难以下达最终的决断。奇妙的是，不论战斗远在1里格之外、还是近在眼前，打胜仗都离不开士兵的价值。我们要用团结来武装士兵。

战斗从未像今天这么重要。由于电报等通信设施、铁路等集中兵力的手段出现，乌尔姆之战、耶拿之战 ① 那样的战略奇袭变得难以实现。凭借这些手段，可以将全国的兵力集中起来。而如此集中兵力，一旦战败即无法挽回，军队的混乱程度加剧，并且很快会乱成一团。

实际上在现代战斗中，"混战"比古代发生得更多。这似乎与前文的内容相悖。然而无论如何，只要我们把难辨敌我、彼此混杂的战斗定义为"混战"，事实就很清楚了。

在当代的战斗中，士兵就像不会游泳的人突然被丢进汪洋大海。

部队素质对战斗成败的影响力是前所未见的。

---

① 译注：乌尔姆、耶拿会战都是拿破仑战争中的著名战役。前者发生于1805年，拿破仑战胜了奥地利军队；后者发生于1806年，拿破仑干净利索地解决了普鲁士军队。

要对比团结的部队和新式部队的价值，可参考马真塔会战中近卫轻步兵或掷弹兵的战斗，以及索尔费里诺会战中第55团的战斗。[①]

我们必须用尽一切办法强化作战队形和士兵。

战斗中的士气因素

在完全安全的环境中饱餐一顿，士兵的身心都得到满足的时候，他们看待战争、战斗问题，不由得会产生一股崇高而不切实际的勇气。但即使在此时，又有几人怀有出生入死的觉悟？要是命令这些士兵连续行军数日或几个星期驰援战场，在会战当天要求他们待命几分钟或几个小时再进行支援，然后再进行调查，只要他们不讲谎话，我们就能证明作战积累的身心疲倦对于士气的打击程度，看看一个月前在餐桌边豪言壮语的士兵，还剩下多少战斗热情。

人心随其境遇而变。士兵看不到战胜的希望，就会畏缩不前、忧心忡忡。纵使有个别人坚毅如铁、试图抵抗这股潮流，最后也会被大多数人同化（俾斯麦如是说）。

许多战例证明，被迫撤退的军队会灰心丧气、落荒而逃（腓特烈如是说），但勇敢的心是坚定不移的。

真正的勇士源于使命感的鼓舞，他从不恐慌，永远镇定。法国人偏爱热血勇士，他们天性冲动，从中能找到共鸣，满足自己的虚荣心。然而，血气之勇转瞬即逝，法国人经常灰心丧气，尤其是在任务中一无所获的时候。

土耳其人在进攻时斗志昂扬，与军官并肩作战，而在撤退时同样脚下生风，把军官丢在身后。

庸碌的部队偏爱身先士卒的领袖，就像牧羊人带领羊群；可靠的部队则偏爱在士兵身旁或后方运筹调度的长官。要指挥一支庸碌之师，将军必须端坐马背身先士卒，而指挥可靠之师，将军只要做个管理者即可。

瓦尔内里[②]不赞成由军官领头冲锋，他认为这种行为毫无意义，只会让军官率先丧命。他麾下的军官从来不亲临前线，但他的骑兵却骁勇善战。

---

① 参见附录2（历史材料）。
② 译注：瓦尔内里（1720—1776），普鲁士骠骑兵军官、军事理论家，曾在腓特烈大帝麾下指挥骑兵。

勒伯夫将军 ① 不赞成让排长在排的正前方带领部队投入战斗。一旦长官倒下，恐怕会打击其余人的士气。应该如何解决该问题？想必勒伯夫也明白，如果军官不能一马当先，就会削弱部队进攻的信心，因而我军的军官几乎总是位于部队前方。实践经验比任何理论都有说服力，那么不妨将理论与实际相结合：在编队时把排长置于该排的侧翼，士兵能够清楚看见排长的位置。

看看波兰战争中的土耳其军队，真叫人不寒而栗！在与波兰人的交战中，与其说是实力，不如说是残暴的行为为土耳其人注入了力量。他们对抵抗者格杀勿论，对放弃抵抗的也痛下杀手。在打起来之前，恐惧就瓦解了敌军的勇气。对敌军而言，打不赢就是死定了，于是惧怕失败导致了怯懦和畏缩。

蒂雷纳会在战斗中自言自语："身体啊，你在颤抖……" ② 在自我保护的本能反应的驱使下，再坚强的人也会不寒而栗。但坚强的人能保持冷静，克服对前进的恐惧。他们从不让自身的恐惧演变为恐慌，在指挥作战中把它抛在脑后。心智薄弱者则抵不住恐慌的侵袭，那这种人休想成为军官。

士兵都会害怕，责任感、纪律、尊严和军官的以身作则，促使他们坚持作战、阻止了恐惧变成恐慌。在恐惧中，士兵什么也看不清，只能粗略地瞄准。子弹往往都打上了天。即使骁勇善战如克伦威尔的军队，也常有这种现象，克伦威尔告诉士兵："相信上帝，瞄准敌人的鞋带开火。"

勇敢的人也会有怯懦心理，恐惧会让他为了自保做出可耻的行径。

罗马人不算孔武有力，不过称得上恪守纪律、顽强执拗。我们对罗马的军事思想一无所知，我军的想法与其大相径庭。要是罗马的将领和我军一样头脑发热，就会在战斗中一败涂地。而我军热衷于战利品和勋章的行为，会遭到罗马士兵的严厉斥责。

在一只狮子面前，多少人有勇气直视它的面孔、敢于思考和采取自卫措施？经验证明，在战争中陷入恐慌的人，都仿佛面前有一只狮子，哆嗦着落荒而逃、丧身狮口。众多士兵中，真正的勇士当真如此之少？——呜呼，的确如此。基甸

---

① 译注：勒伯夫（1809—1888），法国炮兵将领，1870年获封元帅。
② 译注："身体啊，你在颤抖，你要是知道接下来会去哪里，就会颤抖得更厉害了。"

能从 3 万人中遴选出 300 名勇士，实属幸运之事。[①]

　　拿破仑有言："2 个马木留克骑兵能对付 3 个法国骑兵，但 100 个法国骑兵不惧怕 100 个马木留克骑兵；300 个法国骑兵能战胜 300 个马木留克骑兵；1000 个法国骑兵能打败 1500 个马木留克骑兵。战术、秩序和机动的作用就是这样大。"说白了，团结对士气的作用就是这么大。团结建立在纪律的基础上，借助军队的组织、士兵的相互支援，在战斗中发挥其作用。通过让军队团结一致、以合理的队形作战，就能率领士兵打败个体能力比他们强很多的敌人，这正是军队组织的要诀。仔细思索，拿破仑这番简单的话语中，似乎包含了作战士气的全部秘诀——让对手感到缺乏支援，分离、隔断、包抄、迂回，以各种方式使敌军感觉孤立无援。凭借这种战法，孤立敌军的中队、营、旅和师，胜利就如同囊中之物。倘若敌人组织混乱，难以相互支援，就不必进行上述的机动作战，直接发动进攻即可。

　　有人不惧怕死亡，比如东洋人，对死亡，他们总是听天由命，但为什么面对西方军队却不堪一击？——这是因为缺乏组织。他们缺乏纪律意识对抗自保的本能，最终跌落本能的陷阱。狂热的东方军队笃信，战死沙场会带来幸福和光荣的复生，他们经常以优势数量投入战斗，却因纪律涣散而败下阵来。如果遭到坚决的进攻，庞大的数量就成为他们的累赘。尽管他们的匕首比刺刀更适合近身战，但在自保的强烈本能的驱使之下，他们没来得及进入肉搏战就作鸟兽散了。

　　纪律意识让士兵在战斗中恪守命令、服从指挥。具体而言，士兵要尊重和信任长官、信任战友，害怕抛弃战友会导致责备和惩罚，渴望在作战时不比战友怯懦——简而言之，就是要具备团队精神。只有优秀的军队组织才能打造这些品质，即携手战斗的四个人可战胜狮子。

　　应该指出，理论上关于军队组织和战术队形的论述总是基于作战视角，却忽视了士气的作用。于是，这些理论东西几乎总是谬以千里。

　　团队精神能在战争中得以淬炼，但由于战争正变得越来越短促和残酷，军队必须在战前就培养团队精神。

　　要拥有优秀的军事组织，士兵之间的泛泛之交是不够的，还需要一种正向的

---

　　① 译注：《圣经·旧约·士师记》中的以色列勇士，他从3.2万以色列人中挑选出300名精兵，率领他们打败了十几万米甸军队。

△ 1866 年的普奥战争中，普鲁士击败奥地利，掌握了德意志地区的主导权

整体精神。所有人必须努力准备战斗，而不是终日浑浑噩噩，默默地完成操练，不理解如何实际运用。一旦士兵懂得如何使用武器、服从任何命令，只要偶尔进行操练、复习遗忘的内容即可。他们更需要的是行军和战斗演练。

士兵的技术训练并非至难之事，他们需要懂得如何使用和保养武器、如何按照指令向前后左右移动、如何全副武装地冲锋和行军。不过，单单凭借这些知识还不能培养出士兵。旺代的农民对此一窍不通，却都成了强悍的战士。

我军必须修改训练的方针，在和平时代，不必要的训练让士兵年年不堪重负，所以应该剔除一切多余的内容，只留下精简的必要项目。士兵对基本要点烂熟于心，胜过博而不精、学会许多无用的知识。试想，第一年把没用的知识教给士兵，第二年再从头学习重点！此外，简化训练内容亦可避免漫长的操练，以防止引发精神疲劳、遭人反感。

1866 年普鲁士击败奥地利之后，博尔布施泰特上校意味深长地如此总结胜利的原因："这是因为在战斗的任何阶段，经过训练的每个士兵，都知道如何迅速而自信地采取行动。"此言非虚。

如果训练在室内进行，不甚高明的教官时刻监督着士兵的每个动作、每个训练态度，无疑是一场折磨。在持续不停地监督下，被监督者和监督者双方的情绪都会低落。我军为何要这样不停地监督操练？这已经远远超过了海军训练的监管力度——难道后者还不够严苛吗？

物质与精神的影响

两支军队交战之时，要同时在物质和精神上对敌军施加影响。物质上的影响源于其杀伤力，精神上的影响在于激发恐惧。

战斗的本质不是两个物质力量在争斗，而是两股精神力量在争斗。精神力量强的一边将会取胜，经常有军队打败火力更强大的对手。精神力量的源泉不只是破坏力，最主要的是对威胁力量之预期——所谓威胁力量，可以是改变战局的敌方预备队、出现在侧翼的敌军，甚至一次坚决的正面进攻。

战争工具（比如武器、坐骑等）改良、士兵熟练操作工具、兵力更多、兵员战斗力更强，都会加强物质上的影响力，让军队在打胜仗时更加坚韧。

倘若物理破坏力旗鼓相当或处于下风，那么要战胜敌人就须坚决前进，利用其队形和机动，不断发动新的攻势威胁敌军——总而言之，要打胜仗，一定要占据心理上的优势。对心理的影响会诱发畏惧，而要瓦解敌军，必须要让畏惧变成恐慌。

建立在物质条件优势上的信心，只有远离敌军才有价值，一旦敌军有所行动，就可能使其露出破绽。倘若敌军不顾武器威力的劣势，坚持近距离战斗，就能折损敌人的信心，让自己占据心理优势。只要在精神上被压垮，敌军就会抱头鼠窜，即使坚韧的部队也一样会跑路。

法萨卢斯战场上，庞培及其大军试图以骑兵军包抄、袭击恺撒的后方，他的兵力是恺撒的两倍之多。然而，恺撒抵挡住了这股攻势，庞培寄予厚望的战法失败，军队士气低落、遭遇惨败，1.5 万人阵亡（恺撒仅仅损失 200 人），另有数量相当的将士沦为俘虏。

军队前进也会影响敌方士气。进军之目的是从心理上压垮对手，使其知难而退，削弱敌方士气的任何因素无疑都会坚定前进的决心。军队前进时采用的队形，要允许战斗部队和散兵自始至终能够以切实行动为胜利做出贡献，并且始终抑制敌人的行动。

甲胄能够减轻士兵所承受的物理伤害，也会削弱恐惧在精神上的重压。不难理解，在紧要关头的骑兵行动中，甲胄之于士气有多大的影响。你会觉得，敌方骑兵正因为穿着甲胄才能成功杀到自己面前。

应该指出，若有人（极为罕见地）等待敌军杀到刺刀距离之内，只要攻击方不动摇犹豫，防御方绝不会坚决抵抗，这一现象造就了古代战斗中的屠杀。

不爱胡思乱想的士兵会在危险中保持一定冷静，因而能够理性地思考，对这些人而言，精神的影响等同于物质的影响。单纯的进攻无法彻底打败他们（参见西班牙战场诸战役和滑铁卢会战），而必须要将其歼灭，与他们相比，我军更擅于运用散兵，在骑兵进攻的强大冲击力方面尤其突出。不过，骑兵应当在必要之时再动用，正如打理珍贵的宝石，要悉心保管、避免损坏。骑兵可以少，但必须精。

"摸着石头过河"并非理想状态，却是实际上最好的办法。在演习中，本可以发挥作用的散兵，却被召回到 2 行队列里装填弹药反复射击，从而无法造成任何杀伤。既然如此，何不把他们部署在部队的前方呢？为何要吹奏他们从没听过亦不理解的号角声呢？——其实，不理解才是正确的，因为每个连长的号令都不尽相同，例如阿尔马河之战的撤退号。①

罗马战术的优越之处，在于不断致力于结合物质和精神的影响。精神的影响会消失，士兵终会认清敌人并不像看上去那样可怕；而物质的影响却是实实在在的。希腊人试图压垮敌人，罗马人则偏向于杀死敌人，并且付诸实践。这是一套更加有效的战法。罗马士兵可靠而致命的刀剑助长了精神力量的影响。

战争中，精神力量对参战国家的价值有例可证：皮什格鲁叛国投敌②，在国内影响甚大，致使我军打了败仗；拿破仑返回法国后，胜利也随之而来。③

不过，倘若没有优秀的军队，拿破仑也会难为无米之炊。蒂雷纳去世之后，接手者是两名素有芥蒂的指挥官，尽管指挥拙劣，法军依然表现出色。渡过莱茵河的防御性撤退行动值得一提；当时在香槟，法军正面遭到敌军的步兵攻击、后方被骑兵包抄。整场行动堪称战争艺术史上最漂亮的杰作之一。

在现代战斗中，两军战斗人员相隔甚远，士兵彼此畏惧，只在自卫或意外相遇时才近身厮杀。更有甚者：士兵去追击逃跑的敌人，可能纯粹是怕他们再回到战斗中！

吉尔贝④认为突击作战极为罕见——所谓的"极"是数学定义上的"极限"。他从实际战例分析推论，驳斥了密集部队冲击的数学理论。实际上，物理上的冲击并无作用，评估进攻方产生的精神冲击才是全部要义所在。当士兵认定敌人斗志坚决，其情绪的波动就会造成精神上的冲击。人们普遍认为，阿姆施泰滕会战⑤是守军排开横队原地迎击横队刺刀冲锋的唯一战例。而当时，即使以坚韧著称的俄军，也是在精神的冲击下败退的，而非缘于物理力量的冲击，遭到攻击的时候，俄军已是惊惶失措、忧心忡忡、犹豫不决。他们有充足的准备时间来迎击（与英克曼之战一样来自背后的）刺刀冲锋，甚至火枪火力⑥。

---

① （法语版）编者注：参见附录2（历史资料）。

② 译注：让—夏尔·皮什格鲁（1761—1804）是法国大革命时期名将，他在1795年与保王派串通，出卖作战计划导致战败。后来成为保王派的领袖，在果月政变中遭到流放。

③ 译注：应指拿破仑·波拿巴于1799年离开埃及远征军，返回法国。同年，他发动雾月政变上台，当上第一执政，随即率领法军粉碎了第二次反法同盟。

④ 译注：18世纪法国军事家，他强调军队行动的快速性和灵活性；主张进攻敌军的后方，以此来破坏敌人的稳定性。他提出了集中使用机动性炮兵的方法，用以在决定性方向上突破敌人的防线，打开缺口。他在法国革命前进行了军事改革，确定了法国军队的组织体制。他的这些军事思想，都被后来的法兰西第一帝国皇帝——拿破仑·波拿巴所吸收继承。

⑤ 译注：发生在拿破仑战争期间。1805年11月5日，乌尔姆战役大败之后，俄军库图佐夫将军为了躲避法军追杀而发动的后卫战斗。

⑥ （法语版）编者注：参见附录2（历史资料）。

　　就这样，俄军落荒而逃了。他们曾经冷静而坚定地等待敌军来犯，并且占据火力优势。然而，进攻方的精神冲击让防御方意志消沉。俄军担惊受怕，难以凝神注视敌人，甚至不再瞄准目标，其骑兵部队的士兵间隔 1 米，排成 2 行横队在原地等待，要不是他们率先溃散，破坏了全军队形，整条战阵也不会不战而溃。

　　两支优秀的军队交战，倘若进攻没有充分准备，则必败无疑。在物质上，进攻部队承受的损失比防守方更多。后者阵型更加严整，以逸待劳，而进攻方则阵脚大乱，因遭到敌军的打击而损失了一定的战斗意志。在进攻方蒙受损失时，防守方秩序俨然、损失不大，进攻方的心理优势就会被抵消。此时，防守方的任何轻微举动都可能打击进攻方的士气。英国步兵在西班牙战胜法军的秘诀就在于此，而不在于其线列火力——英军的火力与我军（法军）同样糟糕。

　　军队对攻、防战法越有自信，在其无法阻止敌军之时就会越失望。在当前的军事组织和火枪兵技能条件下，经过改进的武器在平射距离内的威力仍然有所不足。因此，刺刀冲锋（从未发生刺刀肉搏）抑或在火力打击下发动进攻将愈发具有价值，胜利将属于在进攻中最有秩序、最为坚定的一方。倘若我军获得这两种此前过分受到忽视的品质，并有足够的决心和智慧牢牢掌控部队，使其迅速支援战场，就有希望夺取和保住胜果。在作战中发挥精神影响之前，切勿忽视物质的破坏力。要让散兵部队作战到最后一刻，否则进攻将难以成功。散兵的攻击虽杂乱无章，但火力猛烈、威力可观。

◁ 1808 年的索莫谢拉之战中，法军的波兰骑兵冲入山谷攻打西班牙军队的炮兵

战斗中的精神影响必定是骇人的。一支军队冲向另一支军队。防守者只需保持镇定，准备好瞄准，各自对付眼前的敌人即可。一旦攻击部队进入敌军的火枪有效射程之内，无论他们是否停下来开火，对沉着冷静、准备充分、满怀信心的迎击部队来说，他们都是绝佳的活靶子。在防御方的火力打击之下，进攻方的第一排部队会死伤惨重、溃不成军。遭此迎头一棒，其余的进攻者会失掉锐气，不及对方进攻就自动逃散而去。——这是战斗中的实际情况吗？大错特错！进攻造成的心理影响会让防守者忐忑不安。就算他们开火迎击，也只会把子弹打到天上，并迅速在敌人面前崩溃，而一轮射击结束之后，进攻者反而由于敌人胡乱开枪，继而停火逃跑而欢欣鼓舞，他们会加快步伐，避免遭受第二轮射击。

曾经在西班牙和滑铁卢与英军交手过的老兵称，英国士兵有能力保持足够的镇定迎击对手。我却对此表示怀疑。英军在开火之后会迅速展开攻击。要是不这么做，英军士兵就可能逃跑。无论如何，英国人生性顽固刻板，毫无想象力，试图在一切问题上保持理性。而法国人心理感性、富于想象力，无法如此抵御敌人。

德·利涅亲王[①]说过："只有对战斗一无所知的人，才自以为能承受第二轮射击。"

俾斯麦有言："现代历史上从来没有坚如磐石的军队，能做到从不动摇、从不后退，在枪林弹雨之中坚忍地岿然不动，又在指挥官下令撤退后迅速撤离。"

骑兵的机动与步兵一样，都能造成威胁。威胁最大的将赢得胜利。整队待命的部队不仅具备威胁，还有进一步的效果。在战斗中，部队会脱离指挥官的掌控。敌人能看见其如何作战，并评估战斗的影响。而整队待命的部队在指挥官的掌控下，可从任意方向投入战场，对他们的存在，敌人看在眼里，一清二楚，下意识地感觉其必定会杀到跟前，从右边、左侧发起攻击，涌入到队伍的间隙里。敌人感觉受到了困扰和威胁：这股威胁究竟会从哪里攻击？

按部就班的部队作为随时可能改变战局的严重威胁，极大地震慑着敌人。在战况焦灼之时，他们对胜利的贡献超过了一直在战斗的部队。不论预备队真实存在，还是只存在于敌军的想象中，事实都是如此。要打赢一场悬而未决的战斗，应该让对手只看到军中的几个步兵营和骑兵中队。他们将激发出敌军对不确定因素的恐惧。

---

① 译注：指第7代利涅亲王（1735—1814），比利时贵族、奥地利元帅，同时也是著作颇丰的作家。

从夺取弗里堡的壕沟、阿尔柯拉桥的战斗到索尔费里诺之战，通过正面进攻夺取阵地的诸多英勇事迹，欺骗了从将军到平头百姓的所有人，造成同样的错误不断上演。人们应该知道，不论是弗里堡的壕沟、阿尔柯拉桥（参见拿破仑一世的书信）还是索尔费里诺，都不是靠正面进攻夺取的。

在阿尔柯拉，居埃尔中尉带领 50 名骑兵途经距奥军侧翼 10 公里的阿尔蓬发动奇袭，才将敌人赶出了我军攻三日不下的阵地。这一成果要归功于战术抑或战略层面上的精神影响。不论将军还是士兵，人心始终不会改变。

应当视敌军的士气决定展示威胁的距离。换言之，作战的手段因敌而变，每次作战都要采用切合实际的战法。

以上的论述均以步兵为基础，实际上也应当如此。不论古代还是现代的战斗，步兵都是伤亡最严重的。在古代，步兵一旦战败，以其缓慢的行动速度，只有仁慈的敌军才会让他们活下来。在现代，骑马的士兵能在险境中迅速转移，而步兵只能两条腿走路，甚至经常被迫在危险中逗留许久。完全可以肯定的是，只要能理解步兵的心境，就能搞明白所有参战者的心理。

数量理论

在今天，人们认为在战斗之中的人数至关重要。这一观点为拿破仑所认可（以优势兵力作战），而罗马人则有不同意见，他们更重视让所有人加入战斗。我军以为在作战中，军、师、团里的所有士兵都会挺身而战——这就是问题所在。

数量理论是可耻的，该理论将希望寄托于人数而非勇气，它反映出人们的内心想法：现在，大大小小的军事演说家，满口谈的都是兵多将广，要在战争中组织海量的大军，而在大军中，士兵没有自我意识，纯粹只是一个数字。军队的作战素质被抛在脑后，可是从古至今，从来只有优秀的军队能真正打击敌人。普鲁士锻炼出团结一心、恪守纪律的士兵，由此在萨多瓦击败奥地利。[①] 当今，培养这样的士兵大约需要三四年，这是因为与物质装备相关的训练并不困难。

---

① 译注：普奥战争中的决战，1866年7月3日发生在克尼格雷茨（今捷克境内的赫拉德茨—克拉洛维），德国人称之为克尼格雷茨战役，奥地利人称之为萨多瓦战役。普军依靠严格的纪律与快速行军，在战斗中集中兵力夹击奥军，扭转了开局不利的被动局面，取得了辉煌的胜利。

对于麾下组建了九年之久的军团，恺撒还认为经验不足、不够可靠。

奥地利的败因在于其军队里全是新兵，作战素质乏善可陈。

我们法军预计能动员 40 万名优秀的士兵。然而，倘若在作战的前夜才进行组织，后备役就会军心涣散。一支散漫的大军或许远远看上去令人望而生畏，但一旦进行近距离作战，只有半数，甚至四分之一的士兵才会真正投身战斗。在瓦格拉姆会战①中，尽管拿破仑的作战计划并未得到有效执行，但法军拼命搏杀，从心理上对感性的敌军予以打击。然而这场会战只是孤证，这场胜利能够被复制吗？

辛布里人证明②，人心始终不变。如今，有哪支军队比辛布里人更加勇敢？况且，他们当年还无须面对炮火和步枪。

拿破仑原本以高超的战术指挥军队，他最辉煌的战役均是遵照这些战术而取胜的。然而，瓦格拉姆、埃劳、滑铁卢的战术也由其本人制定（据他在圣赫勒拿岛③上的口述记录，或为误传）。结果，大量的步兵密集队列没能带来足够效果，他们投入作战后，反而产生了巨大的人员损失和混乱，以致当日无法整兵再战。根据罗马人的记载，这正是蛮族使用的战术，用一个词描述，就是"外行"。这种战术对身经百战、训练有素的部队无效。在滑铁卢之战中，德埃尔隆军④试图以密集阵型攻打英军，其结果是灾难性的。

拿破仑行事只看结果。由于他的急功近利，抑或是官兵经验和知识不足，导致无法继续执行理想的进攻战术。此时，他选择彻底牺牲步兵乃至骑兵的破坏力，以密集队列从心理上打击敌人。拿破仑的军队人员变动太过频繁。在古代的战斗中，胜利方的伤亡人数要少得多，因此军队人员更稳定。在亚历山大大帝征战末期，其军中还有 60 岁高龄的老兵，仅有 700 人死于战斗。拿破仑的这一战术更适合喜欢集团作战、密集阵型的俄军，但也不见得效果最好，例如在英克曼之战，俄军的密集阵型就惨遭失败⑤。

---

① 译注：瓦格拉姆战役（Battle of Wagram，1809年7月5日至6日）是拿破仑战争中的一场战役，拿破仑指挥的法军和卡尔大公指挥的奥军交锋，取得了代价高昂但决定性的胜利，导致第五次反法联盟解体，此后数年奥地利对参加反法同盟都踟蹰犹豫，三心二意。

② （法语版）编者注：参见附录2（历史资料）。

③ 译注：滑铁卢失败后，拿破仑第二次退位，被英国流放到大西洋上的圣赫勒拿岛上。1821年，拿破仑死在岛上。

④ 译注：埃尔隆伯爵让·巴蒂斯特·杜洛埃（1765—1844），法军将领。1809年被拿破仑封为埃尔隆伯爵，滑铁卢战役期间担任第一军军长。战后一度被复辟的波旁王朝缺席判处死刑，1825年获得法国国王查理十世的宽恕，返回法国，1843年获封为元帅。

⑤ （法语版）编者注：参见附录2（历史资料）。

拿破仑一世是怎么做的？——他削弱了士兵的角色，倚仗密集队形。然而，我军（法军）的物质战斗力并不突出。

拿破仑帝国末期的步兵和骑兵密集阵型，是一种战术上的退步，其根源是兵员损耗，士气和训练水平江河日下。鉴于反法联军对我军的战术已熟悉并加以借鉴，拿破仑使用这种老旧的战术，不失为一种出其不意的策略。可是，出奇制胜从来都可一不可再使用，反复使用会失去效果。这是拿破仑在威望面临挑战之时，凭借其最高权力的孤注一掷。

在武运不再、炮弹短缺的困境中，拿破仑不再被权力蒙蔽，变回了一名实干家，他的理智和天才压过了不惜一切去征服别人的狂热，于是我们看到了1814 年的战役。

安贝尔将军记载："这群混乱的人（内战中的美军）缺少军事传统、毫无指挥，以阿让库尔和克雷西之战的方式展开进攻。"——在阿让库尔和克雷西之战中，法军杀敌甚少、损失惨重，遭到英国人和其他法国人的单方面屠杀。然而，抛开混乱的秩序，美国人的战斗与这两场真刀真枪的屠杀有何相似？美国人交战的时候相隔几个里格，仿佛在打前哨战。在进行比较的时候，这位将军被夸大其词的描述蒙蔽了。

诚然，胜利往往属于人多势众的一方。要是 60 个斗志坚定的士兵能击溃一个营，他们必然会名垂青史。然而，这种人的数量，或许只和敌军的营数目相当（基甸从 3 万士兵中挑选出 300 勇士，可谓百里挑一）。在兵微将寡的情况下，发动夜

△ 滑铁卢之战中，英法两军在乌果蒙庄园展开鏖战

袭或许是更明智的选择。

战斗手段

古代的战场面积有限。指挥官能够把全军尽收眼底，因而能清晰地陈述战况，只是许多资料模糊不清、残缺不齐，需要后人加之增补。而参与现代战斗的人只知道结果，不清楚战况，他们的叙述讲不清作战细节。

比较所谓胜败双方所讲的战场故事，是件颇为有趣的事。孰真孰假难以分辨，信誓旦旦地保证或许叫人相信。然而由于纪律、道德或政治因素的影响，人们往往会在军事政治的立场之下颠倒是非（例如索莫谢拉之战①）

指挥官都是高明的骗子，我们甚至连战斗的损失都难以确定，为什么会这样？

阅读同一场战斗的资料，法国人和外国人的记载大相径庭，读者不免会大惑不解。真相究竟是怎样的？——只有战斗的结果才能反映真相，而所谓结果就是双方的战斗损失。掌握战斗的损失人数，将会对研究大有裨益。

蒂雷纳经常与同族的敌人交战②，我相信其军队不会让民族情绪冲昏头脑，对不尽人意的真实情况加以掩盖。

若不是民族虚荣心和自尊的缘故，致使至今争议不断的上一次战争成为敏感话题，我们应当能从中汲取相当多的教训。滑铁卢之战众议纷纭、万众瞩目，试问谁能不以为耻，还对其进行公正评价？就算赢得这一仗，我们也不会受益。拿破仑试图行不可能之事，乃是超越了天才的极限。我军与坚韧不拔的英国人经历一场恶战，没能将其击垮，随后普鲁士军队就赶到了。倘使没有普军的增援，我军也无力再进一步，而我们顺理成章地将普军增援当作失败的借口，乃是民族自尊使然。遭受普军的攻击之后，法军开始溃败。实际上，溃败不是始于与普军交战的部队，而是与英国人交锋的中路法军。这些部队当时虽精疲力竭，但英军的境况也不怎么样。中路法军满心期盼友军从右翼赶来增援，等来的却是从右翼袭来的普鲁士人，在心理上受到这番打击，才动摇了军心。在中路法军崩溃之后，

---

① 译注：此战发生于1808年的半岛战争，法军中的波兰骑兵冲入山谷攻打西班牙军队的炮兵。对这场冲锋的实际指挥者，官方战报、各国史学家以及多位亲历者的回忆录的说法都不同。

② 译注：应指蒂雷纳指挥镇压投石党叛乱的战役。

右翼的部队也随之败退，由此兵败如山倒！

为何指挥官不承认事实，根据实际情况制定战术？这样一来能减轻意外的混乱，但也许士兵是才出油锅又进火坑。我认识两位参战的上校，其中一位英勇过人，他如是说："让士兵自己对付敌人吧，他们比你更清楚该做什么。"真是充满了法式自信的发言！士兵比指挥官更清楚该做什么？——我想的确如此，尤其是在恐慌的时候！

很久以前，德·利涅亲王曾经辩称，在所有战斗队形中著名的斜线阵最出色。拿破仑对这个问题做出了结论。讨论战斗队形都是纸上谈兵，但纵深队形之所以强大，在于心理层面的原因。

战场上的实际情况与理论相去甚远。倘若向一位身经百战的将军请示战斗命令，他如此指示道："到那里去，上校。"头脑清楚的上校会问："长官，您能详细说明吗？您想让我把军队带到哪个位置？我的部队应该延展多广？左右方有没有其他部队？"将军答曰："向敌人进军，先生。我要说的就是这些。你在犹豫些什么？"可是，这位可爱的将军，他究竟下达了什么指令？军官得到的指令应该明确清楚。战场幅员辽阔，如果他不知道向哪里派兵、不懂得如何指挥部队以及让部下晓得该往何处去、不能在必要时下达指示，他还算是什么将军呢？

要攻取一座防御工事，我军应该采取什么战术？答：没有任何战术！那么何不仿照萨克斯元帅所用的战术呢？问过几位将军就会发现，他们对此一无所知。

人们总会急于求成而不考虑手段。将领应该判断进攻的最佳时机，为进攻做好准备。在梅莱尼亚诺之战[①]中，缺少火炮支援、没有实施机动的我军正面发起攻势，虽然攻占了阵地，但代价何其昂贵！滑铁卢之战中，乌果蒙农场的鏖战持续了一整天，我军因此伤亡惨重，士兵杀红了眼，成了一群毫无秩序的疯狂暴徒。拿破仑最后调来8门臼炮，将庄园轰炸成一片火海——在总攻开始的时候就该这么做。

在士兵遵守军纪的前提下，打造优秀的军队需要合理有序的战术，即使战术条理不够清晰，也要为士兵周知。葡萄牙步兵曾经学习过英国的战术，在西班牙

---

① 译注：发生于第二次意大利独立战争末期，法军计划兵分两路协同进攻，但第1军不等第2军完成包抄，擅自在缺乏炮火支援的情形下正面进攻，结果进展缓慢、损失惨重，第2军抵达后才彻底攻占阵地。

战争中几乎能与英军步兵不相上下。试问如今，谁的战术是经过精心谋划？又有谁在沿用旧战术？倘若向将军们抛出这个问题，他们没有一个会同意彼此的答案。

我军的战术——准确而言是"习惯"——即部署大量散兵，这种队形虽然符合民族性格，但是绝非出于精心擘画。战前有人激烈地反对它，批评声不是空穴来风：在散兵队形里，士兵很快会变成一群晕头转向的绵羊，其结果是军队踏上战场之际完全不适应实战。领头作战的军官个个晕头转向、不辨东西。状况之混乱，甚至常有将军找不到麾下的师或旅、参谋军官找不到自己的将军和所属师，在这种情况下，连长管不住自己的连队也不难理解。这个问题相当严重，在一场长期的战争中，一旦敌人积累了交战经验，就能让我军付出惨重代价。但愿交战经验能让我军获得教训，维持作战的原则，将习惯性的逃跑战术，切实可行地改造为进攻战术。普鲁士君主撰写的小册子证明，普鲁士人还未与我军交战，就已经洞悉了我们的战术。

比若元帅这样的人，天生就是勇士，其性格、心态、理智和性情无不如是。这种勇士的民族特质和个人特点契合各种战术，并且能以身作则，比如在1815年的洛皮塔尔桥之战中，时为上校的比若指挥出色。在英国人中，威灵顿和约克公爵也是这样的人。不过，要将战术贯彻执行到比若的水准，则需要与他相似的特点——起码要有足够的勇气和决断力。然而，并非所有军官皆生来如此。因而战术制定需要符合民族的特质，保证比若那样的天才之外，普通的军官也能执行。战术对于军官而言，应该如同罗马将领指挥军团那样清晰明确，只要遵循战术就不会将任务搞砸——军官只凭此自然无法成为杰出领袖，但只要不是无能之辈，都能避免在作战中一败涂地、犯下荒唐的错误。同时，战术不会阻碍比若式的天才大展拳脚，反而便于其管理备战细节，防止战斗中出现预料之外的事态。

对于战术，我们无须效仿罗马人将其奉为教条。然而，鉴于我军作战过于"随机应变"，从作战经验中总结出明确的规则，将有助于避免严重的低级错误（比如在步兵队列开火时撤下前方散兵，导致战线上的步兵也跟着后退），冷静和果敢的士兵将因此受益。

落实这些战术，就是回击那些鼓吹战场变化无常、作战全凭士兵自由发挥的观点（参见前文）。

军官要在一定程度上掌控士兵，使其在战场上如臂使指，能执行以退为进（如旺代人）、以进为退的战术。然而，一旦遭遇意外，士兵就会落荒而逃。

军队最需要的不是武器发明，而是准确的验证、明晰的讲解以及合理的组织。要验证准确，应当仔细观察；要讲解明晰，需尝试改进说明的方法；要组织合理，则应该优化结构，并牢记纪律等同于凝聚力。追捧武器发明的风气不知因谁而起，但在推崇发明的当代，更有必要在这些方面进行改善。

我军之中少有保持理性、头脑冷静者。他们的影响力被多数人的见解所冲淡，在狂热的多数人中显得微不足道。因而，我军最为缺乏的，就是在战前合理规划的战术。而战术必须基于一个事实，即士兵并非被动服从的工具，而是一群志忑、躁动的人，他们希望尽快结束战斗、提前知道目标，虽然有很强的自尊心，但是一旦失去监督就会藏身匿迹，故而须随时在战友和军官的监督下行动。在此前提下，必须为步兵建立牢固的组织。步兵最容易遭到敌人的打击，承受着战斗中最惨烈的损失，必须得到最有力的支持。为了保证团结，各部队必须长期合作、相互熟识。

如果军队的所有战术都要求指挥官无所畏惧、头脑聪慧、直觉敏锐、精力充沛，那么在作战中必定会漏洞百出。比若的战术与他本人的特点十分契合，但在洛皮塔尔桥之战中，其麾下的营长显然未发挥作用，若不是他亲自压阵，战斗将一败涂地。比若独自指挥、事无巨细，以他人不能及的坚决执行了攻势。其作战可以总结为两个要点：在防御时保持攻势，持续开火；在敌人停止攻击时才寻求掩护。在具体的执行中，比若对军官和士兵状况的判断并不正确，但考虑到其个人的精神力和当时的战况，这一战术是合理的，其中也没有任何的教条主义。士兵始终不会改变，并非都能力优秀、意志坚决。指挥官必须依照军队和自己的情况来决定采取什么战术。

所谓战术之本质，即如何让士兵投入最大的能量作战。战术是把军队组织起来与恐惧作战的武器，从古到今向来如此。

制定战术需要进行数学计算。数学是战争中最重要的科学，这门科学仿佛专为战斗而生。在战争中，害怕失败是普遍情绪，而人们出于自尊心往往拒绝承认。一般而言，掩饰恐惧都是为了自尊和虚荣。只有极少数无畏的勇者才不会害怕。

然而，战场上的真实情况就是如此，也是所有真正战术的基础。纪律也是战术的一部分，且无疑是战术的基础构成之一，正如罗马人所证明的，他们战胜高卢人凭的不是勇猛，而是智慧。

首先，将营排列成横队或纵队，1 个营下辖 4 个连，每个连下辖 4 个排。各营作战时，将 2 个排部署为散兵，2 个连作为预备队，随时恭候营长的命令。在发动决定性行动之前，散兵往往率先打响战斗。散兵战理应由营长直接指挥，但通常并非如此。相隔 600 步①的散兵交火一般无甚收效。他们一旦开到营队前方，甚至还在行军途中，就失去秩序、头脑发热。营长应该靠前直接指挥散兵战。在战斗中，整个营有半数参战、半数作为预备队，营长应该亲自指挥所有部队，尽量直接对其下达指令。在战斗之初，收到命令就能让军官和士兵安心，而随着战况白热化，他们必须亲眼看到营长在身边。此时，无论营长是灰心丧气、还是犹豫不决，只要他现身，部队就相信营长还在发号施令，而这就足够了。

散兵一旦遭遇抵抗，就退回到主力阵线。负责支援主力阵线的是预备队，他们最重要的任务是发动迅猛攻势，以突破敌军的阵线。一旦敌人败退，我军重启攻势，散兵就会反身和大部队一同前进。第 2 阵线的部队应该把一个个完整的营排成横队或纵队，最好隐蔽起来。在二线步兵投入作战前，应采取各种手段——借地形掩护、命令士兵卧倒——尽可能掩护他们。在西班牙和滑铁卢，英军就曾这样守卫高地。只要号声响起，各营就会应声而起、发动攻势，就这么简单。

要是有人建议参照上述办法，保护第 2 阵线或第 1 阵线未参战的部队，准会惹得许多傲慢的将军尖声反对。然而这不过是一种明智的对策，能保证部队维持秩序、避免受到恐惧的影响②。

装备后膛枪以后，散兵在防御的时候基本上都是卧倒射击。脱离这个姿势要起身、撤退或前进都不容易。因此，散兵的防守比过去更顽强了……

---

① 译注：1 步就是 1 码，0.915 米，600 步是 549 米。
② 在训练营和一些出版物中，这些办法确实受到了推荐。但由于将军们拘泥于队列秩序以及其他无关痛痒的细节，导致在实际的机动中没有得到运用。

集群战术与纵深队列

研究纵队队形有助于启发对集群作战的思考。主张步兵营以密集纵队进攻的人有如此论述："纵队在行军中没有命令很难迅速停止。假设第 1 排士兵遭遇敌军而突然停下，整个营的 12 行士兵将前赴后继地冲上来，把战线向前推……实验证明，直到第 16 行以后，队列碰撞的冲击力才会被前排彻底吸收，从而不影响第 1 排。在实验中，指挥官让部队以冲锋速度行军，在不提醒其他士兵的情况下，命令第 1 行停止前进，这时除非特别机敏，抑或事先料到这项命令而自行调整，否则各行士兵就会猝然相撞。"

但在真正的冲锋中，队伍里人人警觉而不安，忧心着前方的战况，一旦前方或第 1 行停止前进，后面的士兵只会转身逃走。假设有一个训练有素的营，士兵个个异常沉着冷静，以每分钟 120 步的步速全速冲向敌军，在当今时代，他们将在冲锋中遭受每分钟 5 轮射击的凶猛火力。值此千钧一发之际，一旦第 1 排停止前进，只会折损后方的士气。后排士兵不会按照假设继续推进，只会与前排士兵相撞而跌倒。我们可以在操练场上验证，看看究竟会有几排士兵跌倒。

物理冲击力只存在于理论上。倘若前排士兵停止前进，后排的冲击不会让他们被迫前进，而是导致其被撞倒和踩踏。经历过现代步兵战的人都清楚，战场的真实情况就是如此。以上即证明了物理冲击理论的荒谬。而由于根深蒂固的习惯和偏见，帝国军队采用了密集纵队进攻，使这一理论依旧占据主导。密集纵队进攻往往混乱和缺少指挥。假设有一个适才从营地轻装上阵的生力营，这支部队专注于执行机动任务，正以整齐的密集纵队行动，下属各连之间相距整整 4 步，有军士负责指挥士兵。只要地图出错或遭遇出乎意料的地形，密集的队列眨眼间就会变成一群乱糟糟的绵羊。万一此时该营距离敌军只有 100 步远，战斗将会如何发展？在使用线膛枪的时代，不会再有这样的战例了。

如果该营此前秩序良好、行动坚决，敌人有十分之一的可能立即撤退。而倘若敌军没有退缩呢？面对铁与铅铸成的枪弹，宛如赤身裸体的当代士兵就再无法自制，彻底沦陷于自保的本能。要避免或减少危险有两条路：一是转身逃跑，二是挺身而上。倘若选择发动攻击，那么不管敌军离得多近，在本能的驱使下士兵都会谨慎前进，让勇敢和急躁的战友冲到前头。令人费解却真实的是，越靠近敌军，队伍的间隙就拉得越大。与物理冲击理论告别吧。如果第 1 排停止前进，后排士兵不会向前方施压，而是选择逃之夭夭。即使后排向前推挤也无法推动前排前进，只会导致其摔倒。事实是无可置疑的。战斗中士兵只会向后排推挤。（参见迪伦施泰因战斗[1]）

在如今的战斗中，后排受到的影响不亚于前排，越来越多的溃败始于后排队伍。

集群进攻的战术简直不可理喻，只有不到十分之一能执行到底，且完全抵不住敌军的反击。使用该战术的唯一理由是将领对部队缺乏信心。拿破仑曾在回忆录中批评过集群进攻。因此，他本人也从未命令军队使用集群战术，但随着精锐老兵消耗殆尽，拿破仑的将军们不信任新兵能在发动决定性进攻时维持住战术阵型，法军才孤注一掷地用了这种原始的战术。

以集群战术攻打敌军，只会让部队像在魔法师挥舞的魔杖前一样，消失得无影无踪。

但是，敌军也不是铁打的。我军无法承受的精神压力，对敌军而言也难以忍受。倘若部队站定不动，就算举着空枪站定瞄准，敌人也不敢来袭——对于进攻方而言，冲在第 1 排几乎必死无疑，没有人愿意打头阵，所以说敌人不是铁板一块。如果

---

[1] 译注：发生于1805年奥斯特利茨会战之前，法军莫蒂埃部在追击俄军和奥军时，被3倍于己的敌军围攻，最终英勇突围。法军加赞师在一次冲锋中击退了俄军的前排，导致其溃败并冲散了后排的部队。

守军坚如磐石，进攻部队就会逃之夭夭。战斗双方都试图避免冲突，敌军内心的焦虑并不亚于我方。面对我军的攻势，对方也会自己问自己：我是应该转身逃跑，还是挺身而上？两股精神力量在激烈地纠结斗争。

军官和士兵在潜意识中思考："如果敌人在等我靠近，那么接近他们就意味着死亡。即使能杀死几个敌人，也躲不过出膛的子弹。不过要是将敌人吓跑，就能用子弹和刺刀从背后进攻。让我们试试吧。"于是他们开始尝试，在进军的某个阶段，或许在双方仅有两步之遥时，终有一支军队会转身逃跑，从背后受到刺刀的"招呼"。

在士兵的想象中敌军总是严阵以待，想象中的景象是极具情绪感染力的。

"冲突"一词只存在于字典里。德·萨克斯和比若认为"近距离的白刃战和交火会造成大量伤亡，胜利属于杀敌更多的一方"。事实并非如此。没有部队会迎击意志坚决的攻势，世上不存在意志坚决的两军搏杀。众所周知，法军的刺刀冲锋从来无人能挡。

在西班牙战场上，英军总是坚决直面法军的纵队冲锋，从而连战连捷……英国士兵不害怕集群攻击。要是拿破仑回顾历史，想一想无敌舰队败给英军船舰的战例，或许就不会命令德埃尔隆发动纵队进攻。

布吕歇尔[①]曾在训令中提醒部下，法军从来都抵挡不住普军坚决的纵队攻击……苏沃洛夫[②]并无过人的战术，但其部队用刺刀在意大利打败了我军。

欧洲各国的军队都夸口："我军的刺刀冲锋无人可挡。"——的确如此。法军与其他军队一样，从不抵抗意志坚决的攻击。各国军队自以为冲锋无人可挡，所以才吓退了敌人。其实不上刺刀也没什么区别……

有句话说：面对混乱吵闹的敌人，初上战场的新兵会感到惴惴不安，身经百战的老兵却从中看到胜机。在战争之初，各军都缺乏经验，急于向前线冲……也把对方吓得落荒而逃。逐步适应战争之后，面对混乱不堪的攻势，士兵不再感觉紧张，因为他们明白敌人心中恐惧和决心并存。在进攻之时，整齐的秩序才能震

---

① 译注：格布哈德·列博莱希特·冯·布吕歇尔（Gebhard Leberecht von Blücher, 1742—1819），是普鲁士王国元帅，瓦尔施塔特侯爵。在滑铁卢战役中，他及时赶赴战场增援威灵顿公爵，从而赢得了战役的胜利。

② 译注：亚历山大·瓦西里耶维奇·苏沃洛夫（Alexander Vasilyevich Suvorov, 1730—1800），俄罗斯帝国名将。第二次反法同盟战争期间，担任意大利境内的俄奥联军司令，连续多次击败法军，基本歼灭了意大利境内的法军。1799年10月，获封为俄罗斯大元帅。

慑敌军,秩序即反映部队的决心,因而指挥官必须始终保持部队的秩序。倘若过早加快进军速度,会造成大量士兵掉队,使军队陷入混乱之中,从而难以完成作战目标。如果以密集纵队进军,士兵和军官容易乱作一团,导致无法相互支援。要保证军队长距离行军,指挥官要尽量赋予军士自主权,维持队伍的团结,让部队组成疏散队形,使得每个士兵都在行军中得到监督。反面教材就是密集纵队,士兵在行军时无人监督,很容易找到借口故意躺在地上而脱队。同理,散兵宜部署在主力的前方或侧翼,在接近敌军时不必将其召回,避免其与主力碰撞而引发混乱。散兵善于独立作战,指挥官应该将其当作走失的孩子,允许其单独行动。

总而言之,步兵之间没有激烈交锋。战斗不是人群与人群的物理碰撞,而是心理的博弈。不可否认的是,士兵感受到越多的支持,心理上就越强韧;军队人数越多,对敌军的威慑力就越强。如此看来,纵队在进攻中比疏散队形更具有价值。

读完前文的长篇论述后,或许有读者以为:只要大胆发动进攻,敌人就会不堪重压而逃之夭夭,所以没有步兵能够抵挡骑兵冲锋。诚然,一场坚决的骑兵冲锋不会遭遇抵抗,但在无路可逃时,步兵深知除了奋起抵抗外别无选择,直至有一方落荒而逃。每个士兵都清楚面对骑兵逃跑是一件蠢事,至少在骑兵眼里,平射的火枪可谓弹无虚发。诚然,真正勇敢无畏的骑兵冲锋一定会取胜。但无论步行或骑马,本质上士兵都是人。况且步兵只需强迫自己战斗,马背上的骑兵还需迫使坐骑参战。骑在马上还更容易逃跑。(瓦尔内语)

前文已经写过:在步兵的密集队列中,除非后方比前线更加危险,否则后排士兵通常不会向前推挤。深谙此理的骑兵在进攻中,通常不会将间距缩短一半,而是组成双倍间距的纵队,从而避免队列密集造成混乱。然而,有些热衷于数学计算的军官(德国人尤甚),推崇以密集纵深队形攻击步兵,以期后排队伍推动前排。美其名曰:"一钉钉入,推一钉出。"对于这样的无稽之谈,我只能说:"请务必用这个队形与我军战斗。"

克里米亚战争中有过真正的刺刀战(英克曼之战[①])。刺刀战通常由人数较少的部队主动发起,面对刺刀进攻,兵力占优的敌军不但不会发挥人数优势,反

---

① 参见附录2(历史材料)。

而会不战而逃。这些大胆冲锋的部队只需从背后用刺刀和子弹杀敌即可。交战双方从正面不期而遇，都未被对方的火力削弱士气，两军相隔的距离不远，所以双方都不会在冲锋中耗尽体力，能够情绪高昂地投入战斗。不进攻，就败退……战斗中没有激烈的近身肉搏。近距离战斗只会发生在古代的屠戮中，其中一方从背后砍杀敌人。

纵队队形只有士气上的效果，是一种用于威胁对手的部署手段……

长久以来，骑兵集群的冲击力都受到质疑。虽然从理论上讲，速度更快的骑兵给予前排停步的战友的推动力更强，但是军官们放弃了骑兵的纵深队形。与此同时，他们却认同步兵的集群战术！

古代的集群部队没有行军中伤亡的问题。古人行军距离都比较短，士兵能在行进中保持冲劲，不会为逃避战斗而佯装倒下。然而，现代的集群部队（尤其是法军）在行军中会遭受敌军的火力打击，从而不断产生伤亡。在长距离的行军中，持续不断的心理压力会让半数士兵丧失斗志，在中途脱离队伍。士兵不想在行军中丧命，法国人尤甚。法国军人喜欢针锋相对的交战，如果不能如愿就会临阵脱逃，拿破仑时代的法军也是如此。在瓦格拉姆之战中，拿破仑的集群部队并未遭到阻击，然而在 2.2 万名士兵中，只有 1500—3000 人抵达目标阵地[①]。赢得胜利无疑不是他们的功劳，而要归功于 100 门火炮和骑兵造成的物理破坏和心理压力。至于 1.9 万名脱离部队的士兵，他们丧失行动能力了吗？——并没有。假设二十二分之七、大约三分之一多的士兵被奥军的火力击中，那另外的 1.2 万名士兵去了哪里？——为了逃避继续前进，他们一动不动地趴在半路上。在正常间距的纵队中，监督战斗已然十分困难。在由步兵营编组成的纵队的混杂人群之中，不可能有效地监督士兵。士兵开小差十分容易，也是非常普遍的现象。

面对敌军的火力，任何队形的任何军队都存在开小差的现象。队形越不稳定，军官和战友越难以相互监督，就有越多士兵会临阵脱逃。在密集纵队中的各个营中，跑路现象也相当普遍。在行军途中半数士兵不见踪影，第 1 个步兵排和第 4 个步兵排混杂在一起，完全乱成一团。队伍交错混杂、失去控制，即使一开始攻下阵地，

---

① 译注：1809 年的瓦格拉姆之战中，法军麦克唐纳所部将展开队列的营组成纵队，对奥军阵线发动了冲击。此战之后麦克唐纳被拿破仑封为元帅。

敌军进攻路线

农舍　葡萄园

图例：
步兵坑道和炮兵

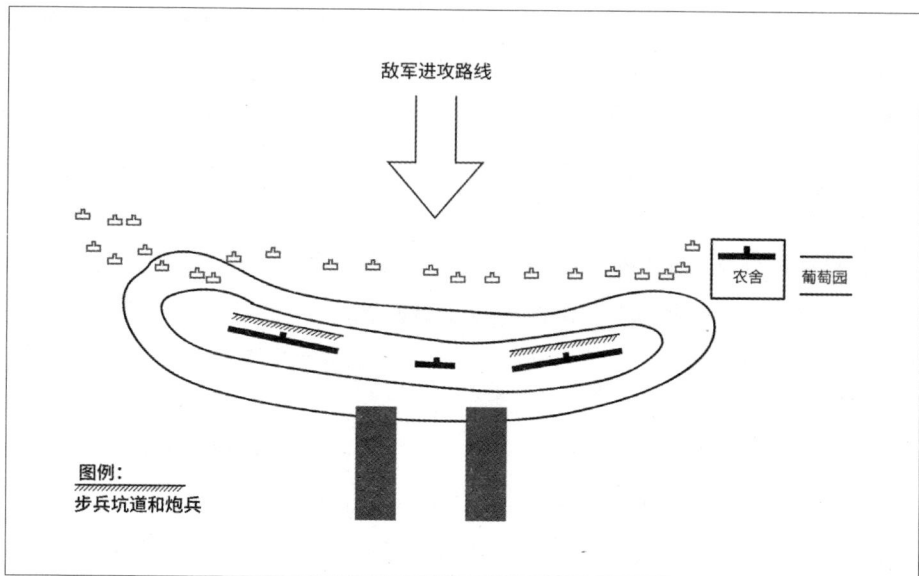

其秩序之混乱，只需 4 个敌兵发动反击就能将其赶走。

这类集群部队的精神状态充分反映于恺撒和纳尔维人的战斗、马略和辛布里人的战斗之中。[①]

要批判深纵队阵型，还有什么论据比拿破仑在圣赫勒拿岛上做出的否定更有信服力呢？

散兵、支援部队、预备队、方阵

令人奇怪的是，骑兵战术明确、深知如何作战，步兵则截然相反。

纪律源于战术，我军步兵却没有战术。在第一帝国[②]时期，军队作战依靠士气，士兵被动地跟随集体行动。而如今的士兵不喜欢被动的集体行动，他们作为散兵作战，抑或乱哄哄地奔赴前线，在行军途中，一旦遇到炽盛的火力，就有大半人手忙脚乱地寻找掩护。散兵作战虽然优于第二种情况，但没有铁一般的纪律，没

---

① 参见附录2（历史材料）。

② 译注：1804年，拿破仑一世称帝，建立法兰西第一帝国，直到1815年滑铁卢战败逊位，历时11年。

有精心设计、切合实际的战术以确保可靠的预备队，作战效果也会十分糟糕。指挥官和各级军官应该在手里保留支援部队，以防止散兵陷入恐慌，在散兵从正面进军、从侧翼威胁敌军、喷射其凶猛火力之时，支援部队能充当他们的一支强心剂。

如今的炮火杀伤力强、威力大，密集队形作战反而会削弱部队的士气。

一支部队必须组织得当才能执行机动，否则执行的效果无异于被动的集体行动或混乱的队列。

古代士兵在作战中处于指挥官的控制之下，而在如今更为开阔的作战环境中，指挥官不但没法控制士兵，甚至连指令都时常传达不下去。因此，指挥官必须尽可能让战斗推迟到最后一刻打响，并且让直属指挥官理解作战的意义和目标。

在现代战斗中，指挥官麾下的步兵散布在四面八方，于是人们说战斗成了"士兵之间的战争"——这是大错特错。要解决这一问题，不能让士兵随意星散而去，而是通过加强连级单位，以强化士兵的集结点，进而逐步凝聚营、团级战斗单位。

蒂雷纳的军队无法以疏散队形作战。其军中的大多数士兵，在不由蒂雷纳直接指挥时都表现糟糕，甚至有位将军还寻找掩体藏身。读者可以参照美国人在近期战争 ① 中的行为举措。

从萨克斯元帅的军团组织中能看出，面对敌军的火力时他很倾向于发动突击。

老弗利茨 ② 的战术不是在波茨坦 ③ 操练、阅兵和射击，腓特烈大帝的秘诀是迅捷的机动。普鲁士军队一度将前者奉为圭臬，崇尚阅兵和数学原理，最终才领悟到真谛。在耶拿吃了腓特烈战术的大亏之后，普鲁士人率先踏上了务实的道路，而法军还在实施波茨坦式的操练。

参加过近年的战争、有过实战经历的将领中，许多人鼓吹大规模、配备强力支援的散兵线。我军士兵对这种战术青睐有加，甚至违背指挥官的意志，以至于他们不会用其他方式作战。

一些声名显赫的学者和军人认为，大规模散兵线是战争中应运而生的战术，因而对其推崇备至。然而稍微深究就会发现，这种战术只是混乱的委婉说法。有

---

① 译注：指美国内战。
② 译注：西方人有用名字的第一个音节来作为昵称的习惯，例如威廉（William）被昵称为威尔（Will）或比尔（Bill）。弗利茨（Fritz）是普鲁士国王、腓特烈大帝的名字腓特烈（Frederick）的第一个音节，老弗利茨是人们对腓特烈的亲切称呼。
③ 译注：普鲁士/德国首都柏林西南部的小城，二战后期，美英中三国发表了《波茨坦公告》，敦促日本无条件投降。

人试图让其理论更加符合实际，但法军在遭遇敌军火力打击时，绝不应该组成大规模散兵线，意外出现的地形和突发情况都会导致部队失控，使得作战变成小股士兵的单打独斗。

武器为实用而生。理论上在攻防战中，使用武器简单高效的队形最具杀伤力，即疏散的单薄阵线。作战科学的关键在于，要巧妙结合火力强大的疏散队形与部署恰当的支援部队、预备队，让前线作战的士兵在心理上得到支持。结合的方式视敌军、士气和地形的状况而异。另一方面，要在单薄阵线队形中保持秩序，军队必须有严明的纪律，以及源于荣誉感的团结。只有相互熟识、拥有集体观念和连队精神的部队，才会产生荣誉感。连队有了自己的个性特征，才能够团结一心。

自尊心无疑是士兵最强劲的动力。他们不愿被战友视为懦夫，一旦迈向前线就想着出风头。但在每次进攻之后，队形都会七零八落（这里指的不是操练场上规定的队形，而是聚集在与其士兵们一同行军的军官所实际采用的队形）。这是因为在敌军火力下进军必然招致混乱。不知所措的士兵，甚至军官都不再受到战友和指挥官的关注和鼓舞。一旦失去自尊心的动力，他们就再也无法坚持。一次微不足道的反击就能将其击溃。

昨夜的经验固然可为今日借鉴，然而两天的情况不尽相同，经验也不能生搬硬套。在使用旧式武器的年代，混乱的两个营相距200步相互开火，当时逃亡往往始于侧翼。因此总结出的经验是加强侧翼，在营的两翼分别部署一个精锐连。而这种部署后来又发生了演变：各个精锐连被抽调重组为单独的精锐部队，原本的营则失去了侧翼支援，从而变得更为薄弱。可能是由于战斗大多使用疏散队形，轻步兵连主要作为散兵行动，使得在营的部署中彻底没有部队负责支援。如今我军已经不可能让步兵营展开为散兵作战，建立精锐连的主要目的之一正是加强各营。

有人会质疑：在别列津纳河 [1] 和汉瑙之战 [2] 中，是谁拯救了法军？——毫无疑

---

[1] 译注：发生在1812年11月末，拿破仑在东征俄罗斯失败后，退回法国途中发生的一场渡河战斗。法军在渡过别列津纳河的过程中陷入混乱，俄军趁势三面围攻，加剧了混乱，大量法军落水身亡或者被俄军歼灭，尽管如此，法军主力还是渡过了别列津纳河，避免了背水作战、全军覆没的危险。

[2] 译注：发生在1813年10月末，拿破仑在莱比锡大战失败后，退回法国途中发生的一场战斗。拿破仑以1.7万人马击破了企图拦截其归途的4.3万奥地利—巴伐利亚联军，从而打通了返回本土的道路，否则拿破仑及其残兵败将将可能会在途中全军覆没。

问是近卫军。但是除了这支精锐之师，法军其他部队的表现又如何？——他们军纪涣散，宛如一群迷途羔羊。别列津纳河和汉瑙的两场战役都是特殊时期的特殊情况，对于如今来说没有参考价值。

如今步兵有了速射武器，最为有利的战术就是适时辅以反击的防御战。

如今的战场和前膛枪时代一样混乱，但武器的射击频率达到当时的四五倍之多。因而人们认为，只要步兵部队的秩序和士气尚未崩溃，就不会被骑兵冲锋冲垮。既然如此，在骑兵冲锋掩护下的步兵突击还会奏效吗？

密集纵深队形已在战场上消失，这种队形从来都不是明智之选。有军事常识的人部署进攻，都会将排成纵队的各营组成横队，横队之间保持较宽的距离，由稠密的散兵线提供掩护，同时由炮兵掩护进攻行动。私以为稠密的散兵线是该战术的关键。

炮兵在掩护步兵行动时，只会谨慎地与掩护敌军步兵的炮兵队做短时间"交流"。只要步兵指挥官不是无能之辈，即使他不直接指示炮兵的射击方向，也会避免这场"交流"升级为"争执"。倘若其他条件相同，炮火会对两军步兵造成相同的打击，但炮兵也由此完成了掩护任务。步兵在攻打敌人途中，必然会遭到敌军以逸待劳的快速射击，这种火力空前有利于防御战。倘若有 10 名敌兵从 400 米外攻过来，在敌军抵近之前，用旧式武器只能击杀 2 个敌兵，用速射武器则足以打倒四五人。部队损失越大士气就越低落：若 10 名士兵还剩 8 人，兴许能冲到敌人面前，若只剩五六人则绝不可能。

在疏散队形中，指挥官的位置一目了然，负责整队的队列官能辨清队列，后方的步兵排也能把握前线动向。虽然士兵开小差是难以避免的，但在疏散队形中被发现的风险更大，因而更少发生这种现象。队伍里的士兵越是互相熟悉，士兵和军官越是互相信任，逃亡的士兵就越少。

法军步兵在冲锋之前难以有效射击，他们一旦开火就持续射击，不再执行冲锋（比若的行进中射击战术堪称高明）。因此指挥官要让散兵有效地实施射击，并让线列部队在进军中迫使其向前推进。

士兵不喜欢无所事事，渴望还击敌军的子弹。指挥官应该将士兵部署于能够立即独立行动的位置。这样不管他如何行动，指挥官都不至于彻底失去掌控。

"操练中的教学内容会用于哪些场景？"——军官和军士应当不厌其烦地教导

列兵，将军和校官也要反复对下级军官强调。这样才能建立起罗马军团那样训练有素的军队。但在如今，有谁还能逐页讲解散兵教学之外的操典内容？能在敌军火力下有效执行的动作只有"前进""撤退"和"转向"。但除此之外，士兵也应该学习左手"握枪"时左臂的位置、正常的行军步伐，在营教学中应该讲解奉命射击。在排教学也可以讲解这项内容，因为连队可能会用到，而营队则不会。

现代武器显然比旧式武器更加致命。其射程更远，射击速率提高了 4 倍，能更快地让更多敌人失去战斗力。然而，武器的杀伤力虽然变强，士兵却从没有改变。人的心理承受力与以往无二，却面临更严峻的考验。过于沉重的心理压力，使得士兵在战斗中的情绪会更快地爆发或崩溃。指挥官的职责就是维持部队的士气，对于士兵在危机中本能采取的行动施以引导。

拿破仑一世曾说："散兵在作战中最为劳苦功高。"这意味着在法兰西第一帝国时代，步兵也会在激战中迅速分散为散兵。指挥官会在手中留一支生力部队，当敌军在散兵的猛烈火力下动摇后，这支可能从任何方向袭来的预备队便成为巨大威胁，从心理上压垮敌军。这一战术的原理至今也不过时，而且由于火器威力加强，应该更多地加以使用。如今散兵极其猛烈的火力，使得士兵在激战中压力更大，军队更容易瓦解。

指挥官在操练中通常模拟线列射击，忽略对散兵的运用，这是大错特错，无论在操练场还是其他地方，军队都需要散兵队形。线列射击在如今难以应用。在向前线推进时，勒伯夫将军有一套实用的战法：部队以排为单位，呈梯队前进，中途遭到攻击时可以开火还击。而军官们通常倾向于以密集队形推进，即使只是一个营。这是个危险的错误，应该区分大规模部队和小单位的机动原则。虽然拿破仑皇帝从未规定在广阔平原上要以散兵队形行军，但不这么做的军官都该被降职。

散兵在作战中的角色日益显著。指挥官应该对其多加监督和指导，因为面对更要命的武器，士兵更容易临阵脱逃。在这种作战环境下，我军建议各营将散兵部署于主力前方约 600 步的距离，使其分布于至少 300×500 步的空间里，由营长（营下辖有 6 个连，每个连 120 人）进行监督和指挥。只有从未观察过战场的人，才会将散兵置于主力前方 600 步远，并指望他们乖乖留在原地。

随着散兵的作战地位提升，并且面临更加危险的环境，军队开始致力于分配散兵的指挥权。有些指挥官将整个营分散于步兵旅或师前方，通过统一指挥，以期散兵部队保持同一步调。这种纸上谈兵的战法在操练场上都难以实现。而新制订的操典走了另一个极端,将各营散兵的直接指挥权交到营长手中,让后者同时指挥散兵和营的主力。这是一种更为现实的权宜之计,舍弃了对于集权指挥的幻想,选定了适合指挥的人选,但在另一方面,负责此任的营长一边要指挥营的主力以线列队形作战,或与同一旅、师下的其他营协同行动,一边还要关注散兵的动向,精力被大大分散。战况越焦灼和混乱,作战中的角色就越是应该简洁明了。要用强硬的手段对散兵部队下达命令、维持其士气,才能在作战中发挥其作用。营长应该专注于指挥散兵或线列部队这两股部队中的一股。我们应当缩减各营的编制,将半数部队留作预备队,另一半作为散兵营。在各个散兵营中,半数士兵部署为散兵作战,另一半留作预备队,以巩固散兵的阵线。

让第 2 线的营长们专心指挥自己的营吧。

现如今,一名营长难以兼顾指挥下辖 6 个连的营。考虑到要发挥部队的火力,营长指挥下辖 4 个连,每个连 100 人的营已属不易。在当代猛烈的交火中,很难由一个人维系和指挥这样 4 个连。现代武器的特点导致士兵部署分散,军官难以实施监督。面对 1000 人的普鲁士营,我宁可指挥仅有 600 人,但齐心协力的营,也好过带领总共 800 人,却有 200 人会随时失控的营。

散兵队形火力强大,线列队形能提升士气。操练场上的战术机动演练应该为实战服务。然而在这些演练中,为何要在决战时刻撤回散兵?这道命令会削弱我军的进攻火力以及敌军承受的心理压力。此时一旦敌方散兵坚决追击,在我军主动撤退行动的衬托下,其猛烈的火力将沉重打击我军士气。

撤回散兵的理由是什么?散兵会阻挡纵队行动、妨碍刺刀冲锋?——这样说的人想必从未上过战场。当战斗即将打响、两军仅相距一两百米时,很难保持整齐的队形。在一场舍生忘死的冲锋中,散兵可以充当敢死队,应该允许他们自由地冲锋。即使散兵会被大部队超过、推挤,也决不要将其撤下来,不要让其执行战术机动,因为此时散兵唯一能执行的就是撤退,并成为妨碍主力前进的逆流。而在战斗的关键时刻,牵一发就可能动全身。散兵会妨碍后方开火吗?——试问,面临敌军迫在眉睫的压力,应该开枪射击吗?有头脑的敌人都会让散兵领头进攻,当他们见到我方散兵退去,便会击杀我方队列中的士兵,建立起初战告捷的信心。他们一定会卧倒向我军失去散兵遮蔽的主力阵线开火,以便于造成杀伤。在散兵火力的打击以及线列部队逼近带来的心理压力之下，我军的队伍就会陷入混乱，无法再守卫阵地。此时想要守住阵地，唯一的方法就是前进，所以必须尽可能地避免开火。一旦士兵开火就不会再前进半步。

你相信士兵在实战中会和操练一样听从指挥开火和停火吗？尤其装备现代武器后，部队开火等同于混乱的开端，士兵由此脱离长官的掌控。即使在活动量较大的操练或行军后，营长也无法控制部队的开火情况。

不可否认，没人能接近敌军200米以内，从正面发起进攻注定失败。既然如此，只能从侧翼发起进攻。然而，军队的侧翼多少都会设有掩护，所以进攻方不可避免要与这些掩护部队交战。

如今只有散兵才能迅速、冷静地进行开火。

随着武器射速提升，作战队形的厚度已经从原本的6行缩减到了2行。如今，不需要后排战友来维系士气的精兵，甚至能展开为1行战线进行战斗。无论如何，2行的战线就足以迎击敌军。

德军规定部队必须奉命射击，散兵数量不增反减，这对于我军而言并不适合。况且既然德军采取这种战法，我军就更应当另做选择。我军创造和发掘出散兵战术，是出于士兵和武器条件的必然选择。

在逐行轮替射击时，士兵容易聚拢成多个小团体，进而导致混乱。士兵相隔的空间越大，就越不容易失去秩序。

2行战线的队列应该更加单薄。士兵不应该紧贴彼此，相互之间要保持距离。第2行士兵射击是在浪费子弹。在决战之时，第2行士兵不应该直接从前排的后方射击，而是应该在第1行战友的间隙的后方，展开梯队开火，从而让火力覆盖到各个方向。指挥官必须让部队简单有效地开火。我并不质疑前人总结出的射程范围，只是希望将其付诸实用。

当代武器显然比古代武器更具杀伤力，因而会更加沉重地打击军队士气。指挥官应该加强对士兵的影响力。只要条件允许，团长们应该让团内各营在作战中分为2条阵线，由一个营突前充当散兵，另一个营拖后，随时准备支援前方的散兵。倘若把所有营都作为散兵投入前线，战况就会不可避免地脱离掌控。指挥官要把握一切掌控局面的机会。

由于步兵消耗弹药极快，必须及时补给，因此指挥官应该让整个步兵单位统一行动，以便在其弹药耗尽时派其他单位顶替。考虑到散兵容易疲惫，应该以整个营为单位部署散兵，由其他营作为支援部队或预备队，这样才能保证作战秩序。不要贸然将营下辖的 4 个连都投入战斗。不到关键时刻，营长应该避免让所有部下都投入战斗。

我军的训练营中有一股热潮：从不同的营中拆分出散兵部队，为主力线列和防守阵地提供掩护，却不在散兵线与主力或阵地之间留下回旋余地。由此导致的问题，一是浪费兵力和弹药，二是难以调遣其他单位进行顶替。

掩护整条主力阵线的意义何在？只要敌军从远处眺望，这番部署便毫无意义。指挥官要让疏散的连保持间距。当今时代，两军交火距离远不止百米，指挥官能从远处观察敌军，提防其突袭队伍间的空隙。战斗和阵亡始于疏散的散兵连。在先头部队出发后，营长应指挥主力线列部队隐蔽地跟随其后。散兵停滞在原地战斗时，指挥官应该进行督战。要想巩固线列部队的防御，应对从空隙中突袭的敌军，指挥官应该将生力散兵迅速投入队伍间的空隙中。在需要冲锋时，新投入的散兵连无疑势头更猛。就算他们超过了前方正在交战的散兵也没关系，后者已经形成了梯队，看见前方出现援军会更有前进的动力。

将散兵连投入空隙中还有奇袭的效果。这是因为停滞在原地的战斗往往是漫长的鏖战，散兵阵线的空隙正适合打击敌人，而且援军都是指挥官藏在手中的预备队。我军在支援散兵时采用的战术机动——此处是指实际运用于战场的机动——只是让援军从后方混入交战中的散兵，而不是让其在某个位置单独展开队形。这样虽能补充作战兵力，却会扰乱战斗的秩序，妨碍长官的指挥，打乱既定的作战队伍。而缩小队伍间距、为援军腾出位置的机动方式，理论上可在操练场上或战斗的前后使用，但不适用于两军交战之时。

阵线的间距不会一成不变，而是随着战斗形势或聚或散。倘若队列间距保持不变，那必定不是一场干脆利落的战斗，而是两军在交战和接触中反复试探。关键是要给士兵前进的空间。假设在平原上，前来支援的连从平地开始实施机动，其他连缩短彼此的间距，给援军腾出空间。援军展开队形后，士兵就能从侧面支援其战友，并加强其他连的侧翼。这个连要有一支意志坚定的核心作战队伍，充当其他士兵的集结点。如果队列之间挤成一团，还可以临时把前线分成 2 行——不管采取何种手段，指挥官都要牢记维持部队的秩序。

我军总是想拉近营的间距，仿佛还在队列密集的长矛兵时代！如今两军交战的距离达到过去的 10 倍，营之间的空隙不再是阵型的隐患，而是和整条阵线上的其他地方一样，受到散兵火力的掩护，让敌军很难察觉到我军的弱点。

散兵和密集队形多为指挥不力的法军使用。倘若部队有良好的作战素质和指挥调度，至多只会用由散兵支持的营纵队队形。

密集队形只在进攻或威胁敌军时对士气产生影响。实际打击敌人的是步枪火力，要发挥火力就需以单行阵线作战。队形的影响纯粹是士气上的，要是指望其物理原理和战斗效率，只会败给训练有素、沉着冷静的部队。杀伤敌人只需散兵，这些神射手部署得当就能大显神威。

攻打阵地时要尽量到最后一刻再发动冲锋。在判断士兵有充足的体力抵达目的地后，再让军官带领他们以整齐的列队前进。冲锋的阵线不是死板的线条，而是由军官掌控和监督的群组。队伍一旦跑起来就会出现混乱，许多士兵会在中途停步，距离越短的冲锋掉队的人越少，掉队的士兵会在半路上躺倒，战斗获胜后才可能归队。倘若士兵跑得太久而被迫稍息，这次冲锋就丧失了锐气，待到要继续前进的时候，没有人会再往前迈步。十有八九不是失败，就是演变成一场闹剧：在一阵"上刺刀冲锋"的叫喊过后，没有人向前冲，只有少数勇士白白送命。冲锋往往止于对手轻微的恫吓：无关紧要的小事——譬如一阵意外的喊声——都可能让攻势瓦解。

指挥冲锋应该随机应变，墨守成规实乃愚蠢之举。不过，在指挥步兵冲锋时也有重要的原则，即冲锋距离太长容易引发混乱。对此，我们可以效仿骑兵冲锋的战术，让各营的军士或最可靠的军官殿后，指挥一支以步行速度跟随主力的后卫部队，把冲锋途中逃避前进和气喘吁吁的士兵重新集结起来。这种后卫部队可以由一个排的神枪手组成，需部署在每个营的后方。冲锋应该始于一定的距离外，否则只会徒劳而返。但过早发动冲锋不是愚蠢就是自甘失败。

线列步兵与精锐部队不同，不应该作为后者的支援部队。否则就是把意志最薄弱、最容易动摇的士兵，派往精锐部队血流成河的战场，让他们在一阵忐忑不安的等待后，直接面对当代武器的猛烈火力和残肢断臂的惨状。如果说古代作战需要坚实可靠的支援部队，那么当今部队可以说更需要。现代战斗中炮弹撕碎血肉的死亡场景，造成的心理冲击力远胜于古代。在古代战斗中除非部队溃败，否则伤员人数往往少之又少，这也回击了提倡用猎兵和义勇兵打前哨战的想法。

从将军到连长，如果任何军官投入全部兵力强行攻占阵地，对方只需派一个下士指挥 4 个士兵，通过组织得当的反击就能将阵地夺回。

为了有效监督从连到旅的各级部队，支援部队应该分别来自同一连、营和旅。比如，每个旅应该分为 2 条阵线，每个营都应该分出散兵线等等。

指挥官尽可能将预备队留在手中，以应对敌军预备队的行动——这一战术应该推广至下级单位。每个营和团都应该保留一支牢牢掌握在长官手中的预备队。

支援部队和预备队比过去更需要保护。武器的杀伤力变强，人的意志力则一如往昔。而由于士兵的意志力没有变强，却在精神上受到愈发严酷的考验，指挥官应该减少士兵遭受考验的时间。而相比散兵，密集部队、预备队、二线以及一线部队，更需要得到保护和隐蔽。

步兵方阵有时会被骑兵冲破。散兵会在骑兵的追赶下躲进方阵里面，他们不选择卧倒，而是盲目地寻找掩护以求自保，从而被轻易地击溃和歼灭。方阵挡不住意志坚决的敌人……但是！

步兵方阵并非科学和数学原理的产物，而是源于对士兵心理的考量。一个纵深 4 行的步兵排组成方阵时，2 行面向前方，2 行朝向后方，两翼的人向侧面转向以保护方阵侧翼顶端，军士们则在方阵中间结成第 5 行，负责指挥和支援作战。凭借严实的阵型和炽盛的火力，方阵难以被骑兵撼动。但在实战中，这个排会倾向于组成规模较大的方阵，从队伍规模上增强士兵的信心。这股自信心会蔓延至整支部队，成为战争中的一股助力。

迷信步兵火力的人只计算火力输出能力，会根据火力情况让部队排兵布阵以迎击骑兵。虽然这种队形有助于减少逃亡，但即使阵容整肃、配备了支援部队，指挥果决的骑兵冲锋所造成的心理冲击也足以使其不战而溃。当然，如果是指挥蹩脚的冲锋，不论步兵坚韧与否骑兵都会失败。方阵里的步兵比线列队形里的信心更充足，归根结底是出于心理因素。在方阵中，士兵能感受到背后有人监督自己，而且无处可逃。

火力

人们经常错误地使用线膛枪等后膛武器。如今盛行挖掘简易壕沟以掩护步兵营，这战术就像贵族的胭脂粉一样陈旧。不过掩体有时也能掩护士兵有效开火，成为绝佳的作战工具。

看着蹲在浅窄坑道里的 2 行士兵，沿着射击的火光观察弹道，不难发现在这种战场环境中甚至无法简单地向正前方射击。战场上噪音嘈杂，2 行士兵挤在一起互相干扰，一旦开火射击就乱作一团，接着所有人都会试图寻找掩体躲藏，不再继续开火。

发挥武器的威力，关键在于节省弹药。但军方采取逐行轮替射击的战术，这让步兵火力倒退到了随意射击的水平，使得部队里的神枪手难以施展身手。

既然我们拥有射速比过去快 6 倍的武器，何不将队列密度减少到原来的六分之一呢？拉开间距能减少士兵混乱，让他们的视野更清晰，也更加易于监督（或许有些让人费解），从而提高射击的效率，而且重要的是只消耗六分之一的弹药。未参战的部队必须随时保持弹药充足，预备队必须避免参战。或许这种部署难以管理，但无疑比奉命射击更容易。

逐行奉命射击有什么用呢？答：除去极端情况，在两军交战时毫无用处。这种战术下监督士兵成为笑话。那么逐行轮替射击怎么样？第 1 行枪手尚能向正前方射击（这也是指挥官对其的唯一要求），而第 2 行枪手就只能对着空气乱射一气了。笨重的背囊让我军士兵只能把手肘举过头顶，无法以正常姿势射击。何不效仿英国、普鲁士、奥地利军人的背囊，增加厚度并缩减宽度呢？我军应该让第 1 行散开，第 2 行与其呈棋盘状交错排开，使所有士兵都能以一条火线，向敌人的骑兵开火。

单行火力优于双行火力，因为前者的开火不会被后排干扰。单行士兵一齐开火，实用而有效，相当于密集队形的散兵火力。

1776 年 6 月 1 日的国王训令（第 28 页）指出："战争经验证明，士兵应该立定执行 3 行射击，陛下的意图是制定交战中能执行的战术。陛下命令在射击之时，前排士兵不要单膝跪地，由 3 行士兵同时立姿开火。"这份训令中还包括了射击训练的教学等内容。

古维翁·圣西尔元帅 [①] 曾说，保守估计约有四分之一的伤员是被第 3 行的战友

---

① 译注：古维翁·圣西尔（Gouvion St Cyr, 1764—1830），法国革命战争和拿破仑战争中的法军将领，1812年晋升为帝国元帅。他被认为是拿破仑麾下最优秀的防御战指挥官。拿破仑倒台后投靠复辟的波旁王朝，担任海军大臣兼殖民大臣、陆军大臣等要职。

误伤的。考虑到一些战斗单位由参加过吕岑①、包岑之战②的新兵组成，实际误伤比例只会更高。圣西尔元帅还提到，拿破仑发现许多伤员伤在上臂和手之后大为震惊。麻木不仁的元帅们居然对此不加解释！多亏首席军医拉雷检查伤口后，才证明这些伤势不是自残所致，从而洗刷了士兵的污名。倘若这种伤势过去就很常见，想必早就有人进行过检查。既然这些伤势在过去不多见，就只能以战场情况的变化来解释：1813 年的年轻士兵出于本能相互聚拢起来，而以前士兵都会下意识地拉开距离以便射击。或许是 1813 年，指挥官允许新兵们更长时间地射击，让他们专注于开火以减少脱队现象。由于害怕新兵逃跑也很少将其用作散兵。此前的法军较少用逐行轮替射击战术，在交火时完全使用散兵队形。

执行奉命射击的前提是超乎常理的冷静。要是士兵真的这般冷静，军队就能像收割小麦一般横扫敌军。自从腓特烈大帝时代，甚至从火枪兵出现以来，人们就明白这个道理。倘若一支部队沉着地行军至射程距离内，士兵为避免互相干扰而一齐瞄准。当所有人看准目标后，军官一声令下，子弹便立刻齐射而出。若真有这样的部队，谁能与之匹敌？在过去的时代士兵会瞄准射击吗？——虽然较为粗糙，不过过去的军队懂得对准敌人的腰和脚开火。然而，脑中有这样的概念，并不意味着实际能践行，否则指挥官也无须反复对士兵强调。克伦威尔总把"瞄准敌人的鞋带开火！"挂在嘴边，拿破仑帝国时代的军官常强调"瞄准敌人的腰部"。对于会战和弹药消耗量的研究证明，战斗从来不像收割麦子一样轻松。要是能这么容易地掌握如此强大的战术，先贤们怎会不使用并流传后世呢？（德·古维翁·圣西尔语）

面对敌军火力时的冷静完全来自安全感。

在小规模行动中，有多少连长能冷静地指挥射击和机动？

奇怪的是，虽然军事教学中建议以逐行轮替射击来迎击骑兵，但没有一位团长、营长或连长会在实战中这样做。士兵总是急于开火。军官为防止士兵擅自开枪，便不等士兵瞄准就下令开火。按逐行轮替射击的理论，士兵在瞄准目标、手指扣

① 译注：吕岑战役（Battle of Lützen，1813年5月2日）是1812年法国侵俄战争后的一场战役。尽管入侵俄罗斯而蒙受巨大损失，拿破仑依然阻止了第六次反法同盟军的进通。俄军主将彼得·维特根斯坦试图阻止拿破仑占领莱比锡，于是进攻位于德国吕岑附近的法军右翼。经过一天的激烈战斗，俄普联军退却；而法军损失不小加上缺少骑兵，拿破仑无法发动追击，未能扩展战果。
② 译注：1813年5月20—21日发生的战役。反法盟军在吕岑战败后，退到包岑构筑阵地转入防御。拿破仑企图歼灭敌军，于是主动发动进攻。尽管法军的伤亡较少，却没有达成歼俄普联军的战役目的，使法国的政治和战略形势大为恶化。

住扳机时，应该意识到枪膛里这颗子弹是指挥官的，而不属于自己，而军官应该给士兵充足的时间瞄准，在条件允许时还要检查并矫正他们的射击姿势。士兵不知道指挥官会何时下达指令，因此在瞄准时要随时准备开火。

奉命射击在交战中并不现实。要完美地执行这个战术，需要长官的镇定、士卒的服从，而这两个要求里，后者还更为现实些。

奥地利人曾经以奉命射击的战术迎击意大利骑兵。结果，他们的士兵不等军官下令，就杂乱地逐行开火射击，导致战斗一败涂地。

既然奉命射击不切实际，为何逐行随意射击也不现实呢？原因在前文有述：密集队形与枪炮互不相容，队列前排容易遭后排误伤。在排成 2 行的密集队列中，士兵之间手肘相碰，倒下一个就连带十人陷入混乱。由于队伍里没有预留空间，一旦有士兵倒下就会造成混乱，导致 2 行队列变成杂乱的人堆。如果是缺乏经验的部队，此时无须敌军的威胁就会溃不成军（比如卡尔迪耶罗之战的迪埃姆所部[1]。）如果是较为坚韧的部队，士兵会主动拉开距离，形成间距较窄的散兵队形，以减少敌军火力的伤害。（参见马真塔之战中的近卫掷弹兵[2]）

疏散队形中士兵相隔一步，为倒下的士兵留出空间，以免撞到他人，也减少了每个士兵受到的关注。也就是说，降低了士兵之间的情绪影响，减少了士兵倒下对战友士气的打击。此外，在当今这个速射武器普及的时代，疏散队列的士兵前方视野清晰，能毫无障碍地向正前方射击。而密集队列中只有第 1 行的士兵能做到，耳边还有后排的子弹呼啸而过。在士兵每分钟射击 4—5 次的情况下，单行队列显然比双行队列更可靠，虽然单行队列的开火频次少了一半，但能同时向前方开火的兵力为两行队列的两倍多。只要有持续而稳定的火力，即使弹药不多也能阻止一场成功的冲锋。而在武器射速较慢的情况下，只有两行队列才能稳定地输出火力。相比之下，单行队列装备速射武器下的火力更加凶猛，足以进行稳定的火力输出。

---

[1] 译注：迪埃姆指法国将军迪埃姆伯爵纪尧姆·菲利贝尔（Guillaume Philibert, 1766—1815）。1789年，他加入国民自卫军，开始了他的戎马生涯。拿破仑第一次逊位后，迪埃姆投靠复辟的波旁王朝出任步兵总监，被封为圣路易骑士。拿破仑复辟后投靠拿破仑，作为拿破仑麾下的师长参加了滑铁卢战役，兵败被俘，两日后死去。卡尔迪耶罗之战指1805年10月30日发生在意大利的一场战役，迪埃姆作为马塞纳元帅麾下的意大利军第4师长参战，从法军右翼进攻奥地利帝国卡尔大公所部。尽管奥军数量更多，却付出了更大的损失，于是，卡尔大公连夜撤出战场。

[2] 参见附录2（历史资料）。

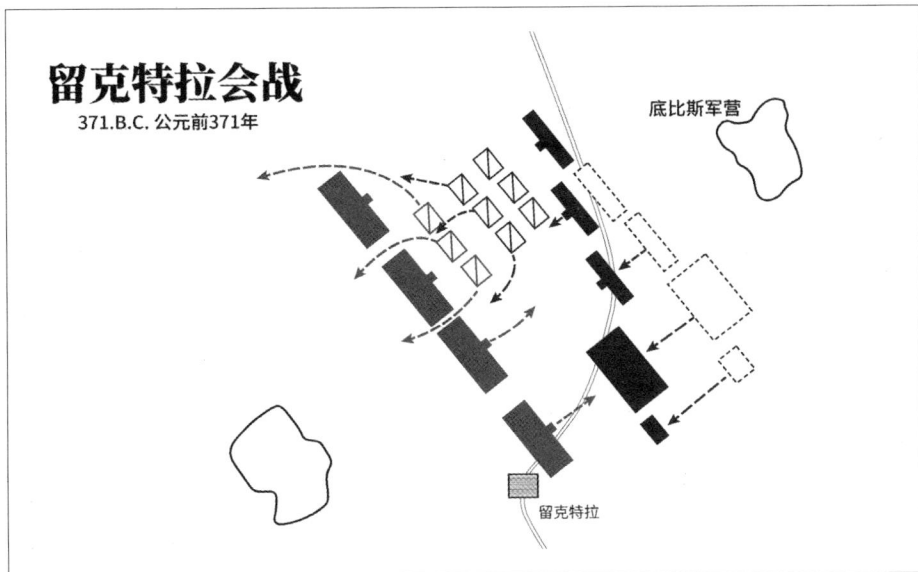

留克特拉会战
371.B.C. 公元前371年

底比斯军营

留克特拉

　　密集队形虽然便于行军，但不适合原地射击。行军时士兵喜欢战友在身边，但在交火时又倾向于与战友拉开一定距离，仿佛觉得人群会招引铅弹。后膛枪的诞生催生了一些荒唐的想法：有些将领鼓吹速射武器会复兴奉命射击的战术，说得好像这个战术曾经在战场上存在过似的。他们还认为齐射战术也会复活，战斗中的视野将会更清晰，说得好像这个战术真的被实践过似的！这些人简直毫无常识。

　　吉贝尔[①]在大多数问题上都有着务实的观点，但他竟然撰长文批驳同时代军官让士兵瞄准腰部（即压低枪口）的要求，认为不符合弹道学。但军官们是正确的，他们之所以沿用克伦威尔的主张，是因为士兵在战斗中不加瞄准，子弹常常会打高。而且从枪支的构造上看，士兵举枪射击时枪口往往高于后膛。不论理由如何，事实都无可辩驳：根据普鲁士军队在操练中的统计，子弹从射出枪口到落地的距离大约是50步；考虑到当年的武器条件和作战方式，倘若在实际作战时，从50步开外射出的子弹能打中敌人，而不是从他们的头顶上飞过去，那么战斗的伤亡数

---

　　① 译注：雅克·安托万·伊波利特（Jacques Antoine Hippolyte, 1743—1790），吉贝尔伯爵，法国将军兼军事作家。出生在蒙托邦，在他成为一名将军之前，他随同其父参加战争。1770年，他发表了一篇关于战术的文章，在他那个时代很有影响。

字应该更加庞大。

但在莫尔维茨之战^① 中，奥军伤亡 5000 人，普军伤亡超过 4000 人。

如果枪膛比较重，让枪口沿左右摆动开火，能比上下晃动杀伤更多敌军。

行军、扎营、夜袭

步兵须以疏散队形投入战斗，但不意味着要随时保持这种队形。只有纵队队形才能维持作战秩序。指挥官应该尽可能将士兵留在手中，因为他们一旦投入战斗就会脱离控制。

密集的集群队列不适合行军，即使是单个营短距离行军也不宜用该队形。在高温天气下，密集纵队会让士兵闷热难忍。使用一半间距的队形更为合适（这是考虑到空气流通和视野等因素）。

在决战或遭到奇袭时，使用上述队形能避免直接以纵队参战。这时指挥官可以将后排的一半士兵调上前线，命令其准备好武器。如此一来，可以将这些士兵部署为散兵，也可以让第 1 排士兵担任散兵，后排作为预备队。

在留克特拉之战^② 中，伊巴密浓达将其阵型的厚度削减了一半，在侧翼部署了纵深达 50 行的密集方阵。这番精心的部署落了空，斯巴达军右翼很快与前方的己方骑兵相撞而陷入混乱。伊巴密浓达军优势数量的骑兵趁机将斯巴达骑兵及其身后的步兵一举击败，紧随其后的步兵则将斯巴达人彻底击溃。伊巴密浓达军的左翼随即转向右侧，直逼斯巴达战线的侧翼。同时，伊巴密浓达让中路和左翼以梯次阵型从正面逼近，致使斯巴达人军心大乱，落荒而逃。伊巴密浓达部署这些方阵的本意或许是作为可供机动的预备队，但他们在留克特拉之战中只是向右旋转，攻打敌军的侧翼和预备队。

部队通常以密集纵队穿过密林。队列之间毫无缝隙，甚至侧翼都相互贴近，结果就是陷入混乱之中。

在行军途经山地等崎岖地形时，应该由一名机灵的军官判断暂停整队的时机，

---

① 译注：奥地利王位战争期间的一场重要会战，发生于1741年4月10日，腓特烈大帝麾下的普鲁士军战胜了奥地利军队。战后，法国、巴伐利亚、萨克森和西班牙纷纷加入普鲁士阵营，英国则与奥地利结盟以打击法国，加重了欧洲局势的紧张。
② 译注：发生在公元前371年的著名战役，底比斯名将伊巴密浓达使用斜线战术，大破号称希腊最强的斯巴达军队。

并对部队左侧的号手下达命令。只要这位军官判断得当，号令的调整就能让士兵保持队形秩序。行军一定要保持住队列，一旦有士兵踏出队列，其他人就会纷纷效仿。就算允许士兵离开队列，也必须要求他们归队。

后卫部队要配备在紧急行动中驮载物资的骡子。若没有这道预防措施，行军中可能会浪费大量时间。在某些崎岖地带的作战中，时间就这样一天天被浪费。

在扎营时，指挥官应提前组织劳工队伍，由士兵护送其列队出发。

运输队应该得到明确而详细的指示，由负责运输的长官监督执行。但实际往往并非如此。

政府不应该直接给军官供应骡子，应在其丢失或患病时予以补充。直接给予导致军官对骡子施加重负，带来超乎预想的财政损失。疲惫不堪的骡子和掉队人员一同落在队伍后面，导致运输队的战线过度拉长。如果将购置骡子的资金发放给军官，他们必定会爱惜使用，因为这笔钱是自己的私产，抑或将骡子按头数分配给军官，他们也同样会对其精心照料。但最好只发放资金，这样军官没有向政府索取的理由，就必须在行军途中照料好骡子。

军队必须以铁腕手段杜绝劫掠，因为这种行为往往一发不可收拾。步兵部队从不是单独行动，如果各营按要求抵达指定位置，但没有完全对齐或保持同一距离，就不应该对步兵军官加以苛责。为了在扎营时让队伍完全对齐，军事教学中规定了10个机动动作，当然设置一个教导营也是个不错的方法，并且同样符合军事条例。

如今的作战中为何没有大规模的夜袭？——一是军队正面战线辽阔，难以调动，二是执行夜袭的军队必须擅长奇袭（如阿拉伯人、土耳其人和西帕希骑兵[①]）或战术素养高超。士兵要熟悉地形，能准确地目视判断距离，在夜间能找到只在白天走过的复杂路线。运用这些能力为自己指引方向，才能在夜间实施袭击。而在黑夜里指挥部队的办法并不难，只是少有人运用；甚至还有办法能让士兵在夜间射击和白天一样准。

---

① 译注：西帕希（Sipahi）是一种始于塞尔柱帝国的职业骑兵部队，分为宫廷西帕希（kapikulu sipahi）和封地西帕希（timarli sipahi）。后者拥有封地作为薪水，地位类似西欧的封建骑士，区别是西帕希的封地并非受封者的私有财产，朝廷可以收回，不得世袭。

第三章
骑兵

骑兵在当代的作用

有人说骑兵已经被时代淘汰：在广泛使用现代武器的战斗中，骑兵一无所用。可是，步兵难道没有受到同样的影响吗？

过去两场战争算不上有力的例证。在围城战和补给被切断的地区，军队不敢轻易出动骑兵，这使骑兵失去了近乎唯一的武器——果敢。

骑兵的价值之所以受到质疑，是因为其成本高昂，而由于昂贵的成本，又导致骑兵很少被投入作战。在和平时代，经济问题相当被重视。任何被投入高成本的群体，都会受到精心的保护，以免在作战中蒙受损失——即使将军自己阵亡了，他的参谋官也几乎从不减员。

虽然人们最不看好骑兵，但新式武器没有显著影响其作战角色。无论是骑兵之间的战斗，还是与步兵交战，骑兵秉持的信条从未改变：冲锋！当代的骑兵和过去一样，自知只能冲击战败的步兵。我们必须抛开荒谬的传奇史诗（骑兵、步兵皆有）。而步兵与步兵的战斗也难以称道。在这一方面，步兵的作战思想极其混乱，没有统一的信条。

现代武器的威力强大，即使不能让对手止步不前，也能让敌人步履维艰，因此，几乎不可能在枪林弹雨中前进。除了不谙世事的贵妇人，也许没有人看不出来：优势在于防御方。那么军队该如何作战？停在原地随意射击、实施远距离炮击，

骑兵中队常用队形

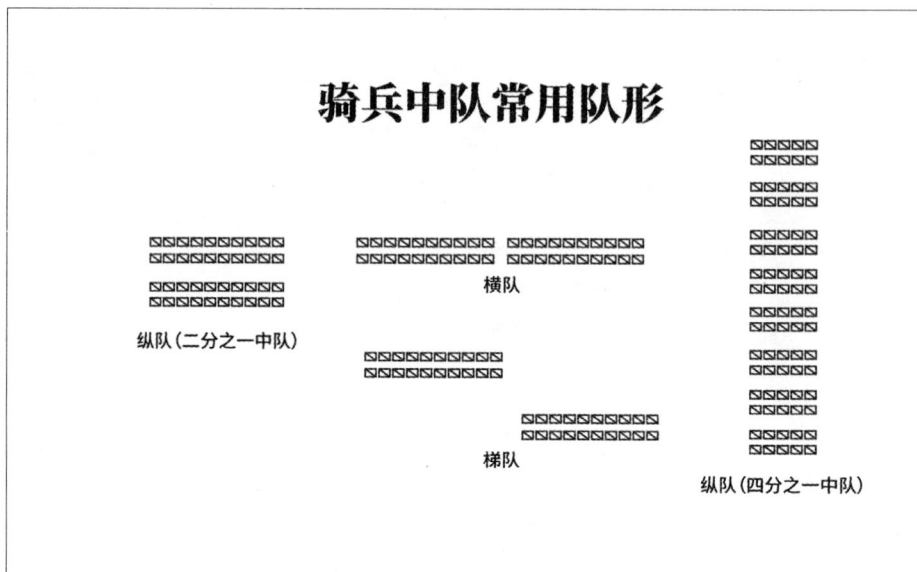

横队

纵队（二分之一中队）

梯队

纵队（四分之一中队）

直到弹药耗尽吗？——或许如此。但毫无疑问，在这种情况下作战必须实施机动。军队需通过长距离机动，迫使敌军放弃阵地撤退。论机动速度，还有比骑兵更快的吗？——这便是骑兵的用途。

随着武器技术的精进，战斗形式演变为分散的单人行动。与此同时，军队可在敌军的射程之外集结一支密集部队，向其侧翼或后方实施机动，从而有效地造成威胁。

有人质疑骑兵还能否实施战场机动。为何有这种想法？——即使躲不过炮火打击，骑兵部队也能在步兵的射程之外快速机动。机动即威胁，能极大影响敌军的心态。只要明白这个道理，骑兵将领就能成为制胜功臣。通过骑兵威胁，让移动中的敌军不知所措，陷入停滞；亦可迫使敌军变换阵型，成为炮兵打击的目标（精于此道的指挥官会用轻型火炮攻击）。骑兵在放大敌军的恐慌后，便可返回大部队。

线膛火炮和高准度的步枪改变不了骑兵的战术。所谓精准的武器，只有在理想的瞄准条件下才能发挥效果。倘若射击距离不佳，就会影响火力效果。在一定的距离外，步兵难以准确地打中移动中的部队，而"移动"正是骑兵作战的精髓。线膛武器的火力自然会影响骑兵，但同样会影响其他兵种。

简而言之，骑兵的处境与其他兵种并无不同。

如何反驳唱衰骑兵的观点？——随着武器技术的进步，进攻阵地的步兵不也需要在火力中行军吗？骑兵和步兵都是血肉之躯，难道骑兵的意志天生比步兵薄弱？既然步兵能冒着枪林弹雨前进，骑兵为何不能做到同样的事情呢？

倘若骑兵无法在敌军的火力中发动冲锋，则说明步兵也无法冒着火力行军。如此一来，战斗就会演变成士兵在掩体中远距离交火，直到弹药耗尽才会终结。

骑兵能策马穿过危险地带，而步兵只能步行。所以只要懂得保持距离，骑兵在战斗中的作用就不会因为武器射程的增加而降低。步兵无法单独取胜。骑兵在作战中能对敌军进行威胁、牵制和骚扰，分散其火力，甚至在支援充分的情况下还能与之近身搏斗。步兵的职责没有改变，但如今在进攻中更需要骑兵的援助。能够大胆运用骑兵者，必然会旗开得胜。即使骑兵部队目标明显，远射程武器对其造成的打击也不会比其他武器更严重。

如今炮兵最常用于瓦解步兵，甚至骑兵的队列。骑兵在接近目标时，可在距离较远时使用散兵队形，并在行进中逐渐收拢。这样的队形虽然更难指挥，但对法军来说反而是个优势。

武器在弹道学方面的改善，对骑兵的影响与对步兵的相同（骑兵没有理由与步兵不同），即士兵开始逃跑的位置会离敌军更远，仅此而已。

自拿破仑帝国以来，欧洲军队普遍认为骑兵作战没有达到预期效果。

骑兵作战效果不佳，是因为各国缺乏真正的骑兵将领。杰出的骑兵将领似乎是千年一遇的英才，比杰出的步兵将领更加罕见。在任何领域人才都是少数，不论骑兵还是步兵，都罕有高水平的将领。要成为优秀的步兵将领，所需的专业造诣或许比优秀的骑兵将领更严格。指挥步兵和骑兵都要沉着冷静，但相比经常陷入厮杀的步兵，骑兵更容易保持冷静。步兵和骑兵将领都要准确地判断士兵的精神和身体状态，而步兵的身、心往往都比骑兵更加坚韧可靠。

骑兵将领的视野受到局限，会不可避免地影响到对战况的把握。优秀的骑兵将领十分罕见。面对火炮和步枪的发展，即使塞德利茨 [①] 都肯定难以重现其丰功伟

---

① 译注：弗里德里希·威廉·冯·塞德利茨（Friedrich Wilhelm von Seydlitz, 1721—1773），普鲁士骑兵名将，参加了腓特烈大帝的历次战争，威功至伟。

绩，但万事万物总是有改善的余地，我认为骑兵还有很大的进步空间。

拿破仑帝国时期，法军没有善于指挥集群部队的骑兵将领。当时的骑兵部队仿佛不长眼的铁锤，打击敌人猛烈但不精准。法军就像过去的高卢人，过于迷信"不讲战术，只管前进"的战法。战术不会妨碍骑兵的前进，只会让进攻更加稳妥并减少伤亡。我军完全继承了高卢人的野蛮作风。（参见马里尼亚诺之战①，指挥官忽略了炮兵部队，以及绕村庄迂回行动的可能性。）步兵和骑兵都多么缺少良将！

指挥官必须英勇而果决，又谨慎而冷静。这绝非一件易事！

据说，欧洲地区的破碎地形让骑兵无法继续以宽正面和大集群作战。我不会对此感到遗憾。拿破仑帝国时期的记载中有许多骑兵如暴风般展开行动的生动场面，而实际取得的战果却没有那么震撼。在我看来，战斗的结果与付出的精力和庞大的伤亡数字并不相配。事实上，人们眼里的这柄"重锤"很难控制，并不是一件打击准确的趁手兵器。一旦冲锋搞错了方向便无法补救。不过，既然军方认为地形不允许骑兵以大规模的密集队形集结，这一不可抗的因素会比其他理由更加能够推动新战术的发展。

无论如何，在观察了1868年的战事之后，骑兵方面所提出的"其他理由"令我感到信服——随着武器的进步、战场的扩大，且考虑到骑兵及时的支援能助长步兵的信心、炮兵的果决，每个师都应该配备能有效作战的骑兵部队。

因此，我支持在每个师部署一个接受统一指挥的骑兵团。无论这一措施在操练上有什么问题，至少我相信一定会在实战中颇有裨益。

骑兵之间的战斗

骑兵作战比步兵更依仗士气。

首先，让我们探究骑兵在一对一厮杀中的心理。两个冲向彼此的骑兵，会指挥坐骑从正面相撞吗？——一旦这样双方都会人仰马翻，还可能在碰撞中受重伤、被失足的马匹压倒。骑兵作战依靠自身的力量和技巧、坐骑的服从和个人勇气，

---

① 译注：康布雷联盟战争中的最后一场大战，1515年9月13—14日，在伦巴第一个叫作马里尼亚诺村附近进行。法国与威尼斯联军战胜了曾经称雄一世的瑞士长矛兵，迫使后者迅速退出了战争舞台。战后，瑞士与法国缔结条约：瑞士军人只为法国服务。瑞士实际上沦为法国附庸。

△ 哥萨克骑兵是使用马
槊的代表性兵种

◁ 弧形的马刀适合劈砍，
多为轻骑兵装备。图为英
军 1796 式轻骑兵马刀

不愿盲目的相互碰撞，这是明智的举动。两军在冲向彼此时会对面、并辔停止前进，在原地展开一对一交战，抑或策马相错，通过马刀和马槊交锋，或者试图弄伤敌军的膝盖或坐骑，迫使其中途落马。但他们在进攻的同时也想保全自己，所以会避免盲目相撞而丧失战斗力。在古代的骑兵交锋和当代罕见的骑兵战中都是如此。

　　纪律虽能维持骑兵的队列，但无法改变人之本性。面对与敌军的碰撞，列队作战的骑兵不比单兵作战更坚定。以集群队列行进会引发可怕的心理效应。如果左右两侧无路可去，双方的骑手和战马为避免正面交锋，就会迎面停下。除非两支军队皆勇气过人，各自士气高昂，且都在同样出色的指挥下节节得胜，才有可能在正面发生冲突。然而从没有一支军队能同时具备这些条件，这样的情况自然不可能发生。两支骑兵部队交锋时，十有八九会有一方迟疑犹豫，导致马匹受惊而脱缰，陷入混乱之中，从而不战而溃。甚至在大部分情况下，崩溃往往发生在尚未看见对方的距离。有时候双方能拉近距离，然而行进中的停顿、退步、马匹的挣扎、混乱，这一切都会招致恐惧和犹豫，从而削弱突击的势头，结果演变成一场溃败。在这时，坚决进攻的一方不必放缓速度。败退的敌军很难向后调转马头，正为此乱作一团，所以要绕过那些还未转过身的马匹，难免会扰乱己方的队形。这一时的混乱是为了乘胜追击，优秀的骑兵不会为此苦恼。他们会一边在前进中自行调整，一边追杀恐慌的败敌。

总的来说，骑兵之间的战斗鲜有伤亡。双方极少实际发生战斗，即使交战也会迅速分出胜负。其证据就是骑兵与骑兵交战时，唯有战败方会出现不多的伤亡，否则只在和步兵交战才会发生伤亡惨重的战斗。在数量相近的情况下，矮小的猎骑兵能打败重装胸甲骑兵。若不是有一方屈服于敌军的决心，怎么会有这样的情况呢？从古至今，决心从来都是战斗的关键。

无论是因为战斗还是疾病减员，从来都是骑兵远少于步兵。这是骑兵部队中贵族人数更多的原因吗？不，正是因为骑兵减员较少，所以在长期战争中骑兵总是比步兵长进更多。

既然骑兵之间的交战鲜有伤亡，可知很少发生真正的战斗。

汉尼拔军的努米底亚骑兵与俄军的哥萨克骑兵很像，都是通过不断袭扰敌军使其产生恐慌，从而达到不战而屈人之兵的效果。

为什么骑兵的指挥如此糟糕（尽管步兵的指挥也半斤八两）？在骑兵作战中，机动与士气密不可分，通过战术机动，无须冲锋和战斗就能迫使对手撤退，甚至让密集的敌军溃不成军。这是建立在骑兵的速度之上。唯有懂得运用骑兵的机动性，才能有这样的效果。

撰写骑兵专著的学者说，战场上不存在两支骑兵部队全速迎头相撞的战斗，两军在相遇之前，较弱的一方总会转身逃跑。这为何不符合 MV^2（动能等于质量乘以速度的平方）[①] 的理论？骑兵在数量庞大的敌军前勒马止步，全然忽视公式中除了 M（质量）还有 V^2（速度的平方）。正是因为这个著名的公式只是从理论出发，而在骑兵冲锋中除了 M（质量）和 V（速度），还有各种各样的要素。我相信，唯有决心才能左右战斗！

凝聚力和团结能增强冲锋的动力。在快节奏的行进中不可能保持队列整齐，

---

① 译注：事实上是 $1/2MV^2$，鉴于 1/2 是常数，所以作者省略了它。

速度快的总会超过其他人。只有在占据心理优势之后，才应该加快步伐追击溃逃的故军。胸甲骑兵就是以快步冲锋，凭借沉稳冷静的姿态吓退敌人，再加速以袭步从背后追击。[①]

据说在埃克米尔之战[②]中，每倒下 1 名法国胸甲骑兵，就有 14 个奥地利胸甲骑兵从背后被砍翻。究其原因，是后者没有装备后背装甲吗？——显然是奥地利人将背部朝向了敌人。

约米尼[③]谈到以快步迎击袭步的战斗时，援引过拉萨尔[④]的战例。面对袭步接近的敌军，拉萨尔命令以快步迎击，还评论道："好一群无头苍蝇。"约米尼意在强调物理冲击的效果：相较袭步时的松散队形，快步冲锋能保持更加紧凑的队列。——这也不无道理，但更重要的是其心理效应：当袭步的敌军看到密集队形、以快步行进的骑兵迎面而来，首先会对后者的沉着感到诧异。诚然，袭步冲锋的冲击力更强，但密集队列没有可乘之隙，他们无法避开直接碰撞，从而丧失了斗志。快步冲锋的骑兵必须意志坚决，因为在密集队列中很难转向逃跑。若以如此稳健的步伐前进，必然怀着坚定的决心，相信自己不会逃跑，也无须拼命加速来缓解恐惧[⑤]。

奔跑中的士兵无法理性思考，但能凭直觉判断。一旦发现对手在心理上占据优势，他们就开始紧张和犹豫，不由自主地向侧面扯动缰绳，失去了从容的心态。虽然仍有士兵继续前进，但大部分人都开始试图躲避交战，部队乱作一团、士气消沉、溃败而逃。随后，快步进攻的骑兵开始加速以袭步追击。

快步冲锋要求指挥官和士兵有绝对的自信和坚决。只有经历沙场磨炼才能练就这种心理。即便如此，骑兵冲锋也容易受心态影响，有时会铩羽而归。关键在于作战要出其不意。色诺芬[⑥]在关于骑兵战的著作中，推崇出其不意的战法：如果

---

① 译注：在拿破仑时代，骑兵的快步（trot）速度约每分钟200米，袭步（gallop）速度约每分钟300米。
② 译注：第五次反法同盟战争中的一场战役，发生于1809年4月21—22日。拿破仑麾下的7万法军战胜了卡尔大公麾下的7.5万奥军，但未能歼灭奥军主力。法军伤亡6000人，奥军伤亡被俘1.2万人。
③ 译注：安托万·亨利·约米尼（Antoine-Henri Jomini, 1779—1869），瑞士裔将领、军事理论家，先后在法军和俄军中效力，著述甚丰。
④ 译注：拉萨尔伯爵安托万·夏尔·路易（Antoine-Charles-Louis, 1775—1809），法国骑兵将领，死于瓦格拉姆战役。
⑤ 关于队列中的空隙：在森帕赫会战中，1300名装备简陋的瑞士人与3000人的洛林骑士方阵交战。瑞士军的进攻阵型收效甚微，遭到被包抄的威胁。但阿诺尔德·冯·温克尔里德成功打开了一个缺口，瑞士人一拥而入，从而打败敌军。
⑥ 参见附录2（历史资料）。

通常使用快步，则选择袭步行进；而如果通常选择袭步，则以快步行进。他解释道：
"无论好事还是坏事，越难以预见的事态，越能激发喜悦和沮丧的情绪。最典型的
例证是，战场上的奇袭必定会让敌军惊恐万状。"

总体而言，袭步在冲锋中不可或缺。对于士兵和战马，袭步冲锋即象征胜利，
使之欢欣鼓舞。为了胜利冲锋，即使多折损兵马，也要接近敌军后再变换为袭步。
正如《操典》所规定，骑兵应以密集队形开始冲锋为好。只要耐心等到冲锋号响
起才行动，必定旗开得胜。倘若一支兵强马壮的骑兵队，怀着荣誉感或恐惧心，
过早地冲向士气坚决的敌人，结果往往败多胜少。对于骑兵指挥官，无论是在冲
锋前压制士兵，还是抓准时机发起冲锋，都堪称一道难题。此时，大多数士兵眼
里都看不见战况，指挥官须保持充沛的精力统御士兵，还要有一双敏锐的眼睛。
因此，正如战场上少有真正的冲锋那样，优秀的骑兵将领和低级军官也极为罕有。

骑兵战中没有真刀真枪的交锋。无论两军相距较远，还是已经接近，必有一
方会因不堪心理压力而崩溃。即使两军已经接近到相互照面，也必定有一方会在
马刀砍落之前败逃。真刀真枪的战斗免不了乱作一团，真正的冲锋只会导致两败
俱伤，而实际的骑兵战中，胜利方往往损失甚少。

战场上的观察也证明，骑兵之间从不交战，骑兵只有和步兵才会发生激战。

即使骑兵毫不退缩，他胯下的坐骑也会畏惧碰撞。要是骑兵率先怯阵，马匹
也会随之而去。腓特烈大帝为何爱用中路厚实的阵型进攻？——因为这是压抑士
兵和马匹本能的最佳战法。

腓特烈的骑兵作战通常伤亡轻微，而这是由于其坚定的决心。

士兵会试图动起来，以分散对危险的注意力。倘若放任骑兵自行对敌冲锋，
他们必定会担心赶不上作战目标，或者败给以逸待劳的敌军，一开始就急于袭步
前进。阿拉伯骑兵就是这样。读者可参考1864年马蒂诺将军的骑兵战斗。加快行
军步伐可缓解士兵的焦虑。想减轻压力是人之常情，但指挥官也要发挥作用：根
据战场经验和《操典》规定，应该先让骑兵缓慢推进，再逐渐加快速度，才能在
敌军交锋时达到最快速度。在这个过程中，骑兵的步伐应该先是慢步，再逐步变
换为快步、袭步，最后发起冲锋。指挥官还需有一双慧眼，去估算冲锋距离、考
虑地形特征，选定迎击敌军的位置。部队越接近敌军，士气问题越要紧。之所以
要以最快速度迎战，不是出于物理方面的考虑，而是出于心理上的考虑。指挥官

必须抓准时机，下达袭步的指令鼓舞士气，打消骑兵的焦虑。如果这个时机抓得太晚，骑兵早已心烦意乱，在无意识中收拢缰绳，影响战马的动作。这样袭步冲锋开头不顺，部分士兵不会主动上前。如果时机抓得太早，骑兵在战斗前就会慢下来，袭步带来的活力和兴奋转瞬即逝，士兵心里又开始充满焦虑，并在无意识中收拢缰绳。这样即使开头从容不迫，到交战时心态也早已发生变化。

腓特烈大帝和塞德利茨喜欢在冲锋队伍中路部署三四行骑兵。他们深知在中路部署密集队形能阻止前排士兵向两侧逃跑，迫使其笔直前进。

要以冲城锤之威势发动冲锋，甚至对步兵也能予以重击，应该让骑手和战马及时补充水分、保持体力充沛（参见滑铁卢之战中庞森比[1]的骑兵）。骑兵之间不正面交锋，士兵拉扯缰绳，马匹抬起前蹄、摆动头部，减缓了冲锋的势头，直至两军都停住脚步。

在进攻前让部队全速奔跑，只是为了在这紧要关头鼓舞士兵和战马，分散他们的注意力，避免其逃跑。

能袭步冲锋三四公里的战马，想必是铜浇铁铸的。

由于对作战士气缺少研究，历史记录又较为文学化，每个时代的人都抱怨骑兵不再冲锋和白刃战，认为他们过于小心翼翼，逃避与敌军正面交战。

自拿破仑时代以来，反法联军和法兰西帝国军队之中都出现了类似的批评声。事实上一直以来，骑兵几乎都以快步冲锋，士兵从来不是刀枪不入的铁人，他们从未改变过。如今的骑兵战，甚至比人们称道的骑士时代伤亡更多。

步兵撤退总是比骑兵难，撤退对骑兵来说很简单。骑兵被打败之后七零八落地返回阵地，冲杀在战场是家常便饭，他们会在远处重新集结起来，重整旗鼓，再返回战场。从战场表现来看，可以说这就是骑兵的职责。而步兵被打败后，在当日大多无力再战，尤其是那些在激战后遭到骑兵打击的部队。

有些作者明知骑兵之间不会交战，却还继续写道："骑兵的威力在于冲击。"这股力量来自冲击造成的恐慌，而不是冲击本身。骑兵的威力在于坚定。此处"坚定"指的是意志坚决，而不是物理上的状态。

---

① 译注：弗里德里克·卡文迪许·庞森比（Frederick Cavendish Ponsonby, 1783—1837），英国骑兵将领。在滑铁卢战役中，他受伤、落马、被停，英军取胜之后，他才归队。

142

切勿从数学原理上对骑兵军官和士兵论证冲锋，这只会动摇他们的信心。若从数学上推论，战斗双方是不可能同时崩溃的。应当向他们讲述真实的战例。拉萨尔无往不利的快步冲锋正是一个反例——从数学上看，要打败快步冲锋的胸甲骑兵，骠骑兵应该以袭步迎击，但拉萨尔只是告诉手下骠骑兵："坚决前进，他们绝没有胆子敢来招惹你们。"要始终保持坚决，士兵必须胆子大。法国士兵在这方面无人可比，他们原本就勇敢善战，只要指挥官胆识过人，就能成为欧洲最强的军队（参见拿破仑帝国时期，威灵顿对法军的评价，其判断十分准确①）。如果指挥官再有点头脑，则更是百利而无一害。骑兵的公式应该是坚决、坚决、再坚决，坚决（Resolution）永远大于动能（MV）。

骑兵之间的追击战有一条重要原则：除非主动投降，否则被追赶者不会停止逃跑。追赶者能随时观察被追赶者的动向，如果后者勒住马匹，想转过身来，不及扭过头来就会被突袭。被追赶者看不到身后有多少追兵。他们一旦停下，就可能遭到两人夹击，这是因为追赶者能预先判断被追赶者的动作，并下意识地攻击试图转身的逃跑者。追赶者的指挥官经常会煽动说，不要让敌军有机会转身反击。但其实敌军一旦败逃，就不敢冒险转过身来，以防被袭击、砍翻。不管多么勇敢的士兵都会逃跑，直到双方拉开足够大的距离，或遇到掩护、支援的友军，才能重新集结队伍，转而发动反击，这时轮到之前的追击者转身逃跑了。

骑兵冲锋强调队形与敌军同宽。如果我方的正面过宽，敌军就会避之锋芒，通过侧翼发起进攻，反而将我军打败。如果一支骑兵能击败并追击优势数量的敌军，以其决心之强，必然不会被敌军从侧翼击败。只是由于担心还有其他敌军会从侧翼包抄后方，很少有人能在进攻中怀有这番决心。

A上校相信后排推动前排的理论，却反对骑兵以纵深队形作战。这是为什么？——因为他打心底相信，只有第1行冲锋的骑兵会参加战斗，他们不会受到后排的影响和推动。

有些人争论骑兵采用1行或2行队伍的优势。这又是一个作战心理的问题。

---

① 译注：可能指威灵顿1808年对法军的评价："我上一次和他们（法军）交手还是在弗兰德斯战役时，当时他们的士兵就十分善战。这么多年来在波拿巴手下连战连胜，想必如今只会更优秀。此外，他们似乎有了能战胜和压垮欧洲所有军队的新战略体制……他们也许能战胜我，但没法压垮我……大部分欧陆军队和他们开战前，都先折了一半士气。至少我不会未战先怯。"

抛开选择的自由，应该根据士兵的信心和士气条件，选用合适的队形，不管哪种队形都有足够的军官。

相较于步兵，骑兵的特点是能够穿插得更深，侧翼也更容易暴露，所以需要更多预备队来掩护侧翼和后方。骑兵出动追击后，几乎总被敌军追赶着跑回来，这时也需要预备队提供保护和支援。因而，胜利属于将预备队留到最后时刻的一方——这个原则在骑兵战中甚至比步兵作战中还重要，只要坚持这一原则便能战无不胜。

只要有空间实施机动，就能快速集结骑兵，但在密集纵深队形中无法做到这一点。

骑兵间的战斗时间很短，战斗后必须立即重新集结。每次集结的点名中，骑兵减员都少于战斗无休无止的步兵。应该每次行军后、休息时对骑兵和步兵点名。在操练和野战机动时点名，并不是有所必要，而是让士兵形成习惯，这样在实战中，即使大多数士兵想不起该做什么，也不会忘记点名。

在混乱、迅疾的骑兵战中，士兵更容易脱离监督。我军骑兵作战尤为独立和快速。骑兵过度自由的后果很危险。指挥官应该在作战中频繁地重新集结队伍并点名，以免酿成大错。每天可能要点名10—20次，军官和士兵才有机会问责到每个人，并在次日继续实施。

如今一旦进入长时间战斗，步兵就会脱离军官掌控，其原因包括战斗本身混乱、部署不当，以及作战时无法进行点名，因而要控制士兵，只能通过他的战友。装备现代武器的步兵，是最需要凝聚力的。

骑兵不擅厮杀，也极少战斗，自古以来莫不如是。而在古代，骑兵的社会阶层普遍高于步兵，本应作战更勇敢才是。

不论骑兵还是步兵，都应该尽可能在进军之前侦察作战地形。孔代在内尔温登、第55团在索尔费里诺都不记得侦察地形[①]，所有人都忘记了侦察，没有派出散兵和骑兵队，最终招致了错误和灾难。

骑兵有一柄备用的火枪。最初携带火枪是以备不时之需，如今却逐渐变为惯例。在西卡之战的第一次冲锋中，以袭步出发的非洲猎骑兵团，中途停在原地开火射击，由此锐气丧失，招致冲锋失败，于是在第二次冲锋中比若将军身先士卒，

---

① 参见附录2（历史资料）。

教导他们何谓冲锋。

一位年轻的轻骑兵团长，谈及他为何给部队配备卡宾枪时说："因为只要配备了卡宾枪，想要侦察一座村庄时，从七八百米之外就能听到信号，避免损失士兵。"对于这样想的人还能说些什么？卡宾枪无疑让所有人都丢掉了常识。

轻骑兵作战难免被俘。要获得敌军的情报，就必须要接近敌军。只要有一个士兵逃离敌军巡逻队的圈圈，就足以把侦察到的情报传递出来。如果没有人回来，这一事实本身就能传达信息。虽然指挥官不愿损失价值昂贵的骑兵，但只有牺牲才能换取战果。

一些学者认为，骑兵可在马背上，或下马充当散兵作战。难不成让他们勒紧马笼头前进？这显然是荒谬的。骑兵一旦开火就不再冲锋了，上述战例即是一个证明。与其让骑兵使用卡宾枪，不如给他们两把手枪。

美国人在广阔无垠的国土上，巧妙利用骑兵从远处发起突袭，从而切断交通线、劫掠物资等，而我们并不知道他们的骑兵在会战中有何表现。在美国的战争中，骑兵袭击战的目标是财富、公共设施和资源。作战是为了摧毁财富，而不是击杀敌兵。在这些作战中骑兵通常损失轻微，杀伤的敌人也很少。虽然要冒着危险冲锋，但骑兵一贯是伤亡较少的贵族兵种。当然，冲锋至少要有以身犯险的觉悟，不是每个人都有这份胆量。然而在相同的兵力下，无论多么平淡无奇的步兵战，也要比最为精彩纷呈的骑兵突击产生更多伤亡。

骑兵与步兵的战斗

骑兵深谙如何与骑兵作战，但懂得如何与步兵交战的骑兵军官却是千里挑一——或许一个也没有。他们只是怀着犹豫，花里胡哨地冲过去！

一位曾参与我国辉煌战争的军人，推崇骑兵以密集队列从侧翼冲击线列队形的步兵，认为这种战法百战百胜。这位骑兵声称会让部队从敌军的正面穿过，转而冲向其左翼，从右侧实施攻击。他说得并不错。这种战法应该收效甚佳，并造成大量伤亡。所有骑兵作战时都只能向右侧攻击。无论面对古代还是现代的步兵，这种战法都颇具价值。这名军官在帝国时期的战争中亲眼见证过类似的优秀战例。我并不怀疑他的引证和推论。但要执行这种战法，军官必须激发出士兵的绝对自信，并指挥善战的老兵。简而言之，就是需要一支素质优秀、经过长期战争考验、军官和士兵皆意志坚决的骑兵部队。因而并不让人意外的是，类似的战例非常少，而且永远不会多。要执行这种战法，骑兵需要在冲锋中具有独立作战的觉悟，然而到了实际进攻时，他们都会败退回队列中。每个人都愿意冲锋，但只有在集体行动中才能做到。这就像老鼠们商讨给猫系铃铛，说起来容易做起来难。

骑兵以纵队攻击步兵时，能够产生比横队冲锋更强的心理打击。即使步兵击退了第1和第2中队，再透过尘土看见第3个中队时，也不禁会想"到底还要打多久"，从而产生动摇。

福拉尔[①]曾说："若有一支能征善战、朝气蓬勃的骑兵部队，对自己的机动能力充满自信，还配备精良的武器，那么只需一名能干的军官发挥其实力。如果指挥官慧眼识珠，并且有运用这支骑兵力量的魄力，不管面对多么强大的步兵营都能将其击溃。"

仅仅击溃敌人还不够，如果没有将整个步兵营全部消灭或俘虏，抑或没有其他部队紧跟在骑兵后方，击溃敌人就成了一件得不偿失的战功。

在滑铁卢之战中，法国骑兵竭尽全力却颗粒无收，就是因为其作战缺少炮兵或步兵支援。

在1812年8月14日的克拉斯诺之战[②]中，缪拉亲自率领骑兵战斗，却没能击溃孤军作战的1万俄军步兵，后者不断开火击退骑兵，最终安稳地在平原上完成撤退。

在索尔费里诺之战中，骑兵扰乱了第72团。

自古以来，仅有步兵的部队总是胜过仅有骑兵的部队。这一点在古代文献的描述中是毫无疑义的：骑兵只会相互交战，他们会包抄步兵的后方，对其威胁、侵袭、干扰，但不会与之正面交战；当己方步兵击溃了敌方步兵，他们或上前追杀溃兵，或将其驱散，以便轻步兵实施追击。

擅长运用骑兵的指挥官能使其成为致命武器。伊巴密浓达两次击败斯巴达，帖撒罗尼迦骑兵[③]都扮演了不可或缺的角色。

---

① 译注：福拉尔骑士（Chevalier Folard）让·夏尔（Jean Charles, 1669—1752），法国军人和军事作家。
② 译注：拿破仑征俄战役中的一场战斗。
③ 译注：原文是帖撒罗尼迦（Thessalonian），应当是色萨利（Thessalian）骑兵。帖撒罗尼迦是个城市，亚历山大大帝的父亲腓力二世赢得对色萨利人的胜利的当日得了一个女儿，便为女儿起名为帖撒罗尼迦，意为"对色萨利人的胜利"。公元前315年，帖撒罗尼迦的丈夫马其顿国王卡山德用妻子的名字命名了新建的帖撒罗尼迦城。

随着战斗深入，震耳欲聋的枪炮声折磨着士兵的听觉，他们被疲惫拖垮，变得呆滞麻木，不再听从指令。如果在此时骑兵突然袭来，他们必会陷入崩溃。骑兵只要露面，就能将敌人征服（俾斯麦或德克尔语）。

现代的骑兵和古代一样，只能对付已经崩溃的部队、与其他步兵交战的步兵、遭受炮击或侧翼威胁而陷入混乱的骑兵。但面对这些敌人，骑兵作战十拿九稳，能予以其决定性的打击，取得辉煌的战果。两军鏖战竟日，或许各自只损失 1 万人，而骑兵一旦展开追击，便能俘获 3 万敌兵。相较于其赫赫威名和威风凛凛的形象，骑兵在战场上的职责不如步兵光彩；其伤亡人数一向远少于步兵。骑兵最有效的战法是攻其不备，通过突袭能斩获惊人的战果。

面对骑兵的侧翼攻击，装备现代武器的步兵应该用什么阵型应对？如今步枪射速是原先的 4 倍，能提供更稳定的火力输出，因而只需要四分之一的兵力迎击。为了巩固防线，可部署几个位于彼此射程内、相互掩护侧翼的小队，配置在骑兵前锋的侧翼，但他们必须独立作战，不受身后战况的干扰。

盔甲与武器

骑兵之所以穿戴盔甲，无疑是出于精神层面的考虑。

读者可参考以下战例，理解胸甲骑兵（装备盔甲的骑兵）对于士气的影响。在 1554 年的雷蒂之战 ① 中，塔瓦纳元帅 ② 手下有一支穿戴钢甲的骑兵连，这是最初出现在战场上的装甲骑兵。当时，2000 名德意志骑兵的纵队击溃了法军步兵和骑兵，塔瓦纳在重新集结的数百名士兵的支援下，身先士卒地带领这个连发起冲锋。冲锋的时机恰到好处，成功将 2000 名德意志骑兵打退。后者在败退中又冲垮了支援他们的 1200 名轻骑兵。随后敌军全面崩溃，法军由此赢得会战。

勒纳尔将军说："由于骑兵的堕落，导致 17 世纪典型的方阵阵型在战场上销声匿迹。"其实真正的原因并不是骑兵堕落，而是胸甲遭到废弃，以及武器射速的提升。胸甲骑兵在冲破敌军时，树立了表率，其他骑兵在战斗中效仿他们，试图

---

① 译注：1554年8月12日，哈布斯堡帝国与法国在法国北部的雷蒂发生的一场战役。

② 译注：塔瓦纳爵士（sieur de Tavannes）加斯帕·德·索（Gaspard de Saulx, 1509—1573），法国将领，1570年被查理九世封为元帅。

将敌人战线突破。

为何是胸甲骑兵？——因为纵观历史，只有胸甲骑兵才能将冲锋执行到底。

要彻底执行冲锋，胸甲骑兵只需豁出龙骑兵一半的勇气，因为铠甲能够鼓舞其士气。考虑到两个兵种的士兵并无区别，既然胸甲骑兵天生作战更勇敢，理应在作战中更值得期待。我们要不要统一骑兵的种类？统一成哪种骑兵？如果所有骑兵在穿戴胸甲的同时，都能完成轻骑兵的艰难任务，且战马也能在这些任务中承受额外的负重，我认为应该统一成胸甲骑兵，但我无法理解，鼓舞士气的胸甲为何会轻易地遭到废止，让所有骑兵都不穿胸甲。

全副盔甲的骑兵驾驭披甲战马，可以只用快步冲锋。

通晓历史的昂贝尔①将军写道：随着火器出现在战场上，骑兵并未穿戴胸甲，而是披上了厚实如砧板的全副铠甲。在当时，骑兵是最重要的兵种。随着步兵的演进，战术发生了变化，作战更加要求机动力，国家开始组织常备军。相较于单个士兵的盔甲厚度，国家层面更多考虑经济性和机动性，因而几乎将胸甲骑兵废除。胸甲在过去给予了骑兵信心，想必在如今更加能鼓舞人心。论在作战中的价值，勇气、冲劲、速度都胜过纯粹的数量。我无意参与不符合战场环境的数理讨论。我会选择给军队中最优秀的战士——胸膛结实、活力充沛、四肢健壮的猎兵——配备胸甲，给每个师组建一个轻型胸甲骑兵团。相较于我军现有的胸甲骑兵，这些骑兵要健壮和活跃许多。我们的胸甲骑兵冲锋勇猛，从而拥有胜过其他兵种的价值，轻型胸甲骑兵的价值则更翻一倍。有人会质疑："这些小个子怎么坐进马鞍里？"我回答，"他们会搞定的。"随着武器技术的进步，组建轻型胸甲骑兵的需求刻不容缓。上述的问题构不成质疑，除此之外也没有其他的反对理由。除了调往胸甲骑兵的人员，猎兵营的其余人员应该留在步兵部队。步兵一直都需要这些人手，也愿意把必要数量的骠骑兵、龙骑兵改编为步兵。

马刀直刺比劈砍更能致命，士兵攻击时不必高抬手臂，只管往前刺。不过必须要让骑兵相信：对方纵向劈砍过来时，躲闪是愚蠢的举动。此时，骑兵军官、上过战场的老兵（倘使在和平时代有机会参加战争）也许能迎面而上，但这并非

---

① 译注：让·雅克·昂贝尔（Jean-Jacques Ambert，1765—1851），法国将领，参加过法国大革命和拿破仑战争期间的多次战事。

一件易事。正如作战的方方面面一样，勇者能在这一点上做得更好。骑兵冲锋关键在于士气，战术和效果都和步兵冲锋相同。冲锋（或步行、快步、袭步等）中需满足的一切条件，都有出于精神方面的考虑，这些都在前文中有所涉及。

罗马军队的纪律和特点要求士兵作战坚韧。吃苦耐劳的士兵和优秀的组织相辅相成，能产生胜过勇者的毅力。高卢人作战习惯猛冲猛打，结果很快就在技巧娴熟、杀伤力强、较为省力的直刺战法面前败下阵来。

诺兰的锡克骑兵喜欢劈砍攻击，他们的武器是亲手磨快的龙骑兵马刀。这些人既不懂得用刀的技巧，也不训练，称"只要有一柄好刀和挥刀的意愿就够了"。真是太有道理了！

关于骑兵的武器，马槊与刀剑之争总是争议不休。马槊比直剑（尤其是不重的剑）更难掌握，骑兵必须技巧娴熟、精力充沛，还要骑术精湛、精明干练，才能用好这种武器。我似乎回避了问题？——必须记得，不论采取什么办法，战时征发的士兵只能接受仓促不全的训练。大多数人只能把马槊当作棍棒，而使用直剑只需上肢强壮，杀敌简单且有效。三叉短戟的长度足以击杀敌兵，但枪尖插进敌人身体后很难拔出，使用者还容易因惯性而被拖下马，反而让进攻者畏首畏尾、士气低落。不过龙骑兵有马鞍支撑，只需握紧枪柄就能拔出扎进体内15厘米深的矛头。倘若双方气势相当，没有骑兵挡得住使用叉戟的骑兵。

要比较叉戟和马槊，肯定是叉戟更胜一筹。当然，这是对于马上战斗的初学者而言。叉戟根本不是兵器，用在战场上实在荒唐！

人们讨论马槊时，总是忽略战马的影响，战马微小的动作都会相当地干扰马槊。对于会用马槊的骑兵来说，马槊也是一种可怕的武器。要是他用马槊在袭步中刺中敌人，扎进对方体内的马槊会挂住使用者的手臂，硬生生将自己从马上拖下来。

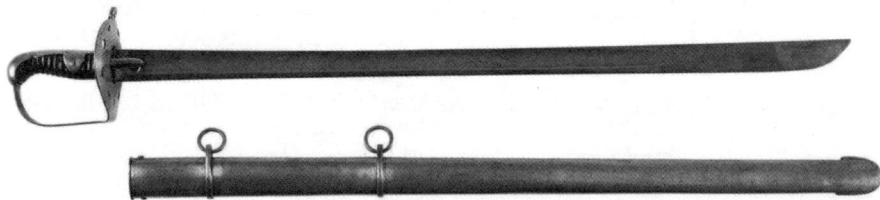

△ 直剑适合刺击，多为重骑兵装备。图为英军 1796 式重骑兵剑

　　一些骑兵军官在官方公报的"胜利与奏捷"中寻找战例，实在太过天真。真相都是难以探寻的。无论战争还是万物，都要参考有亲历者的最新事例。我们想让骑兵装备马槊，但我们不熟悉这个武器的用法，因为它让使用者畏惧，刺中敌人还可能导致自己落马；我们不再给骑兵配备胸甲，我们想要各种各样的东西。我们忘记了在最近的战例中，关于这些问题的例证很有限。

　　从色诺芬的记叙中，能看出从马背上投掷标枪的难度很大。他反复在书中建议，要多招募会投标枪的人，还提出在冲锋时要向后仰，以避免自己落马。通过阅读色诺芬的著作，显然能得知冲锋中常有落马的现象。

　　在战斗中用马刀的难度不亚于拼刺刀。骑兵面临的另一难题是使用火枪，这是斯帕希骑兵在训练常规武器时遇到的问题。对骑兵而言，最为重要的是善于骑乘。自从入伍之后，骑兵每天都要连续几个小时坐在马背上，如果能在征发的新兵中筛选出熟悉马匹者，将他们分配至骑兵部队，能迅速完成实习的人就会更多。我指的实习不是马厩的日常杂务。在骑兵操练的间隙中，可采用简单、自由的方式，灵活地实施步行操练，并每天逐步加快进度。相比当前死板的方式，这样操练能更快地培养骑兵。

　　携带一天份作战口粮的龙骑兵，重达 140 公斤；不计食物和饲料则是 126 公斤。战马驮着这么多东西，还怎么快速行动？

　　我们要追求的是结果，不是手段！抽调四分之一的骑兵充当辎重人员，四分之一的马匹充当驮马，无疑能保证其余四分之三的骑兵精力饱满。但指挥官如何能组建这样一支运输队呢？经过 1 个星期的战役后，就会有大量马匹受伤挂彩。

第四章
炮兵

　　火炮的射程越远，炮兵和支援部队就能离得越远。如果火炮没有远超步枪的射程，只能攻击迫近到四五百步以内的敌人，那么将炮兵及其支援部队分开部署就会太过冒险。

　　火炮的射程越远，炮兵越能独立于其他兵种作战，无须其他兵种在身边相互支援。

　　火炮的射程越远，炮兵就越容易集中火力。如今相距 1500 米的两个炮兵连，可以将火力集于前方 1200 米远和它们之间的目标之上，但倘若没有这么远的射程，就必须缩小这两支炮兵部队的距离，而地形条件不一定允许。

　　此外，切勿将支援炮兵的步兵部署在其近后方或侧翼，这会导致步兵浪费大量的时间行军。相反，应该将步兵隐蔽在炮队两翼的远后方，让炮兵在遇到危险时再求援。为何要让步兵紧挨着炮兵，从而消磨他们的锐气？这无异于让我军失去了防卫战中的最大优势——以进攻为防守——本来支援部队损失轻微，是可以维持饱满的士气，对敌人发动反击的。支援部队即使远离炮兵也有充足的时间赶过去，他们可以组成战阵前进，以加强振奋士气的效果。散兵也可以在炮兵连中迅速散开，这些散兵守在大炮之间，无须害怕骑兵，甚至无惧步兵的进攻。他们可以借助大炮的掩护，对着暴露无遗的敌人开火，战斗只会发生在双方散兵之间。

　　我相信吉贝尔的观点，他认为炮兵不应该担心支援问题，只要不停地开火，最后放弃大炮，无论支援部队能不能把大炮夺回来，炮兵的支援部队都不该离得太近。要保卫或夺回大炮，与其在遭受伤亡后死守炮位，不如待敌军在大炮之间分散开来时发动反击。（参见西班牙战役中的英军。在炮兵后方部署步兵排的战术实属荒谬。）

炮兵在作战中以火炮为中心，士兵分散在炮位周围，每门炮都有固定的指挥官和炮手。因此在部署火炮时点名很有效。士兵总是和火炮相伴而行，就不会迷路或躲藏起来。勇敢的炮兵军官手下少有开小差的士兵。毫无疑问，在所有军队中，炮兵都是最为尽职尽责的。

正如勒伯夫将军所言，炮兵的机动规模不能超过4个连。此言甚是，打个比方，1名团长最多指挥4个营，掌握8个营的将军接收上级的命令后，再给团长下达指示。如此一来，任何规模的部队在执行机动或操练时，都不会出现规模超过4个营的机动。

第五章
指挥、总参谋部和行政管理

　　粗枝大叶的将军大有人在，他们从不为任何事情而担忧和烦恼，什么事都不放在心上。他们会对下属说："我前进，跟我上。"结果是前进的纵队乱七八糟。如果 10 名敌军的突击队员突然呐喊一声，猛扑向他的纵队，这番混乱就会演变成溃散，乃至大败。但是，这些大人物从来不会为这种可能性担惊受怕，他们是当下高高在上之人，直到大难临头的那一刻。

　　骑兵并不比步兵更难打理。一些军事作家认为，骑兵将领应该具备凤凰的智慧，至少杰出的骑兵将领应该具备，而且杰出的步兵将领也该如此。骑马和步行的人都是同样的人类，区别在于，步兵将领很少会为他的指挥而造成的损失负责，他的损失可能缘于犯错或举措失当。骑兵将领却必须为其损失负责（我们权且不论原因）。事实是，步兵将领拥有 6 次实战机会，而骑兵将领只有 1 次。从战争爆发起，步兵将领就比骑兵将领更具主动性的两个原因就在于此。或许，比若将军会成为比他担任的步兵将领更加出色的骑兵将领，原因何在呢？就在于比若果断坚决。步兵比骑兵更需要果决，至于为何如此，人们众说纷纭，见仁见智。

　　简而言之，步兵总是比骑兵更加疲惫。因此，步兵更难保持斗志，所以，我认为优秀的步兵将领比优秀的骑兵将领更加罕见。此外，步兵将领的果决不能只保持片刻，而必须长时间坚持不懈。

　　卓越的炮兵将领比比皆是。相比维持精神层面的斗志，他们更加关切其他事务，例如物质层面的东西。鉴于炮兵的战斗纪律一直比其他兵种好，因此他们不大需要担心所部的士气。这一点在别处也有体现。

旅长①应该各就各位。如是，当然善之善者也，但大多数旅长并非如此，而且从未如此。在莫斯科战役中，旅长们奉命恪守岗位，尽管他们接到了这样的命令，但是，显然他们没有恪尽职守。他们也是人，在他们看来，他们宁愿降低职衔也不愿意增加他们必须承担的风险。于是，在真正的战斗中，他们奉命值守的岗位自然被抛诸脑后了。

当一个人身居高位时，很多事情他就看不到了。一支部队的最高指挥官，即使他只是师长，要想避免不见全豹，也只能靠积极的主动性、坚定的责任心和敏锐的洞察力。这种缺点会蔓延到他的身边人身上，蔓延到他的手下长官身上。这些人过得相当滋润，吃得香睡得好，要命的是所有人都是如此。他们挑选出最膘肥体壮的马匹以供骑乘，行走在路况最好的道路上。他们健康无病，即使有病也一定是医生夸大其词！他们都有一帮侍从和医生前呼后拥，都被照顾得无微不至！每当发生一些战争中司空见惯的、体现了他们的可恶疏失的事情，他们就会心安理得地捧着大腹便便的肚子，如此云云："简直糟糕透顶、前所未闻！然而，这是不可能的、不会发生的事情……"

今天出现了一个趋势，长官侵犯下属的权威，我们应该探寻其起因。这是常见现象，它蔓延到了很高层级，而且由于法国人根深蒂固地对指挥权的执迷而更进一步。这个趋势削弱了基层军官在士兵们心目中的威信。因为必须依靠基层军官的强劲权力和威信才能维系军纪，所以这是一个严重的问题。这个趋势压抑基层，是想在所有问题上，都把上峰的观点强加给基层。同时，拒不承认浅显的错误，只作为失误来责备。让每个人——甚至小小列兵，都感觉到只有一个永远正确的权威。例如，团长将自己树立为全团唯一具有判断力和智慧的权威。就这样，他剥夺了基层军官的全部主动性，由于后者对自己缺乏信心，担心受到严厉责难，从而处于怠惰状态。在一个团面前，许多将军只盘算着彰显他的博闻强识，于是他们削弱了团长的威信。对这些将军来说，团长的威信无足轻重，无论如何，他

---

① 译注：原文为Brigadier generals，可以译作准将，鉴于本书中它是职务，所以统一译作旅长。

们的宗旨是强化自己的权威性。随后，他们趾高气扬地扬长而去，为自己削弱了军纪而自鸣得意。

于是，支配着许多事务的那支铁腕暂时失效了。到目前为止，所有基层军官都受到了严格约束，导致他们进退维谷。他们就像一匹马，平时总是被缰绳牢牢地勒住，此时缰绳却松弛下来，甚至消失不见了。在他们自己不情愿的情况下，上司以让他们痛苦的方式剥夺了他们的自信，眼下，他们无法在须臾之间重塑自信。于是，在这样的时刻，局面变得动荡不安起来，士兵们迅速觉察到，那只约束着他们的军纪之手发生了松动。

"欲得其中，必求其上"是一种错误说法，是荒谬的根源，是对军纪的侵犯。一个人应该得到他自己索要的东西，只需要适度的合理性和可行性就可以了。

在进一步讨论这个问题时，我们会惊诧地意识到，四分之三的军官都鼠目寸光。原因何在呢？眼光向前看一点很难吗？莫非这四分之三的军官都如此愚蠢？答曰：并非如此！坦率地讲，这是因为利己主义，使他们只关心盯着自己的上司。他们也会考虑自己的部下，要么是偶尔如此，要么是因为迫不得已。他们的部队从来不是他们关注的要点，所以他们根本不在乎下属的死活。在墨西哥，一位少校首次在一片炎热的乡野组织行军时，他就像在法国搞行军一样，既没有完备的食堂——或许根本没有食堂可言，也没有安排给水。他的营里面，没有一位军官就这个疏漏提醒他，也没有谁比他更有远见卓识。在他的首次行军中，由于他完全没有远见可言，他手下的人马死掉了一半。那么，他被降职了吗？答案是没有，他被晋升为中校。

总参谋部的军官学习的是下令，而非指挥。"阁下，我命令……"是他们的口头禅。

糟糕的不是有个总参谋部，而是在于它掌握了指挥权。由于它总是以司令官的名义命令别人，但它从不服从别人，这是它的职责所在。事实上，它掌控这一切。它就是如此，但同样的是，它不应该如此。

是参谋人员的优秀素质，还是战斗人员的优秀素质，决定了军队的战斗力呢？如果你需要优秀的战斗人员，就需要不遗余力地激发他们的雄心壮志，宽以待之，于是，那些聪明伶俐、前途无量的人就不会轻视前线战斗，而会选择在前线效力。并非总参谋部，前线也可以，或唯有前线给了你高级指挥权。然而症结在于，参谋人员很少阵亡。他们会说军事科学只能在参谋学院学到，如果你确实想学会做你的工作，那就去前线。

今天，如果一个人不知道如何辩论和吵架，他就什么都学不会。农夫什么都不懂，连种地都荒疏不堪，而端坐在办公室的农学家却是种地专家，诸如此类不一而足。那么，难道我们应该相信只有总参的人员才出类拔萃吗？那里的学者和从未践行过他所教诲的东西的教师爷，都会这样说。在军事问题上，有书本知识，也有荒唐学问。但是，关于士兵的真正技能的知识，关于会发生什么的知识，关于遭到和蒙受的打击的知识，诸如此类都是明显欠缺的。

总参人员晋升缓慢，而在前线队伍中会迅速擢升，这会让许多聪明伶俐、富有心智的人跳过总参谋部，进入前线部队，为自己取得进身之阶。这样一来，待在前线部队中的人就不是愚钝之辈了。但是，当今总参军官的职衔高于前线部队的，令后者灰心丧气，被迫向现实低头，所有认为自己应该获得晋升的人，都想跻身总参谋部。这样更好吗？显然是更糟糕了。只有战斗才能确保遴选出优秀人才。

无论是政坛上还是其他领域中，行政体制都是像这样歪曲从事实中得出的结论的！

在克里米亚，接受过手术的法国人悉数死亡，术后身亡的英国人只有27%，这是缘于两国的氛围各异，死亡率差距的主要原因是护理手段的不同。我国报纸遵循我们的军需部发布的满纸自满和乐观精神的声明。他们想象着我们在克里米亚的伤病员躺在病床上，得到"慈善会姐妹"的照料。事实上，我们的士兵们在医院里没有床单、床垫，也没有必要的换洗衣物。半数，乃至四分之三的伤病员躺在发霉的干草上，躺在地上，头顶只有帆布帐篷。此外，在攻城战之后，正是在这样的医疗条件下，斑疹伤寒夺去了2.5—3万人的性命，英国人向我们的军需总监提供了上千件医院设备，可是他居然拒而不纳！所有人都知道他应该接受，但是，接受这些设备就等于承认他没有这些东西，而他本来是应该拥有这些东西的。根据报纸和军需部的报告，他物资充足。每所医院有25张床位，因此报纸说："我们床位充足。"事实是，当时每所医院有500多名伤病员。

如果这帮人被称为伪君子，他们一定会愤懑不平。当我们的士兵在医院里，可以说是一无所有之际，英国人却有通风顺畅的宽大帐篷、帆布床、床单，甚至还有配备了小便盆的床头柜，而我们法国人却连一杯可饮之水都没有！在英国医院里，伤病员能够得到照料，而在我们的医院中，他们几乎都会死掉。

的确，我军感染了斑疹伤寒，而英军没有感染。这是因为我们营帐中的士卒得到了与医院中一样的照料，英国人同样得到了与自己医院中一样的照料。

　　阅读完军需部发布的战争报告，如果我们想核实，就需要突然跑进医院和仓库耳闻目睹，我们要把各部门的首脑召集起来做一番质询，但是得认真仔细地盘问，不能口述答案让他们说是或否。在克里米亚战争的头一年 5 月份，我们的境况并不比怨声载道的英国人好到哪里去。然而，我们的伤病员从入院到出院，经历了15—20 天的霍乱和斑疹伤寒，或死，或出院，或痊愈，可以肯定地说，他们一直躺在同一张床板上，穿着自己身上的同一双鞋子，同一条内裤，同一件衬衫和衣服。他们身处一种活活烂掉的状态，这种状态本身就会杀人！报纸为令人钦佩的法国政府唱赞歌。第二个冬季，英国人没有患病，即使有，患病率也比法国人的低。但是，让法国统帅部和政府永远蒙羞受辱的是，我们在和平时期有 2.5—3 万人死于斑疹伤寒，1000 多人被冻死。尽管如此，我们法国似乎有全世界最完善的政府，我们的将军们也不比我们的政府逊色，他们满怀奉献精神，急切地满足士兵的一切需求。然而，这是一个臭不可闻的谎言，我希望大家都知道真相。

　　美国人为我们树立了一个好榜样。优秀公民们亲自探望他们的士兵受到了什么样的对待，并且亲自为士兵们提供补给。在法国，优秀公民永远对他们的完善政府充满信心，他们对自己也充满信心，不会自发、自由地去做他们的政府永远都做不到的事情。

　　军队中最缺乏组织性的就是行政部门。在撤退过程中，最简单的先见之明，哪怕是与秩序有关的最细微迹象都消失无踪了。（参见俄罗斯到维尔纳[①]撤军）

　　在克里米亚，医生的探视对患者没有任何好处。探视只是为了鼓舞患者的精神，但是，由于缺乏人员和物资，医生不能对患者进行全方位照料。工作了两三个小时之后，医生就会筋疲力尽。

　　在一个正常理智的国家，野战医院与永久性医院能够处置的伤病员数量，至少应该是全军兵力的 20%。今天的医院人员应该翻一番，事实上却是人数在迅速减少，他们应该有时间，不仅去探望患者，而且还要去照料患者，为之喂食、喂药、穿衣等等。

---

　　① 译注：立陶宛首都，今名维尔纽斯。它是拿破仑东征俄国的起点，也是撤军的终点。

第六章
社会和军事机关，民族特质

　　人们对自然奇观的崇拜，实质上是对力量的崇拜。在崇山峻岭中，人们会深切感受到自然的伟力，心灵受到震撼。在风平浪静的大海上，人们会崇拜汪洋大海神秘而可怕的力量；在波涛汹涌的怒海上，人们同样会感受到这般伟力。在狂风暴雨中，在浩瀚深邃的天空中，人们也会感受和崇拜自然的雄奇。

　　年轻人固然会惊叹于此，但年龄渐长之后，他已经认识到了大自然的奥妙，惊叹就变成了崇拜，而且总会有一种强大的力量感驱使他去崇拜。人们对勇士的崇拜也是这样的。

　　勇士是理想状态的原始、豪迈、野蛮的化身。人们的道德文明水平越高，对勇士向往就越低。但是，对于各地的人民来说，勇士依然是，而且在很长时间内仍然会是他们的偶像。这是因为人们热衷于赞美他们自己身上也具有的力量和勇气。当人们找到了其他手段来证明自己具有力量和勇气时，抑或人们发现战争并不能提供这方面最完美的榜样，而其他领域却能提供更加真实、更加崇高的例证时，勇士所代表的理想就会让位于更高层次的理想化身。

　　以国家形式存在的各个民族，获得了平等的主权，他们不承认更高的管辖权，并且愿意用武力来解决他们之间的分歧，用力量决定对错。无论谁对谁错，弱者必须屈从于失败的必然，直到弱者能够做出更加成功的努力（普鲁德曼语）。教皇格里高利七世在这个问题上的看法浅显易懂。[①]

太平岁月中，军队是王公君主手中的玩具，如果君王对军队一窍不通——事实上经常如此，君王就会解散军队。如果君王了解军队，例如普鲁士君主，就会让军队整兵经武，以备战争之需。

普鲁士国王和贵族受到了民主浪潮的威胁，因此，不得不把他们的臣民对平等的追求转化为对侵略扩张的热情。当普鲁士的外战胜果累累时，国王和贵族的目的就会轻松达成，因为人们固然热衷平等，也乐于支配他国。因此，人们很容易把幻影当作实物，于是，他们被迫服从于现有体制。如果外战失利，王公贵族作为社会中有用成员的地位就会受到质疑，他们会作为战争贩子而惨遭清算。所以，和平意味着权贵大难临头，权贵们当然不希望如此，他们会煽动民族之间的仇恨，只有仇恨才能赋予他们作为战争领袖的合法地位，进而让他们作为和平时期领袖的地位具有合法性。这也是尚武精神在法国消亡的原因所在，尚武的往昔一去不复返了。

精神世界与物质世界一样，亡者不会起死回生。死亡只会伴随着生命所需要素的耗尽而来。由于上述原因，革命战争持续演变为与普鲁士的战争，还是由于如此，如果我们获得了胜利，我们会发现那些由贵族统治的国家，如奥地利、俄罗斯、英国，都会与我国为敌。但是，随着我们的失败，民主运动在所有欧洲国家都风起云涌，在胜利给予胜利者的安全环境中，民主运动反而得到了保护。相比于迅速进行的战争，这个进程更加缓慢一些，但步履更加坚定，因为战争加剧了民族仇恨，使各国内部的民主进程停步了片刻。随后，民主运动又会风起云涌，而不大可能被针对我们的仇恨阻遏。因此，与成为战争胜利者相比，我们更接近取得民主运动的胜利。法国民主运动理所当然地渴望生存下去，但它不愿意以牺牲民族自豪感为代价。因此，在相当长的岁月中，由军事势力和贵族统治的列强包围起来的法国民主社会，必须拥有一支可靠的军队。

此外，鉴于法国的尚武精神江河日下，必须由享受丰厚薪饷的士官和军官维

---

① 译注：教皇格列高利七世（Gregory VIII, 1020—1085），1073年4月22日—1085年5月25日在位。为了实现天主教会对世俗权力的掌控，他一度开除了神圣罗马皇帝亨利四世的教籍，迫使后者亲自跑到卡诺莎城堡向自己悔罪，此事标志着教权达到了顶峰。但亨利四世摆脱困境后卷土重来，迫使他逃出罗马城，客死他乡。

持军队。在民主政体下, 高薪体制建立了起来, 而事实是今天没有人愿意从军, 因为军饷过于微薄。我们得组建薪饷丰厚的雇佣军。多亏了大国竞争中老战士们的忧患意识, 通过发放优厚的待遇, 吸引优秀人才从军入伍, 这是维护国家安全而必须付出的代价。

如今的士兵都是商人。他们的血、肉、时间、感情等等, 都价值不菲。然而, 这是一场崇高的交易, 也许是由于士兵的鲜血是宝贵的商品, 是可以用于交易的最美好的商品。

M. 基佐①说过 :"发财去吧! " 这话听起来似乎有点愤世嫉俗的味道, 但话糙理不糙。今天那些否认这种想法, 却又夸夸其谈的人, 有什么更好的建议呢? 如果不能言传, 就用身教来体现他们建议的事情, 而身教的感染力更强。私人财富, 或者说一般意义上的财产, 难道不是包括民主派和其他人在内的所有人公开宣称的追逐目标吗? 让我们发财致富, 其实就是让我们成为财富创造出来的欲望的奴隶。

法国的残废军人院, 即管理领取养老金的人的机关, 是浮华和炫耀的绝佳体现。我希望成立残废军人院是基于争议和基督教的理念, 而非出于纯粹的军事政治考虑。但是, 结果对道德来说却是一场灾难。这些收容弱者的机关是腐化堕落的温床, 伤残士兵在那里失去了让他们受到尊敬的权利。

一些军官想把团变成各级军官的永久性培训学校, 每天都传授 2 小时的法律、军事艺术等科目。鉴于法国人对军事生活兴致阑珊, 这样的做法会缓解现状。军队生活的悠闲自在, 你甚至可以说是松垮懒散, 吸引了四分之三的军官。然而现状就是如此。如果你让一个军官当一辈子的学生, 他肯定会毁掉他的职业生涯。而那些能够做到这一点的军官, 往往是那些接受过最良好教育的人。军队不是寻常之物, 但军队是必需品, 因此, 采取一些非常手段, 比如和平时期少干活、多休闲, 来维持军队就不足为奇了。其实, 军官是一种贵族, 在法国, 我们对贵族生活的最美好憧憬就是悠闲自得。尽管这不能证明最崇高的理想, 也不能证实坚

---

　① 译注: 弗朗索瓦·基佐 (François Pierre Guillaume Guizot, 1787—1874), 法国历史学家、演说家和政治家。他是1848年革命前法国政治的主要人物。作为温和的自由主义者, 反对国王查理十世篡夺立法权的企图, 他在1830年7月革命后努力维持君主立宪制度。

韧不拔的个性，但我们对此束手无策。

法国缺乏尚武精神（在法国征募军官比以往任何时期都更加困难），并不意味着我们不用打仗，事实也许恰恰相反。

说法国已经丧失了尚武精神就是不爱国吗？真相是爱国。尚武精神随着法国贵族的消亡而烟消云散，因为它不得不消亡，原因在于它已经丧失了生命力，奄奄一息了。只有丧失了生机活力，不能再活下去的人才会死掉。如果一个事物只是生灾闹病了，那么它能够恢复健康。但法国贵族呢？贵族或权贵阶级的消亡，是由于其自身的问题，因为该阶级不再履行自己的责任，进一步说，缘于它没能完成肩负的任务，缘于它的职能对国家来说失去了价值，缘于在一个最终倾向于压抑其职能的社会中，它不再具有任何存在的理由。

在 1789 年威胁到我们的爱国主义情操之后，[①] 天生的自我保护欲望，复活了国家和军队中的尚武精神。拿破仑帝国推动了这一趋势，将防御性的军事精神扭转为进攻性的，并且直到 1814 或 1815 年帝国覆灭，我们越来越卓有成效地运用这种精神。七月革命[②] 时期的尚武精神是一种精神复兴，是拿破仑帝国的一种遗产，是一种以自由主义而非民主精神来反对政府的形式。它其实是一种反抗精神，而非本质上保守的尚武精神。

民主社会中没有尚武精神，因为其中没有贵族阶级，没有军事贵族。民主社会与尚武精神势同水火。

罗马人根本不知道尚武精神为何物，因为他们没有把军事和民政职责区分开，我认为尚武气质始于军旅行当成为一门个人职业的时代，即意大利雇佣军时期，他们给老百姓带来的恐惧，超过给敌人造成的。当罗马人说"让文官政府取代军人统治"时，[③] 指的不是文职官员和军人，当时文职官员就是军人，职业军人并不存在。这句话的意思是"强权让位于权利"。

马基雅维利[④] 引用了一句谚语："战乱生盗贼，和平绞死之。"墨西哥的西班牙

---

① 译注：指法国大革命后，外国干涉对法兰西民族的威胁。

② 译注：也叫七月复辟，即1830年7月法国推翻复辟波旁王朝，拥戴奥尔良公爵路易·菲利浦登上王位的革命。建立的新王朝叫作七月王朝或奥尔良王朝。

③ 译注：这句话出自罗马共和国末期著名演说家西塞罗。

④ 译注：尼科洛·马基亚维利（Niccolò Machiavelli, 1469—1527），意大利政治思想家和历史学家。诞生于意大利佛罗伦萨，其思想常被概括为马基雅维利主义。

人已经造了 40 年的反，他们在不同程度上都是盗匪，也都想继续从事眼下的行当。他们头上没有文官政府，他们也把服从文官政府视为耻辱。我们很容易理解，在这样的国家里，组建一个和平政府的难处。换句话说，该国的一半人要绞死另一半人，而另一半人不想被绞死。

我们是一个民主社会，我们的尚武精神日益欠缺。只有普鲁士、俄罗斯、奥地利贵族才使他们的国家尚武好战，作为贵族和权贵，他们意识到我们的民主社会对他们构成了威胁。他们是我们的敌人，而且将一直是我们的敌人，直到俄罗斯、奥地利和普鲁士成为与我们一样的民主社会，而他们被一扫而光为止，这是迟早的事。

普鲁士贵族是个年轻的集团，并没有由于宫廷的财富、奢靡和奴性而堕落。普鲁士宫廷并不算奢华，而这正是危险所在。

同时，马基雅维利的学说并没有受到普鲁士贵族的排斥，他们采用了德意志沙文主义和爱国主义，一个民族嫉恨另一个民族而产生的所有激情。所有这一切都是为了在爱国主义的外衣下，掩饰他们对自身作为贵族和权贵而存在下去的关切。

现今最严重的威胁是沙皇主义，它比沙皇本人更加强悍，它要求我们发动一场东征，以击退俄罗斯帝国和这个未开化的斯拉夫种族的扩张势头。

到了让我们了解我们的乌合军队缺乏战斗力的时候了，我回想起革命初期的军队，之所以他们没有立即被敌人消灭，只是由于欧洲各国的内阁和军队暮气沉沉、优柔寡断。看看所有时代的革命者的例子吧，他们想要获得一切，并不指望得到饶恕。自斯巴达克斯[①]以来，革命者被镇压下去了。如果一支军队不是在一种社会制度基础上发展起来的，那么它就不是真正的强军。就个体而言，斯巴达克斯及其部下都绝对是令人生畏的战士。他们是把格斗和死亡当作家常便饭的角斗士，他们是囚虏，是因失去自由而义愤填膺的奴隶，或者是逃跑的农奴，他们中的每一个都不指望得到宽恕。还有比他们更加令人生畏的战士吗？但是，他们的纪律、指挥都是临时拼凑的草台班子，与源于罗马社会制度、延续了数百年之久的罗马军纪相比，他们的军纪不值一提，他们被打败和镇压下去了。领袖需要很长时间，才能养成发号施令的习惯，让他们对自己的权威充满信心，让士兵对他们的领袖

---

① 译注：生卒年不详，罗马共和国末期的角斗士，著名的奴隶起义领袖。

和战友充满信心。仅仅有纪律是不够的。军官必须拥有强制执行军纪的意志，他的强力手腕必须令士兵俯首帖耳。必须使士兵畏惧军纪甚于害怕敌人的打击。

在贵族社会中，蒙吕克元帅[①]用语言和行动告诉我们，他是如何战斗的。他用马车发动进攻，但是在战事艰难的地方，他会把一个分文不值的大头兵放在面前当肉盾。对此，他根本不当回事，也丝毫不觉得羞耻。那个士兵也不会抱怨，因为这种行为是理所当然的。但是，在我们已经开始拥有、以后也将拥有的民主体制的军队中，军官们不妨尝试一下这么做。

在危险环境中，军官与士兵的处境同样恶劣。士兵很愿意前进，但必须跟在军官身后。何况，士兵的战友的性命并不比他自己的更值钱，战友们也得前进才行。这种对险境中平等的真正关切，仅仅是为了追求平等，结果只会带来犹豫不前而非解决问题。某些笨蛋会在近战中头破血流，而其余的战友却在远处开火。这样做不会减少战斗损失，绝对不会。

意大利永远不会拥有一支真正坚毅的军队。在某种意义上，意大利人过于文明、过于斯文、过于民主了，西班牙人也是一样。这么说可能会令人忍俊不禁，但事实就是如此。

法国人确实是高卢人的正牌后裔。战争是一个民族生活中最严肃、最重大的事情，对法国人来说却是小事一桩。善良的法国人会因最荒唐可笑的军功激动得热血沸腾、丧失理智。此外，他会以一种完全由他自己定义的方式来解释"荣誉"一词。一场远征在没有充分理由的情况下发动起来，那些不知道为什么要这样做的善良法国人并不赞成。但是，此刻有人流血牺牲了。理智和正义的人认为，流血的责任应该由那些对这场非正义事业负责的人来承担。但是，沙文主义却说道："法国人已经洒下了鲜血，法国的荣誉命悬一线！"于是，数以百万计用于衡量劳动的金钱、上百万的人命，都为了一句荒谬可笑又冠冕堂皇的话而葬送掉了。

这种对战争的态度是从何而来的呢？须知，这种态度是善良公民和平民百姓所特有的，而他们并没有被要求卷入其中。军人却并不容易被煽动，有些军人希

---

① 译注：布莱斯·德·蒙吕克（Blaise de Lasseran-Massencôme, seigneur de Montluc 或 Monluc, 1502—1577）法国元帅。1521年从军，1525年法国国王弗朗索瓦一世在帕维亚兵败被俘时，他同国王在一起。1574年，法王亨利三世晋升他为法国元帅。1592年，他出版了《蒙吕克评论》记，至今仍是关于16世纪战争的重要史料。

望得到晋升和养老金，但是，即使这些人也清醒地了解自己肩负的责任。这种战争态度来自美化战争和战斗的浪漫情怀，相比于其他事物，它激发人类激情的力量要强大十倍。为了人民和一个民族的福祉，我们有义务消除这种幻觉，向他们揭示战斗的真相。战斗会造成流血牺牲而让它变得阴森可怕。

在一个民族感情和地方情怀兼备的国家，如何组建军队是值得思考的问题，法国就是这样的国家。在法国，再也没必要把民族和地方感情混为一谈了，由来自特定省份的战斗单位带来的骄傲感构成的强大意志力还管用吗？我军的特质来自各种元素的融合，这才是真正值得考虑的因素。应该留意的是重骑兵的组成，他们中的日耳曼人和北方人也许太多了。

与其他国家的军队相比，法国人的交际能力会让他们能够更快的在法军中形成凝聚力。组织和纪律都是为着同样的目的。基于法国人这样骄傲的民族，加上法国人的交际能力有助于形成的合理组织，往往可以取得预期的结果，而不必动用军纪的强制力。

古维翁·圣西尔元帅指出："经验丰富的士兵懂得，其他人也该知道，一旦法国士兵着手追杀敌人，那么他当天就不可能返回自己的队伍，除非他被敌人打退。在他脱队期间，部队必须认为已经失去了他。"

拿破仑帝国初期，军官们在革命战争中不断战斗、经受锻炼，因此极为坚韧不拔。没有人会希望用同样的过程锻造这样的坚韧性。但是，在现代战争中，除了暂时有人被俘之外，胜利者的损失往往比战败者的还要大。损耗之大超过了优秀兵员的补充能力，导致身心俱疲的幸存者灰心丧气，后者数量众多，而且擅长脱离险境。费岑萨克公爵用事实向我们证实了今天发生的同样的事情。今天，我们只能依靠集群行动，在这样的行动中，即使我们采取了最精明的战略手段，也肯定会失去一切。

法国军官缺乏坚韧性，却又十分傲慢。面临险境时，他们会惊慌失措、气喘吁吁、狐疑不定、无所适从，想不出解决办法来。他们会高喊："前进，前进。"这就是难以指挥线列阵型的原因之一，尤其在非洲战役中，士兵们需要自己处理很多事情。

因此，在现代战争中，排成多线阵型可望而不可即，但我方应该努力去做到。但是，我们距离实现它越来越远。随后，当习惯成自然时，我们只能跟着感觉走。补救的办法是建立一个组织，它通过每个人之间的熟知熟识来建立队伍的凝聚性。

此举使相互监督成为可能，而监督对法国人的傲慢具有强大的管控力。

可以说，世上有两种战争，一种发生在旷野和平原上，另一种是崎岖地形上驻防阵地之间的战斗。在一场大战中，如果没有人据守阵地，我们会立马失败。萨克斯元帅很了解法国人，他意识到法军缺乏坚定性，他说："法国人最擅长打阵地战。"

进入步枪射程之后，多线阵型会濒临解体。你会听到枪林弹雨下的军官说道："当你逼近敌人时，你必须排成散兵阵型。遭到火力打击的俄军会聚集成一团，沦为一群因害怕军纪和危险而麇集起来的乌合之众。"火力覆盖下的行为模式有两种，分别是法国人和俄国人的。

看见罗马人的战阵牢不可破之后，高卢人用铁链把自己锁在一起，以使自己的一线部队坚不可摧，所有人都生死与共。然而此举使他们失去了他们还没有从罗马战阵中领悟到的优点，即用后排生力军替换前排负伤挂彩、筋疲力尽的战友。各行战士不断前后轮转，这种车轮战法带来的坚韧性，似乎让高卢人瞠目结舌。

为什么今天的法国人与古代的高卢人大相径庭，会在炮火下抱头鼠窜呢？那是法国人的天性使然，他们在重压下暴露出来的生理本能驱使他们逃跑。

鉴于现在我们不能采用会让士兵把对死亡的恐惧抛诸脑后的严酷的罗马军纪，我们只能使用士兵的办法，并在其中注入某种秩序。具体做法是采用允许它存在的法国军纪和组织。

崎岖不平、植被茂密的原野适用我们的手段。在马真塔，法国轻步兵的表现比在其他任何一种地形上都更加优秀。①

最要紧的是，由于使用了现代武器，前进队伍的厚度受到了地形的限制。

现代战术非常适合躁动鲁莽的法国人，但是，我们也必须提防这种躁动，并且在可控的前提下给予支持和后手。

值得注意的是，日耳曼或高卢骑兵一直比罗马骑兵出色，尽管罗马骑兵装备更加精良，但也无力抵挡日耳曼和高卢同行。原因何在？缘于果断、冲动，甚至盲目的勇猛剽悍，在骑兵身上有着比在步兵身上更多的用武之地。吃败仗的骑兵

---

① （法语版）编者注：参见附录2（历史资料）。

是胆小如鼠之辈（这话是说给我军骑兵的）。高卢人比我们更容易拥有优秀骑兵，因为他们在发动冲锋时不会受到枪炮的干扰。

法国骑兵比法国步兵的素质更高，然而，法国步兵似乎更加管用，原因何在？因为在战场上投入骑兵需要更罕见的决断力，以及对关键机会的把控力。如果骑兵不能彰显其价值，那是骑兵指挥官的问题。法国步兵一直不是英国同行的对手，但在骑兵战斗中，英国骑兵最会在法国对手面前逃之夭夭。这是因为骑兵在战争中服役更久，还是缘于法国骑兵比步兵年龄更大、更有经验？这个解释显然不成立，因为外军也是如此。如果说我国骑兵是这样的，那么英国骑兵同样如此。原因在于，在战场上面对坚定的敌人时，步兵需要有比骑兵更多的镇定和勇气。我们需要在了解自己和敌人民族特质的基础上使用战术。在面对英国人时，根植于我们头脑中的对冲锋的信心爆棚。骑兵在对抗骑兵时的作用比较单纯，法国人对冲锋的信心造就了出色的战斗骑兵，而法国人比任何人都更适合扮演这个角色。我国骑兵在冲锋方面比所有外国同行都要强。话就说到这，战场上的事实会加深大家的理解。因为骑兵的行动速度比步兵更加迅速，所以当骑兵迫近敌人时，他们的冲刺让他们的损失更加轻微，尽管冲刺有其自身的局限性。

英国骑兵总会在我军骑兵面前逃之夭夭，这就证明，尽管英国人强悍得足以抵抗我军步兵的精神冲劲，却抵抗不住更加强劲的骑兵冲击。

我们应该成为比步兵出色得多的骑兵，因为骑兵的本质是无所畏惧的闯劲，所有士兵都应该如此。骑兵首领应该毫不犹豫地利用这个特质，同时采取措施扬长避短。进攻，即使是防御性的进攻，也是一种决心的证明，并赋予一种精神上的提振。对骑兵而言，精神影响更加直截了当，因为骑兵的行动风驰电掣，所以瞻前顾后需要的时间更少。要想确保法国骑兵成为整个欧洲最棒、真正出色的骑兵，其实只需要做一件事，就是遵循民族特质，一往无前。

法国军纪的一个独特之处在于，在道路上，尤其是在战役中，对玩忽职守的惩罚手段变得不切实际、徒有空文。1859年，意大利军团中有2.5万个兵油子。士兵们早就意识到了这个问题，随之而来的是军纪涣散。如果我们的习俗不允许存在严刑峻法，那么就让我们代之以道德强制手段。让我们通过官兵之间的知根知底来确保队伍的凝聚力，利用法国人的交际本领来助一臂之力。

大敌当前时，罗马人最严格、最严厉地执行军纪，而且是由士兵们自身来执行的。当下，为什么我们连队中的官兵不恪守纪律，却不惩罚自己呢？只有他们彼此了如指掌，维持军纪符合切身利益，使他们不再逃避责任时，他们才会恪守军纪。在意大利偷奸耍滑的 2.5 万人，都佩戴着意大利奖章。他们携带着品行良好证书离开军队，本来这份证书只能在战争中由班长颁发。取而代之的是，军纪只能通过某种不正常方式来取得，成了压在军官肩膀上的额外负担。军官的首要工作是维护军纪，当他们受到不尊重的对待，他们被派去做军士的工作，沦为摇唇鼓舌的工具人。

我们希望从班到连的各个战斗单位都具有凝聚力，外国军队不必为此担惊受怕。外军不可能像我们这样，用同样的手段达到相同程度的凝聚力。外军的特质和个性与我们的大相径庭。我军班、连的个性来自我军的特质和法国人的交际本事。

在战争中，士兵和马匹的口粮饲料确实不够吃，这种节俭真是咄咄怪事！应该给士兵增加 5 生丁[①] 的开支，这样既可以改善士兵的伙食，又能防止军官为了让部下吃饱吃好而沦为蔬菜贩子。然而，每年都有数百万法郎的军费，被浪费在制服、配饰、高筒帽等等浮华之物上面！

如果需要一支大军，就应该尽可能地少花钱。常言道："大道至简。"拿掉高筒军帽上的羽毛，减少新兵蛋子即可，如果不减少军服上烦冗的装饰品，就糟糕透顶了。水手制服就不错，琐碎和讨嫌的细节比比皆是，而合适鞋袜和训导的细节却遭到了忽视。通过采用作训服和大衣，以及取消司令部连，作战服装问题就迎刃而解了。上述问题都是愚不可及的，我想，大概是因为我们眼下穿的制服需要专人来保养，而作训服和大衣不需要。

---

① 译注：生丁（centime）是前法国货币单位，即0.01法郎。

简介

可以说，步兵火力的发展史并非平淡无奇，即使今日在欧洲，火力行动依然几乎是步兵武器的唯一杀伤手段。

拿破仑说过："战争中唯一一种火力手段就是随意开火。"然而，在深谙兵略的名将如此直白的阐述之后，如今出现了一种趋势，就是把奉命开火当作步兵战术的基础。

这种做法是否正确只有由实践出真知。经验来自实战，但是，没有什么比经验，尤其是实战经验更容易被人遗忘的了。在办公室里或者练兵场上，我们能做出许多精妙的操作，实施精湛的机动，发明精致的战斗手段。不过，我们还是坚持实事求是为好。

在研究任何一种火力手段时，我们都应该回顾一下轻型火器的简要发展历程，看看每种武器使用的是哪种火力，同时尝试把实际发生的事情从书面记录中剥离出来。

轻型火器发展简史，从火绳枪到我们的步枪

火药发明之前就投入实战的原型枪，为火器提供了总体设计构造。火绳枪则

---

① 编者注：写于1869年。

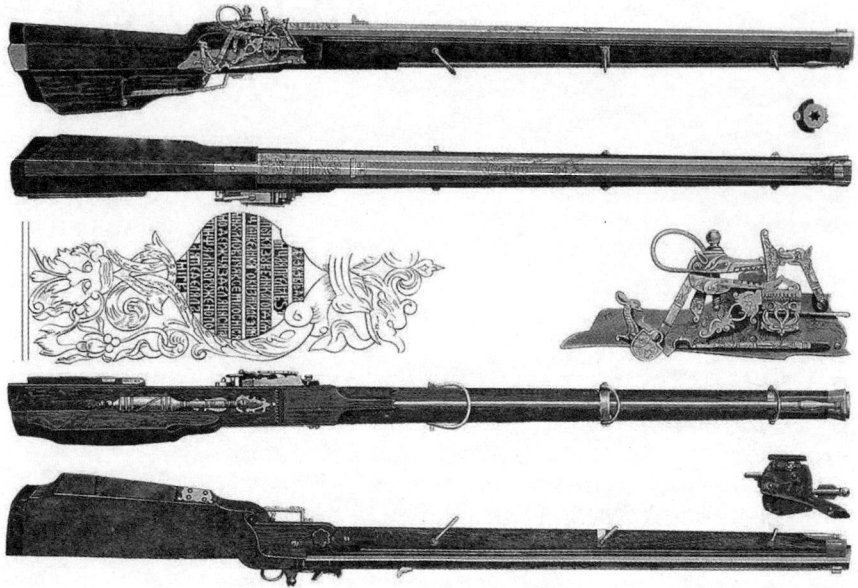

△ 1654 年俄罗斯生产的燧发枪

△ 早期用叉形支架支撑的火绳枪

标志着从机械投掷到发射弹丸的变革。

火绳枪用枪管引导弹丸，原来的弓和弦都被火药室和点火装置取代。

这样的构造使武器相当简单、轻便，易于装填，但是用很短的枪管发射的小口径弹丸，只能在很短的距离内贯穿敌人的铠甲。

于是，枪管加长，口径增大，从而催生了威力更大但使用更不方便的武器。在击发的瞬间，枪手根本不可能将这款武器维持在瞄准位置并承受后坐力。

为了减小后坐力，枪管底部安装了一个钩子，以便在射出子弹时让枪支钩挂住一个固定的物体，这种枪支被称为"钩枪"。

但是，这个钩子只能在某些情形下使用。为了让钩枪在枪手身体上获得一个支撑点，枪托被拉长并且有个倾角，以便于枪手瞄准。这就是"手炮"（petrinal 或 poitrinal）。枪手还会有个叉子形状的支架来支撑枪管。

滑膛枪随后出现，它的枪托继续得到改进，并且抵在枪手的肩膀上，发射机构也得到了进一步改进。

滑膛枪用点燃的火绳来点燃发射药，但是，随着滑膛枪越来越轻和便于携带，产生了蛇形枪、火绳枪、簧轮枪，最后出现了西班牙火枪和燧发枪。

燧发枪和刺刀的使用催生了步枪，拿破仑认为它是人类拥有过的最强悍的武器。

但是原始状态的步枪缺陷不少：装填速度慢、准头差，而且在某些情况下无法开火。

如何弥补这些缺陷呢？

针对装填慢的缺点，古斯塔夫·阿道夫[①]意识到快速装填对士气造成的影响，以及快速开火产生的更大杀伤力，于是他发明了供滑膛枪使用的弹药包。以其鼎鼎大名成为他的时代标志的腓特烈大帝，或者是腓特烈时代的其他人，用圆柱形铁质枪管通条淘汰了木质通条。为了更快完成装药，采用锥形漏斗将火药从枪管注入燃放池。后两项改进分别节省了装药和装弹时间。当然，采取后膛装弹方式最大限度地提高了射速。

所有这些旨在提高武器射速的改进，都成为近代最引人注目的军事时代的标志：

---

① 译注：古斯塔夫二世·阿道夫（Gustav II Adolf, 1594—1632），瑞典瓦萨王朝第7位国王，1611—1632年在位。欧洲杰出的军事家、军事改革家。1630年，他率军在波美拉尼亚登陆德意志，参加三十年战争。此后，他连续战胜天主教联盟军队，击毙神圣罗马帝国宿将蒂利伯爵，声名大振。1632年11月16日，他在与天主教联军司令华伦斯坦进行的吕岑会战中阵亡，终年38岁。

弹药包——古斯塔夫·阿道夫时代

铁质通条——腓特烈时代

改良的火门（即使没有条令强制推行，也由士兵们自发使用了）——法兰西
共和国和帝国战争时代

后膛装弹——普奥战争萨多瓦战役

提高射速的代价是牺牲了准头，这会在后文中予以阐释。只是在我们这个时代，膛线和细长子弹的普及，才使射击准确性达到了巅峰。同样在我们的时代，雷酸盐的应用确保了枪支在任何情况下都能开火。

我们已经简要叙述了火器从火绳枪到步枪的持续改进。

使用火器的方法取得了同样的进步吗？

火器逐渐成为步兵装备的发展历程

火药带来的革命是循序渐进的，它伴随着火器的改进而发展，在战争和战斗艺术领域中都展现无遗，而火器逐渐成了步兵装备。

因此，在弗朗索瓦一世①时代，配备火器与装备长矛的步兵的比例是 1:3–1:4。

到了宗教战争②时期，火枪手与长矛手的人数基本相当了。

在路易十三③统治下的 1643 年，火枪手与长矛手的比例为 2:1；到了 1688 年战争④，比例为 4:1，最终，长矛退出了战争舞台。

---

① 译注：弗朗索瓦一世（François I，1494—1547），法兰西王国瓦卢瓦王朝第9位国王，1515—1547年在位。在位期间，为了争夺意大利和欧洲霸权，他与罗马皇帝查理五世进行了4次哈布斯堡—瓦卢瓦战争，在第一次战争中兵败被俘，签订了屈辱的《马德里条约》之后才获释。他还是著名的艺术鉴赏家和赞助人，其最著名的被赞助人是达芬奇，据说达芬奇是在闻讯赶来的弗朗索瓦一世怀中咽下了最后一口气，死后葬在弗朗索瓦一世的昂布瓦斯行宫的教堂里。

② 译注：法国宗教战争（les Guerres de religion，1562—1598，一说1559—1594），又名胡格诺战争或雨格诺战争。16世纪新教加尔文宗开始在法国传播，被称为胡格诺派。法国南部信奉胡格诺派，以此对抗北方的天主教徒，最终演变成历时将近40年的漫长内战，对法国造成了严重破坏。1598年，法国国王亨利四世颁布了宗教宽容的南特敕令，胡格诺战争因此结束。

③ 译注：路易十三（Louis XIII，1601—1643），法兰西王国波旁王朝第二任国王，1610—1643年在位，亨利四世长子。继位时年仅9岁，由其母玛丽·德·美第奇太后摄政。成年亲自执政后，他依靠红衣主教黎塞留的辅佐，加强王权、励精图治。他在位期间，欧洲爆发了列强纷纷参加的三十年战争，战争后期实际上是法国波旁王朝与统治伊比利亚和德意志的哈布斯堡王朝之间的较量。最终法国取得胜利，恢复了法国由于陷入胡格诺战争而失去的欧洲霸主地位。

④ 译注：即大同盟战争（1688—1697）又叫奥格斯堡同盟战争（War of the League of Augsburg）、九年战争。为法王路易十四在位期间四场大战中的的第三场（前两场分别为遗产战争与法荷战争，第四场为西班牙王位继承战争），战争起因是路易十四企图开疆拓土，因此，荷兰、哈布斯堡帝国、瑞典、英国等国组成联盟遏制法国。战争之初，法国在海、陆战场上都重创联军占据主动权。但在1692年后，战争逐渐陷入僵持，最终在互相妥协下于1697年签订《里斯维克和约》。交战双方都对战果不满意，所以在此战结束后不久，进行了规模更大的西班牙王位继承战争。

起初，携带火器的士兵独立于其他战斗人员，他们的作用相当于早年的轻装部队。

后来，长矛和滑膛枪联手，构成了陆军部队的组成部分。

最常见的阵型是长矛手居中，滑膛枪手位居两翼。

有时，长矛兵会部署在各自连队的中央，各连则并排布阵。

或者，滑膛枪手分为两半，分别列阵于长矛手前方和后面。再或者，所有滑膛枪手都位于采用跪姿的长矛手背后。在这两种情形下，步枪火力都能够覆盖整个前线。

最后还有一种阵型，长矛和火枪手间隔布阵。

这些兵种组合在各种战术论文中都找得到。但是，我们无法通过实际战例来了解它们在战斗中是如何运作的，甚至不知道它们是否都得到了实际应用。

各种武器的火力类型

当一些步兵使用又长又重的原始状态的火绳枪时，针对其火力不足的问题，蒙田 ① 曾经指出——当然是对军事权威说的："除了震耳欲聋，这些武器别无他用。"所以，关于当时的战斗中使用它们的记载，有必要做一番研究。②

然而，我们在布朗托姆 ③ 关于帕维亚战役 ④ 的记载中，找到了一份宝贵的资料：

佩斯卡尼侯爵 ⑤ 用西班牙火绳枪兵赢得了帕维亚战役的胜利，他违反一切常规和传统，采用了一种新型方阵。佩斯卡尼侯爵遴选了 1500 名最出色、经验最丰富、最机灵，尤其是最敏捷和最专注的火绳枪兵，教他们学习新式线列阵型，并且操练了很长时间。他们以班为单位分散部署在整个战场上，并以极快的速度四处奔腾跳跃，从而摆脱了骑兵的冲击。这些火绳枪兵被使用得不同寻常、令人瞠目、

---

① 译注：米歇尔·德·蒙田（Michel de Montaigne, 1533—1592），文艺复兴时期法国思想家、作家、怀疑论者。他的《随笔集》为世界文学经典著作，他也被视为随笔写作的大家巨匠。

② 难以确定当时使用的是什么射击手段，是奉命射击还是随意射击。但是，我们在从蒙特库科利到萨克斯元帅的最卓越军事权威的著作中发现，他们普遍反对用步枪取代长矛。一切关于长矛会取代火枪的预言，都一再被未来证明是错误的。他们忽视了实战经验。这些人不明白，人类本能比所有逻辑推理都更加强有力，士兵喜欢远距离射击而非近身格斗，一旦被火力射击后，士兵就会抓住不放，并会不断加以改进。

③ 译注：皮埃尔·德·布朗托姆（Pierre de Bourdeille, 1540—1614），法国军人，历史学家。参加过意大利战争和法国宗教战争，后为西班牙效力。1584 年坠马致残之后开始写作，成为历史学家。

④ 译注：决定意大利战争的胜负之战。1525 年 4 月 26 日，神圣罗马皇帝查理五世的军队解救被法军围困的意大利帕维亚城，尽管兵力弱于法军，哈布斯堡军队依靠充分发挥火枪的优势击溃对手，停虏法国国王弗朗索瓦一世。

⑤ 译注：贾斯南多·弗朗切斯科·德阿尔瓦罗（Fernando Francesco d'Ávalos, 1489—1525），第五代佩斯卡拉侯爵。在哈布斯堡与瓦卢瓦王朝争夺意大利的战争中，他担任神圣罗马皇帝查理五世的意大利驻军总司令，在比科卡和帕维亚战役中战胜法军，停虏法王弗朗索瓦一世。

残酷无情，而且与传统战法格格不入的新战法，极大妨碍了法国骑兵的行动，使之彻底失利。因为法国骑兵麋集在一起，却被这一小撮英勇、出色的火绳枪手打得人仰马翻。这种不正规的新式战法，易于想象、难以名状。任何一个能够尝试它的人，都会发现它好用、管用，但是，这些火绳枪兵必须是精锐部队，非常依赖（俗称的）蹦跳本事，最重要的是必须坚韧可靠。

在留意上文时，应该晓得的是，实际发生的与写在纸面上的事情之间总会有天壤之别，因为写文章的人往往并不在现场，天知道他是从哪里得到的资料。然而，布朗托姆的这几行文字中，却出现了散兵手中的步枪得到最具威力的应用的例证。

在充斥着散兵战、占领和夺回哨所的战斗的宗教战争中，火绳枪手开火都不是奉命进行的，而是如前文所述，大家各打各的。

士兵把火药包装在一个个小金属盒子里，再把小盒子挂在子弹带上。用于击发的更精细的火药，装在牛角制成的火药筒中，弹丸装在荷包里面。战斗开始时士兵就得在枪膛中装入子弹，这样，他就必须用火绳枪进行战斗。这种战斗方式距离奉命射击还有很长的路要走。

然而没过多久，奉命射击就出现了。古斯塔夫·阿道夫是第一个尝试将条理和协作引入步兵火力的人，其他渴望创新的人亦步亦趋。各种射击方式相继出现，包括多行轮替射击；分两行射击；士兵以班、队、排、连、营为单位列队射击；纵列射击；前排跪姿后排立姿同时射击；正式随意射击，还有50多种其他射击方式。我们可以确信的是，所有可能的协作射击方式都得到了尝试。

多行轮替射击无疑是其中最早问世的，它让我们组成一条战线来向敌人开火。

步兵组成纵深6行的阵型。如果要进行多行轮替射击，除了最后1行士兵之外，前面5行都跪姿待命。最后1行士兵完成射击和再装弹时，前面1行士兵起立，同样射击和再装弹，其他各行士兵按顺序如法炮制。随后，整个操作周而复始。

就这样，第一轮集团射击逐行依次进行。

蒙特库科利说："火枪手排成6行，这样，当第1行士兵开火时，最后1行士兵已经完成了弹药的再次装填，然后最后1行再度开火，这样，敌人就得面对持续不断的火力输出。"

然而，我们看到在孔代亲王和蒂雷纳的指挥下，法军只会随意开火。

　　彼时，火力只是被视为一种附属品。由于弗莱芒人、瑞士人和西班牙人喜欢猛打猛冲，线列步兵的重要性与日俱增，他们需要冲锋和前进，因此装备了长矛。

　　在当时最著名的战役，包括罗克鲁瓦^①、诺德林根^②、朗斯^③、赫泰勒^④、迪纳^⑤战役中，我们都看到步兵是这样打仗的。两军都排成一条横直阵线，战斗始于相互炮击，随即派出骑兵联队发动冲锋，位于中路的步兵最后前进。最英勇、纪律性最强的步兵会击退对手，如果一个侧翼取得胜利，那么战斗通常以击溃对手而告终。在这个时期，尚未发现火枪的显著影响。佩斯卡尼的传统已经丢掉了。

　　尽管如此，火器得到了改进，变得更具威力，逐渐取代了长矛。使用长矛的士兵必须待在队伍里，只有在某些情况下才能进行战斗，而且他很容易受伤，却无法还击。这一点是极其重要的，鉴于长矛会让长矛手沦为被动挨打的角色，此时的士兵对长矛有着发自本能的厌恶。于是，这种厌恶迫使军队要征募长矛手就必须给予他们高薪和特权。尽管如此，士兵们依然会一有机会就扔掉手中的长矛，换成火枪。

　　长矛在日新月异的火器面前逐渐消失，为了充分发扬火力，阵型的纵深变浅了。纵深4行的阵型出现了，其中的火枪手以1行或2行为单位，轮流执行起立、跪地等动作。

　　尽管进行了这些尝试，我们依然看到法军在战斗中，尤其是在丰特努瓦战役^⑥中，依然随意开火，甚至士兵离开队列开火，随后返回队列装弹。

　　可以说，尽管进行了无数次采用尝试，但直到腓特烈时代，都还没有在战斗中使用奉命射击的事例。

　　在威廉^⑦的统治下，普鲁士步兵已经以快速和连绵的火力而著称于世。腓特烈

---

　　① 译注：罗克鲁瓦战役爆发于1643年5月18—19日，法西两国军队在法国阿登省的罗克鲁瓦附近进行的一次交战。孔代亲王指挥的法国军队击溃了西班牙军队，终结了西班牙在欧洲历史上的大陆战术优势，宣告了法国陆军称霸欧洲大陆的时代到来。

　　② 译注：诺德林根战役发生于1634年9月6日，哈布斯堡军队战胜了新教联军。此役是三十年战争影响深远的决定性战役之一，改变了整个三十年战争的走向。

　　③ 译注：朗斯战役（Battle of Lens）是三十年战争最后一场大战。1648年8月20日，二世孔代亲王即大孔代率领的法军战胜了西班牙军队，大大提振了大孔代的声威。

　　④ 译注：赫泰勒是法国投石党内乱中的一次战役，发生于1650年12月。

　　⑤ 译注：迪纳战役，又称敦刻尔克战役，是1658年6月14日的一次重要战役。这是法国军队和他们的英国盟军在蒂雷纳率领下取得的胜利。作为那个时代最伟大的将领之一，蒂雷纳战胜了由奥地利的小约翰和法国孔代亲王指挥的西班牙军队及其盟友——英国保王党和法国投石党。

　　⑥ 译注：丰特努瓦战役是奥地利王位继承战争中的一次重大战役，发生于1745年5月11日。法国萨克斯元帅战胜了英荷奥联军，导致法国一度征服弗兰德斯。

　　⑦ 译注：腓特烈·威廉一世（Friedrich Wilhelm I；1688—1740），霍亨索伦王朝的普鲁士国王兼勃兰登堡选帝侯（1713—1740在位），绰号"士兵国王"。他的父亲腓特烈一世成功地使普鲁士变为一个王国，而他本人则大大加强了这个王国的军事力量，为其子腓特烈大帝的大扩张打下了良好的基础。

大帝通过减小纵深，进一步提高了普鲁士步兵营的火力输出能力。随着装弹速度提高了两倍，使普鲁士步兵营的火力相当于敌军的三倍。

在普鲁士军队共有三种火力输出方式，分别在是立定、前进和撤退状态。我们已经知道立定射击时，第1行士兵使用跪姿。关于前进时的射击，吉贝尔说："我见过一些部队使用过我称之为前进射击的射击方式，所有想到这种射击方式的人，都肯定会发现它与我所说过的一样欠妥。士兵分成两行，边前进边开火，但只能龟速前进。普鲁士军队称之为行进间射击。它包括排、连、半个营或营的协同和交替齐射。阵线上的部分士兵每前进2步射击1次，部分士兵每半步射击1次。"

我们已经说过，普鲁士步兵营在使用其他射击方式时，会排成3行，第1行采用跪姿。只有在接到射击命令时，才会全线发动齐射。

然而，3行齐射的射击教条并没有束缚腓特烈的精锐老兵们，我们马上就会看到他们是如何在战场上实践的。

尽管如此，欧洲对这些射击手段大为惊叹，并且予以采纳。阿尔让松[①]在法军中采用了它们，并且引进了奉命射击。1753年和1755年，法国出台了两项条令。但是在随后的战争中，与阿尔让侯爵一样富有经验和真知灼见的德布罗意元帅[②]，却规定实施随意射击。1761—1762年的冬季，他麾下的所有步兵都进行了相应的操练。

继先前的条令之后，1764年和1776年出台了两项新条令。后者规定，采用纵深3行的队形实施奉命射击，各行士兵采用立姿。[③]

我们再看看大革命时代的战争，尽管出台了采用奉命射击的条令，但在战斗中条令并没有得到执行。

自上述战争以来，我国军队一直采用散兵战。至于我们时代的战役，从未出现奉命射击，帝国时期也是如此，尽管布洛涅学派和其他学派发表了许多论文。

---

① 译注：维克托·弗朗索瓦·德·布罗伊（Victor François de Broglie, 1718—1804），第二代布罗伊公爵，法国贵族和军人，法国元帅。他和他的父亲、第一代德布罗意公爵弗朗索瓦·玛丽，一同在帕尔马和瓜斯塔拉等地作战，并于1734年获得了上校职位。此后，他相继参加奥地利王位继承战争、七年战争、北美独立战争等战争。法国大革命爆发后流亡国外，一度担任保王军司令。

② 译注：马克·皮埃尔·德沃耶·德保尔米（Marc-Pierre de Voyer de Paulmy, 1696—1764），阿尔让松伯爵。法国政治家，1743—1757年担任法国战争部长。

③ 鉴于这种射击方式引发的危险，建议把身材最矮小的士兵放在前排，最高大的放在后排。

在布洛涅学派的学说中，逐行奉命射击最早是由拿破仑下令采用的。这种射击方式是专门用来对付骑兵的，尽管理论上极为管用，但似乎没有真正使用过。拿破仑自己也如是说,而且 1832 年条令（其中可以发现帝国时代军人施加的影响）规定，战斗单位分为 2 行射击或采取奉命射击，其他射击方式一律禁止。

按照我军老军官的权威说法，奉命射击不适用于我军步兵，然而它却存在于条令之中。弗里昂将军 [①] 和古维翁·圣西尔元帅分别在 1822 年和 1829 年抨击过这种射击方式，但无济于事。1832 年条令中依然有它，但即使在特殊情况下，它也没有实施过，它出现在条令里也许是为了作秀。

奥尔良线列兵团的组建，让逐行轮替射击死灰复燃。但是在我们的非洲战役和最近在克里米亚和意大利的两场战争中，都找不到一个奉命开火的战例。事实证明，它是不切实际的。众所周知，它完全无效而且名声扫地。

但是在今天，随着后膛枪的出现，产生了一种认为它行之有效的趋势，并对其产生了新兴趣。让我们拭目以待，看看它是否比过去更管用。

敌人面前使用的射击方式。奉命射击的使用和威力

毫无疑问，在波茨坦的演习中，普鲁士步兵只使用令人赞叹的火枪齐射。难以置信的严酷军纪使士兵恪守阵线上的岗位。野蛮的惩罚被纳入军法。杖责、鞭笞、处死，都用来惩罚最轻微的过失，即使军士也会遭到责打。然而在战场上，这一切还不够，需要一整行由士官担任的队列督导官来确保士兵恪守岗位。

卡里翁·尼萨斯侯爵指出："队列督导官把他们手中的戟勾连起来，形成一条坚不可摧的阵线。"尽管如此，慈悲心肠的勒纳尔将军说过，在两三轮齐射之后，没有任何纪律的力量能够阻止士兵陷入随意射击的泥沼。

让我们把眼光放远，看看腓特烈的历次会战。以莫尔维茨会战为例，尽管它的胜局是由奉命射击决定的，却依然几近失败，后来是靠普军的火力齐射才取胜。

[①] 译注：弗朗索瓦·尼古拉斯·马图斯·弗里昂（François Nicolas Mathus Fririon, 1766—1840），在法国革命战争期间加入法国军队，1800年晋升为将军。在第五次反法联盟战争期间，他在阿斯佩恩—埃斯林和瓦格拉姆战役中出色地指挥了1旅。马塞纳元帅于1810—1811年入侵葡萄牙期间，担任马塞纳的参谋长。他的姓名出现在凯旋门下第16列。

奥地利步兵向骑兵已经被击溃的普军阵线开火。为了确保胜利，有必要继续动摇普军的阵脚。奥地利人依然使用木质通条，射速缓慢，而普军的射击雷霆万钧，每分钟可以击发5—6次。帝国军队[1]被如此猛烈的火力打得惊慌失措，试图加快射速。但是在手忙脚乱之中，许多奥军士兵折断了脆弱的通条。混乱在队伍中蔓延开来，于是奥军吃了败仗。

但是，如果我们研究一下这个时期的实际情况，就会发现事情的发展变化并非如此条理分明。

双方的对射开始了，据说射击是漫长而致命的。鉴于木质通条难以操作且容易折断，普军的铁质通条让他们比使用木质通条的敌人更具优势。然而，当普军接到挺进的命令时，各步兵营都坚立不动，根本无法让士兵们移动半步。奉命前进的普军士兵试图躲避敌人的枪弹，随后争相躲到别人身后，于是形成了三四十人为单位的人群。[2]在枪林弹雨中，这些士兵表现出了令人钦佩的镇定，不可动摇的坚定。子弹击中目标产生的沉重死亡声息，时刻充斥着他们的鼓膜。由于敌军的火力炽盛，他们眼睛看到、身体感到，在自己的身边、头上和两腿之间，他们的战友纷纷倒下、挣扎。他们用手中的火力以牙还牙，将在他们身边嘶嘶作响、夺人性命的死神原样送还。他们按部就班地战斗，他们不会下意识地扣动扳机。他们泰然自若地等待长官——了不起的长官的命令。士兵们接到"前进"命令之后却掉了链子，像怯懦的绵羊一样挤在别人背后。这一切都简直难以置信。

我们得搞清楚事情的真相。腓特烈的精锐老兵，尽管纪律严明、训练有素，却无法执行学到和奉命采取的战斗手段。他们无法像在波茨坦操练场上那样执行前进命令，也就无法做到奉命射击，他们随意开火。他们迅捷的射速源于比军纪更加强有力的人类本能，这使他们的射速翻倍。他们的火力实际上变成了滚动的雷鸣，即快速的随意射击，而非齐射。于是，士兵们希望自己击发的次数最多，打出最多子弹。腓特烈也是如此，因为他在莫尔维茨会战中鼓励更多地输出火力，

---

① 译注：即罗马皇帝。由于1438年之后，帝位几乎一直由奥地利的哈布斯堡家族垄断，所以神圣罗马帝国与奥地利和哈布斯堡王朝可以画等号。

② 译注：这段文字殊不能解。根据译者翻译的《腓特烈大帝》一书的记载，普军的右翼前进，打得奥军狼狈不堪，奥军"挤成了许多三四十人为单位的人群……他们端着刺刀指向四面八方，各群之间空隙之大，足以让整团的骑兵毫发无损地穿过"。

所以把发给士兵的子弹数量翻番，从 30 发增加到 60 发。

除此之外，如果能够实现奉命射击，那么无法想象腓特烈的士兵能做出什么事情来，他们会像收割麦子一样放倒敌人。如果允许士兵安静地瞄准，大家不互相干扰，都清晰地看见敌人，随后在射击信号发出时一齐开火，结果肯定是当者披靡。在首次齐射之后，敌人肯定会溃不成军，如果敌人坚守阵地，一定会遭到歼灭。然而，只要看看莫尔维茨会战的最终结果，我们就会发现，采用和不采用奉命射击的双方的阵亡人数半斤八两，普军 960 人丧生，奥军 966 人阵亡。

但是，有人说，如果说火力的威力不足的话，那是因为当时还没有瞄准手段，如果说有瞄准手段的话，也许还没有射击校准。但是当时已经有了射击条令，士兵知道如何瞄准。瞄准方式是陈旧的，尽管我们不能说它管用，但它是广为人知的，经常见诸史料。克伦威尔常说："相信上帝，我的孩子们，瞄准敌人的鞋带开火。"

我们今天的瞄准手段是否比以往更好，是个令人质疑的问题。如果克伦威尔的、腓特烈的，以及法兰西共和国和拿破仑的优秀士兵都不能瞄准目标，我们就能吗？

因此，这种只能在极少数情况下才有可能启用的奉命射击是毫无效果可言的。

鉴于远程射击在战斗中的效果奇差，具有顽强战斗精神的部队，会一直等到敌人前进到 20 步远的地方，用齐射火力将其击退，在这个距离上，士兵根本不必仔细瞄准。那么齐射的结果如何呢？

萨克斯元帅说过："在卡斯奇里恩会战①中，帝国军队把法军放到 20 步的距离上，希望用齐射打垮对手。在这样短的距离上，他们冷静镇定、小心翼翼地开火，但在硝烟散去之前，他们就被法军击溃了。在贝尔格莱德会战（1717 年）②中，我看到两个步兵营，在 30 步的距离上瞄准并射击大队土耳其人。土耳其人把他们砍翻在地，只有两三个人逃出生天，土耳其人只死了 32 人。"

无论萨克斯元帅怎么说，我都怀疑这些士兵是否足够镇定。因为如果有人能够在距离敌人这么近的地方，向密集人群开火，肯定会击毙前排敌人，使其他敌人陷入混乱，从而不会像上文所述被敌人砍翻在地。如果能让这些士兵一枪不发，严阵

---

①　译注：西班牙王位继承战争中的一场会战，注意不要与1796年拿破仑意大利战役中的同名战役相混淆。1706年9月8日，1.2万法军进攻包围卡斯奇里恩的1万黑森军队，迫对方损失惨重，解围而去。
②　译注：1714—1718年土奥战争中的贝尔格莱德争夺战。在欧根亲王率领的奥地利军队击溃了奥斯曼帝国援军之后，外援无望的贝尔格莱德奥斯曼帝国守军向奥军献城投降。

以待敌人迫近到二三十步处，需要强大的精神忍耐力。他们受到纪律约束，静候敌人迫近，就像等待房顶坍塌、炸弹爆炸，浑身充斥着焦虑和压抑的情绪。当举枪射击的命令发出时，危机变成了现实，仿佛房顶坍塌了、炸弹爆炸了，于是有人魂飞魄散，子弹射向天空，如果说他击毙了敌人，那也纯属瞎猫撞上了死耗子。

这就是散兵战法出现之前的情况。人们尝试使用过齐射，但是在实际行动中，齐射却变成了随意射击。针对不开枪默默前进的部队，这种打法并不管用，而且也无力阻遏敌军的进攻势头，那些依靠这种打法的部队，反而士气崩盘，逃之夭夭了。但是当散兵战得到应用时，齐射根本不可行了。墨守成规的军队会为这个道理付出代价。

在革命初期，我国军队没有经过训练，纪律不够严格，无法展开阵线作战。为了向敌人挺进，步兵营中的部分兵力被派出去充当散兵，其余的兵力进入战场，队伍不整地投入战斗。战斗是由若干没有正式阵型的队伍进行的，作为散兵的部队负责进攻，由预备队提供支援。散兵总是用来发起行动，尽管事实上他们无力完成战斗。

用逐行轮替射击方式对付散兵是愚不可及的做法。

两军的散兵之间肯定会发生对抗。一旦发生了散兵战，散兵就会得到阵型严整的主力部队的支援和加强。在全面交火的情况下，奉命射击变得根本不可行，从而被随意射击所取代。

在热马普战役 ① 中，迪穆里埃 ② 派出了几个整编步兵营充当散兵，由轻骑兵提供支援，从而创造了奇迹。他们包围了奥军的堡垒，将冰雹般的子弹倾泻在奥军炮手身上，迫使其在猛烈打击之下丢弃火炮。

奥地利人被这种新奇的战法搞得目瞪口呆，于是徒劳无功地派遣重步兵部队去增援其轻装部队。他们的散兵无力抵挡我军的人数优势和猛冲猛打，他们的阵线很快就被猛烈的弹雨打得土崩瓦解，被迫退却。战斗和枪炮的喧嚣声越来越大，

---

① 译注：热马普战役发生于1792年11月6日，它是法兰西共和国革命战争期间，法国和奥地利两国军队在热马普（比利时蒙斯西南的村镇）发生的一场交战。法国革命军获胜。战后的11月14日，法军乘胜开进布鲁塞尔，尔后占领整个比利时。

② 译注：夏尔·弗朗索瓦·迪穆里埃（Charles Francois du Perier Dumouriez, 1739—1823）法国大革命时期的法国将领。1792年9月20日，他与凯勒曼将军分享了赢得瓦尔密战役胜利的荣誉，但后来他在拿破仑统治时期成了一个保皇党阴谋家，为英国政府出谋划策。迪穆里埃的姓氏刻在凯旋门下第3列。

被打败的奥军不再服从命令，丢盔弃甲，狼狈逃窜。

因此，尽管排成阵线的步兵火力相当猛烈，却不能抵挡人数众多的散兵部队。对于那些依靠微不足道的掩护来逃避敌军火力的孤立无援的士兵来说，杂乱无章的弹雨是无济于事的，而壁垒森严的敌军步兵营则为散兵的步枪提供了庞大而相对好打的目标。尽管密集阵线貌似强大，却会在各自为战的散兵战斗群的致命火力打击下烟消云散。（勒纳尔将军语）

普鲁士人在耶拿战役中吃到了同样的苦头。他们的阵线以奉命射击的方式向我们法军的散兵倾泻火力，不如说是向一群跳蚤开火。

有人告诉我们，英军在圣厄费米耶、卡拉布里亚，后来在西班牙都使用了齐射。在这些特殊的情况下，我们可以使用齐射，因为我军没有在发动进攻前派出散兵。

圣厄费米耶会战只持续了半个小时，它的策划和执行都糟糕透顶。迪埃姆将军说："而且，如果在向前挺进的几个营的前面部署了散兵分队，而散兵已经在敌军阵线上凿出了几个突破口，而且在迫近敌军时，进攻纵队的前锋已经发起了冲锋，英军阵线就无法保持那种使其火力有效和准确的镇定。如果英军阵线受到了散兵的猛烈骚扰，就肯定无法在长时间待命后才开火。"

一位英国作家在论述武器发展史时，谈到了调度有方的英军的滚动火力，却没有提到齐射。也许是我们搞错了，在我们的资料中，把英军的营级火力当成了符合我军条令规定的正规的营级奉命射击。

在对英军了如指掌的尚布雷侯爵的步兵著作中，这个倾向表现得更加清晰。他说："在西班牙作战的英军几乎全部使用 2 行射击方式。只有我军的攻势没有配备散兵时，英军才使用营级火力，向我军纵队的侧翼开火。营、半营和排级射击，局限在针对目标的范围内。实际上，在战争中使用最多的是两行射击方式，这也是法军采用的唯一一种射击方式。"后来，他补充道："经验证明，两行射击是唯一一种可以用来对付敌人的射击方式。"在他之前，萨克斯元帅写道："要避免采取危险的机动，例如排级射击，这往往会导致可耻的失败。"现在，这些说法与过去一样正确。

排、营等级别的奉命射击，是在敌人击退了我军散兵，并达到适当距离之后，为了冲锋或充分发扬火力而使用的一种射击方式。如果是后者，双方会相互喷射火舌，一直持续到一方放弃战斗或发动冲锋。如果敌军发起冲锋，会发生什么呢？

敌军前方的散兵会喷射出一阵弹雨。士兵打算开火，却听不到长官的声音。火炮、轻武器、混乱的战斗产生的喧嚣之声，伤员的惨叫声分散了士兵的注意力。还没等长官下达命令，他的阵线就已经陷入一片火海。于是，长官得阻止手下士兵开火，可是，只要士兵手里还有子弹，他们就会开火。

敌人会发现有一片可以保护自己的阵地，他可以采用间距较大的纵队来代替已有的阵型，也可以改变部署。在后方的军官看来，硝烟和前面的部队遮蔽了变幻不定的前方战局。士兵们会继续开火，而军官们对此束手无策。

前文论及的这一切，都已经在发生了，奉命射击已经被束之高阁。又把它捡起来的原因，可能缘于普鲁士人。事实上，普鲁士总参谋部在关于 1866 年的最后一场战役[①]的报告中说，普军非常有效地采用了奉命射击，并且援引了许多战例。

但是，一位在军队中服役，经历了整场战役并就近观察过战事的普鲁士军官说："在研究 1866 年历次会战的特点时，我们会惊讶于一个共通点，那就是牺牲队伍纵深而大幅延伸阵线的宽度。阵线要么被拉宽为一条细长直线，要么被分为几段，各自为战。最重要的是，延展两翼以求包抄敌人的趋势是显而易见的，维持原有的战斗阵型已经无关紧要了。不同的战斗单位会因战斗，甚至在战前就发生混乱。分遣队和大股部队由多种多样的组成部分组成。战斗几乎完全是由步兵连组成的纵队进行的，半营则相当罕见。这些纵队使用的战术，是把强有力的散兵分队派遣出去，随后支援部队逐步投身战斗。阵线割裂、星散开来，仿佛一群非正规骑兵。保持着紧密队形、试图迅速顶上来支援一线部队的二线部队，率先投入战斗，这也是因为他们会遭到敌人对准己方一线部队的猛烈火力的打击而损失惨重。二线部队蒙受的巨大损失，缘于其采用了紧密阵型，它还能焦躁地坚持下来，是因为它还没有被战斗产生的狂热情绪感染。这时，大部分二线部队强行进入一线，而且由于侧翼有更大的可利用空间，从而被吸引到了两翼。在很多情况下，即使预备队也会被完全或大量地吸引到侧翼，以至于无法完成任务。事实上，前两线部队的战斗是由两军的步兵连之间的一连串战斗组成的。高级军官无法再策马跟踪每支部队，因为各部在各种各样的地形上向前推进。高级军官必须下马，置身于

---

① 译注：即发生在1866年6—8月的普奥战争。

他撞上的第一支麾下部队之中。由于无法指挥全部下属部队，为了有事可做，他只能指挥较小的部队。这种指挥手段不一定好，但是，即使将军也会发现自己置身于这种境地。"

这是我们能够更好理解的，当然也是真实发生的事情。

至于总参谋部引用的战例，充其量只涉及连或半营。尽管在援引这些战例时，总参谋部颇为得意，但它们肯定是稀罕物，我们不应该依据例外情况来总结规律。

随意射击及其效果

今日与往昔一样，奉命射击是不实用的，因此实际上不能用于战斗。只有随意射击和散兵射击是实用的射击方式。我们看看它们的效果如何。

有关部门已经就此编制了统计数据。

吉贝尔认为，战斗中每消耗 100 万发子弹，会带来不到 2000 人的伤亡。

伽森狄 ① 向我们保证，每 3000 发子弹中只有 1 发命中目标。

皮奥贝尔 ② 说，根据长期战争的结果估计，击中一个士兵需要消耗 3 万到 10 万发子弹。

今天，随着精确的远程武器的出现，情况是否发生了重大变化呢？我们认为并非如此。发射的子弹数量必须与被打倒的人数做比较，同时必须考虑到刨除火炮的作用。

一位德国作家提出，普鲁士撞针式步枪拥有 60% 的命中率。但是，如何解释满怀欣喜的撞针式步枪发明者德莱赛 ③ 在比较普鲁士和奥地利军队的损失时的失望之情呢？这位善良的老绅士看到他的步枪没有达到他的期望值时，他既不悦又诧异。

就像我们马上要揭示的那样，随意开火是一种让队伍中的士兵忙于射击，效果却不大的射击方式。我们可以举出很多例证，现只援引一个，它具有一锤定音之效。

迪埃姆将军说："应该注意到，在火线前升起一层硝烟，将一方或另一方部队

---

① 译注：让·雅克·巴西连·伽森狄（Jean Jacques Basilien Gassendi, 1748—1828），法国将军和政治家。
② 译注：纪尧姆·皮奥贝尔（Guillaume Piobert, 1793—1871），法国将军、军事工程师和科学家。他与其他人一起，对空气和水对弹丸穿透的阻力规律进行了系统性研究，由此产生了解释火药燃烧的皮奥贝尔定律。
③ 译注：约翰·尼古拉·冯·德莱赛（Johann Nicolaus von Dreyse, 1787—1867），德国枪械专家，撞针式后装枪的发明者。

遮蔽起来，导致处在最佳射击位置的部队的火力不够稳定，实际上收效甚微。在卡尔迪耶罗会战中，在我左翼发动的连续进攻中的一次攻势中，我完全确信了这一点。我看到我集结起来的几个营裹足不前，士兵们各自开火，但他们无力坚持多久。我走了过去，透过烟尘，我只看见刺刀和掷弹兵帽顶闪烁的寒光。我们与敌人相去不远，大约60步，一道看不见的沟壑把两军分开。我走进既不密集也不整齐的队列中，用手托起士兵的步枪，让他们停止射击，向敌人挺进。我骑上马，后面跟着十几个士兵。我们无一受伤，我也没看到一个步兵倒下。我们做得很棒！我们的战线刚刚起步，奥地利人就枉顾分隔两军的障碍，掉头撤退了。"

如果奥地利人率先挺进，法军可能会退却。这就是法兰西帝国的精锐，他们当然与我们的士兵一样可靠，却也给出了缺乏冷静的例证。

在队列中，我们的官兵只会随意开火。但是，由于精神兴奋、硝烟弥漫和讨厌的意外状况，他们能平射出子弹就不错了，瞄准射击就不要想了。

在随意射击中，士兵不会考虑战栗、互相干扰的问题。前进或被步枪的后坐力震得东倒西歪的士兵，都会干扰身边战友的射击。齐装满员的第2行部队固然没有散乱，却在向空中射击。在射程范围内，散开的士兵分散到了阵型所能涵盖的极致位置，他们非常缓慢地射击，他们相当镇定，不大在乎耳中的开枪声，他们让硝烟散去，抓住一个能见度不错的空隙开火，总之，他们竭尽全力不断开火。而且结果的百分比也表明，随意射击比奉命射击更具规律性。

但是，在敌人面前，随意射击立即变成了胡乱开枪。每个士兵都尽可能地多开枪，也就是说尽可能草率地开枪。这是有生理和心理原因的。

即使在近距离战斗中，火炮也能充分投射火力。炮手得到了掩护部队的部分保护，只要能够保持片刻的冷静，就能准确地射击。如果炮手的意志力足够强，他那加快的脉搏就不会影响他的视线。炮手的眼睛不会颤抖，只要阵地布置得当，炮手就会一直开火。

步枪手与炮手一样，只能依靠意志力来确保其瞄准能力。但是血脉偾张和神经兴奋，会使手中的武器重达千钧。无论得到多么妥善的维护，总有某些火枪零件会随着士兵的紧张情绪而失灵。士兵本能地急于开火，此举反而会妨碍他的子弹出膛。无论火力多么猛烈，这种模糊的、在他的头脑中尚未成型的思考，却压抑着他的自保本能。即使最英勇、最可靠的士兵也会疯狂开火。

须知，大多数人是莽撞行事，胡乱开枪。

这个射击理论认为，当枪手持续不断地扣动扳机时，枪声会惊吓到枪手自己。但是，我们不可能真枪实弹地进行训练，以克服士兵的慌乱。

然而，今日法国的射击趋势是仅仅追求精确性。当硝烟、迷雾、夜暗、远距离、兴奋、慌张等因素妨碍视线时，精确性毫无用处可言。

在塞瓦斯托波尔和意大利的火力盛宴之后，很难说精确武器不能给我们带来比简单的步枪更大的价值。同样，对于亲眼见证过的人来说，事实就是如此。但是，我们看看史书是怎样写的吧。据记载，在英克曼，俄军被法军手上准确度更高、射程更远的武器击败了。但这场战斗发生在林深树密的原野上，浓重的迷雾中。当天气放晴时，我们的士兵和猎兵打光了子弹，于是从俄国人的弹药盒中搜罗弹药。俄军的弹药供应充足，却是小口径的圆形子弹。这两个问题都妨碍了法军进行精确射击。事实是俄军被更加高昂的士气打败了，这种漫无目的、胡乱喷射的火力，在那里可能比在其他地方更具实质性效果。

有人说，当士兵在开火，而且只能胡乱开火时，开火越多击中的敌人就越多。其实这么说可能更恰当：开火越少的人，遭受的敌人射击就越多。

腓特烈对此深有体会，因为他并不信任波茨坦操场上的演习。老谋深算的弗利茨把火力当作一种让不可靠的士兵平静下来、有事可做的手段，此举证明了他的一种本事：在其他将领身上可能成为错误的那些举措，他却能够付诸实践。他很清楚如何依靠他的火力效果，需要消耗多少子弹才能击毙、伤害一个敌人。起初，他的士兵只配备 30 发子弹，腓特烈发现这个数量不够，于是在莫尔维茨会战后配发了 60 发。

如今，与腓特烈时代一样，只有快速的胡乱射击，才是唯一一种让普军威震天下的实用手段。在腓特烈大帝之后，这种快速射击的观念已经不复存在了，但今天的普鲁士人通过运用常识又恢复了这种观念。然而，我们帝国时代的老兵们，保留了这种源于本能的理念。他们不在乎击发产生的火焰，扩大火门 [①] 以避免被迫

[①] 译注：火门（vent）也叫接触孔（touch hole），是枪管后部的一个小孔。燧发枪用燧石产生火花，点燃燃放池（flash pan）中的燃放药以产生火焰，火焰通过火门点燃枪管内的装药。所以，在击发火枪时，会有火花甚至火苗从火门中迸发来，直冲枪手的面部，导致枪手承担巨大的心理压力。

打开弹仓和火药池。弹药包被撕开，火药被装填进枪管时，子弹与枪管之间还有很大间隙，士兵在地上撖一下枪托，就为火枪完成了装弹和装药工作。[①] 但是，今天与过去一样，尽管士兵在单兵射击中掌握了一定技巧，但是，一旦士兵们被划分为若干步兵排进行射击，他们就不再瞄准，只管猛烈开火。

普鲁士军官都是实干家，他们知道，在激烈战斗中调整准星是不可能的，而在实施齐射时，部队倾向于进行概略瞄准。因此，在1866年的普奥战争中，普鲁士军官命令麾下士兵，在几乎没有瞄准的情况下把枪口压得很低，以便利用跳弹来杀伤敌人。

逐行轮替射击只是为了让队列中的士兵忙碌起来

但是，如果随意射击效果不明显，它还有什么用呢？正如我们所言，它的作用是让队列中的士兵有事可做。

在正常射击中，单单是传导到躯体的呼吸动作，就会使开火的士兵心浮气躁。那么，在战场上排列整齐的士兵，只是为了让自己忘记危险、心平气和而开火时，又怎能说他们的射击效果还不错呢？

拿破仑说过："人类的本能是不让自己在没有自卫的情况下就被别人干掉。"的确，有时候战斗中的士兵的自我保护本能支配着他的所有情感。军纪的目的是用对羞耻和惩罚的更大恐惧来压制这种本能。但是，军纪永远不可能完全达成目标，存在着一个过犹不及的转折点。一旦达到这个转折点，士兵肯定要么开火，要么前进或后退。因此，我们可以说，开火是一种发泄兴奋情绪的安全排泄口。

在严重的情况下，控制开火即使不是不可能，也是相当困难的。下文是萨克斯元帅出具的一个例证：

瑞典国王查理十二[②]打算为其步兵引进刺刀冲锋。他经常提及这个想法，所

---

① 译注：滑膛燧发枪的基本装填步骤包括：取出内有定量黑火药和一颗球形铅质弹丸的圆柱状纸质弹药包；咬开弹药包末端，将铅弹含在嘴里，不要咽下；竖起枪支的击锤，向燃放池内倒少许火药；合上火镰，将弹药包内的剩余火药全部倒入枪膛；把铅弹吐进枪膛，将弹药包的包装纸袋揉成一团塞入枪膛充当弹塞；用通条将弹丸和弹药推到枪膛底部，但又要留下适合抽出通条的空间。这套程序在各国军队中各有不同，以法军为例，分为12个步骤、20多个动作。
② 译注：查理十二（Charles XII, 1682—1718），又译卡尔十二世，瑞典国王，1697—1710年在位。在位期间参加了大北方战争，先胜后败，输给俄罗斯彼得大帝，瑞典由北欧霸主衰退为二流国家。

以军中尽人皆知。最终，在与俄军的战斗中，当战斗开始时，他来到他的步兵团，发表了一番精彩的演讲。随后在军旗面前翻身下马，亲自率领该团发动冲锋。当他距离敌军 30 步远时，该团都无视他的命令和存在，全体举枪射击。除此之外，瑞典军队的表现都很出色，击溃了俄军。国王很恼火，但他能做的只是穿过队列，重登战马，一言不发地离开。

因此，即使士兵没有接到开火的命令，他也会通过开枪来缓解压力、忘却危险。腓特烈麾下的普鲁士人出于相同目的而开火。萨克斯元帅对此洞若观火，他告诉我们："普鲁士人的装弹速度让他们掌握了优势，因为装弹动作让士兵全神贯注，使之在敌人面前没工夫胡思乱想。关于在上一场战争①中普鲁士人是依靠火力赢得最后五场胜利的想法是错误的。人们已经注意到，在其中的多数战斗中，被步枪击毙的普鲁士人比他们击毙的敌人还要多。"

把阵线上的士兵视为开火的人肉机器是可悲的想法。射击一直是，而且永远是士兵的主要工作，就是在尽可能短的时间内发射出尽可能多的子弹。但是，杀伤敌人最多的一方并不总是胜利者，最懂得如何打垮敌人士气的将领才能笑到最后。

士兵的镇定是不能指望的。既然当务之急是维持士兵的士气，那么第一要务就是尽力安抚他们，让他们忙碌起来，这可以通过不断开火来实现。指望士兵平心静气地慢慢开火射击、调整射程，尤其是小心翼翼地瞄准，注定是白忙一场和荒唐可笑的。

散兵火力威力十足

当士兵以排或营为单位进行集群射击时，所有武器都具有同样的价值，如果认为今天必须用火力来一决胜负，那么就必须采用能够使武器发挥最大威力的战斗方式。这就是散兵战。

事实上，散兵火力在战争中最为致命。我们可以举出许多战例，但是我们在下文中援引由迪埃姆将军出具的两个战例就足够了。

---

① 译注：指1740—1748年间的奥地利王位继承战争。

迪埃姆将军说道：“在近来的一场战争中，有一位在奥地利军队中服役的法国军官告诉我，距离奥军 100 步远的一个法国步兵营喷射的火力，只让他的连损失了 3-4 个人，与此同时，在他们侧翼 300 步开外的小树林中的一群法国散兵，却造成了 30 多人的伤亡。”

“1801 年，在渡过明乔河时，第 91 团的第 2 营受到比西团 1 个营的火力打击，却毫发无损；但是前者下属的散兵在掩护所属部队撤退时，在几分钟内就击毙了 30 多人。”

散兵的火力是战争中最要命的武器，因为能够保证冷静瞄准的极少数士兵，在充当散兵时会心平气和。由于他们隐藏得更好，射击训练更充足，所以他们会有更出彩的表现。

精确火力只有在作为零星火力时才有优势，我们可以认为，精确武器会使散兵战斗更加频繁和更具决定性。

至于其他方面，实践证明，在战争中使用散兵势在必行。今天，所有认真投入战斗的部队，都在须臾之间变成了散兵群，只有隐蔽起来的狙击手才能进行精准射击。

然而，我们所接受的军事培训和时代精神，使我们对散兵战法产生了质疑。令人遗憾的是，我们必须接受散兵战。我们的个人履历并不完整和充分，我们满足于使自己满意的假设。无论得到的证实是多么彻底，我们也只能勉强接受散兵战，因为环境使我们迫不得已地、常常是不知不觉地，让我们的军队逐步投入战斗。但是，须知在今天的战争中，连续作战是必不可少的。

但是，我们不要对散兵火力的效果抱有幻想。尽管使用了精准的远程武器，也对士兵进行了全盘训练，散兵火力也只产生了无须过于夸大的较好效果而已。

通常情况下，散兵火力是针对敌军散兵的。事实上，一支部队不可能让自己遭到敌军散兵的打击而不用相同手段进行还击。指望散兵向有散兵掩护的敌军主力开火纯属痴人说梦。让独自开火、几乎各自为战的部队，不去回应近处敌军散兵的射击，而把矛头指向对自己造不成伤害的远处敌军，纯属不切实际。

从事散兵战的士兵非常分散，调整观察范围是困难的。士兵几乎孑然一身。那些依然冷静的士兵也许会尝试调整其射击距离，但首先要观察子弹的落点，然后，如果地形允许的话（通常做不到），把自己与相邻战友同时发射的子弹区分开来。

如果战斗更加激烈，敌人更加坚韧的话，这些散兵会更加焦躁不安，会以更高射速更加胡乱地开枪，而且躁动比冷静更容易传染。

散兵线是一个宽度很小，更重要的是纵深很浅的目标，所以除了实施近距离射击之外，要想确保射击效果，必须精通射击距离知识才行。然而这是不可能的，因为射程会随着散兵的移动而瞬息万变。①

因此，在散兵对散兵的情况下，零散目标会遭到零散射击。我军的散兵在目标射程内行军，证实了这一点，尽管每个人都确切地知道敌人的射击范围有多大，也有足够时间和冷静来瞄准对手。对于行动中的散兵来说，瞄准距离不会超过 400 米，这是一个相当接近上限的数字，尽管实际上火枪在这个距离以外也能精确瞄准。

同时，神枪手应运而生，有些人，尤其是射击学校的教官，经过年复一年的勤学苦练，从拙劣的枪手成长为神枪手。但是，要为所有士兵提供这样的培训，就必须消耗大量弹药，放弃其他所有工作。所以，会有一半士兵劳而无功。

总之，我们发现只有近距离射击才有效。即使在我们的最近几场战争中，也只有头脑冷静和得到得力指挥的士兵才能提供极少数例外。除了这些例外情况之外，我们可以说，与近距离射击在远距离上产生的效果相比，精确的远程武器并没有带来任何切实效果。

英国人在印度用恩菲尔德步枪取得了可怕而具有决定性的效果，从而证明了精确武器的威力。但之所以能取得这些效果，是缘于与英国人对垒的敌人装备较差。当时，英国人拥有安全保障，信心十足，确保了使用精确武器所必需的冷静。当一个人面对同样装备精良的敌人时，情况就完全不同了，敌人也会以牙还牙。

奉命射击绝不可行

让我们重回奉命射击的话题，今天的趋势是让部队以线列的形式实施奉命射击。

---

① 估算射击距离是最困难的事情，因为眼睛是最容易受骗上当的感官。训练和使用工具不可能确保士兵正确无误。在塞瓦斯托波尔的两个月内，由于无法看到子弹，士兵们无法用步枪确定1000—1200米的射击距离。有3个月的时间，尽管所有距离都可以测量，却不能用测距射击来测量与某个炮台的距离，那个炮台距离我军只有500米，但位置较高，它与我军之间有一道沟壑。3个月后的某一天，我军观察到2枚射距为500米的子弹命中了目标。此前，大家估计这段距离超过1000米。其实只有500米。我军占领了炮台所在村庄，观察点发生了变化，于是真相就确信无疑了。

问题在于，线列部队能否整齐和有效地射击，我们能否对它抱有期待。

答曰：不能。因为士兵禀性难移，线列也是如此。

即使在靶场或操练场上，这种射击方式能够输出多少火力？

靶场上操演奉命射击时，所有士兵分为两行同时进入射击位置，随即安静下来。于是，前排士兵不会由于身边战友的干扰而惊慌失措，后排士兵也是如此。前排士兵各就各位，肃立不动，后排士兵可以透过前排战友之间的空隙举枪瞄准，而且他们并不比前排战友更加惊惶。

奉命射击同时开始了，在开火的瞬间，所有步枪都没有受到士兵动作的干扰。一切条件都完全有利于这种射击方式。而且，由于这种射击是在娴熟而镇定的军官的指挥下进行的，他井井有条地排兵布阵（即使在操练场上这也是稀罕事），因此，射击产生的结果比在最严谨的情况下随意射击的效果好得多，有时效果令人震惊。

但是，在要求每个人都保持极度冷静的情况下——军官肯定比士兵更加冷静。实施奉命射击，在敌人面前是不切实际的，除非是在某些特殊情况下，例如具备优秀军官、精锐士兵，适宜的地形、距离和安全保障等条件。即使在演习中，奉命射击的执行状况也是荒唐离谱的。各支部队中的士兵都会匆忙开火，而军官会惊恐万状，由于唯恐麾下士兵提前射击，因此军官会尽可能迅速地下达开火命令，而士兵们几乎不会在射击位置上开火，通常是在他们还在走动的时候就开枪了。

在士兵抵达射击位置的 3 秒钟之后发出射击命令的规定，在面对靶场目标时可能会产生不错的效果。但是，相信士兵会在敌人面前等这么久是愚蠢的想法。

在敌人面前，在完全没有配备瞄准具的同一批官兵投射出的火力面前，即使是在操演场上，瞄准具都没什么用处。我们见过一个射击教官，他是一位冷静而自信的军官，一个月来他天天待在靶场上进行试射，经过一个月的每日训练之后，在 600 米的射击距离上，他使用瞄准具进行直射，只打出了 10 中 4 的成绩。

我们不必过于关注那些在军事问题中，把一切都归结于武器的人，他们坚定不移地认为，为武器服务的士兵肯定会采用条令中规定和命令使用的武器用法。战斗中的士兵是有血有肉的，他们既有肉体又有灵魂，尽管灵魂的力量往往可能是强大的，但还没有达到支配肉体，以至于在死到临头时都不会产生肉体上的反抗、精神上的慌乱的程度。我们得学会不相信应用于战争原理的数学和材料力学；

我们得学会警惕从靶场和操练场上产生的错觉。

以上是冷静、镇定、不知疲倦、专注、服从的士兵的经验,简而言之,是一个聪明、听话的士兵的经验。而并非来自精神紧张、容易动摇、易于激动、心不在焉、心烦意乱、情绪激动、焦躁不安,甚至无法自控的人的经验,无论他是士兵还是将军。尽管确实存在坚定刚毅的人,但他们都是难得一见的例外。

尽管如此,这些冥顽不化的幻想,总会在次日一觉醒来就能修复现实给它造成的最具破坏性的创伤。这些幻想造成的最小危害,是对不可行的事情做出规定,仿佛针对做不到的事情制定规章制度,并不会真正破坏军纪,不会使军官由于出乎意料以及实战与和平时期的训练理论不符而产生惊讶。

战斗肯定会令人慌乱。但是,与慌乱相比,理智和对真理的承认在训练战士方面发挥了更重大的作用。

置身于群体中的人,身处一个为战斗而组织起来的有纪律的队伍中的人,在一群毫无纪律可言的对手面前是不可战胜的。但是,在面对一支同样有纪律的队伍时,他会退化到原始人类的状态,会在一股事实证明更加强大的,或者他以为更加强大的力量面前逃之夭夭。士兵的心永远是一颗人心。纪律让两军对垒的时间更长一些,但是,自保本能无时不在,并让人保持着恐惧感。

恐惧!

有些将领和士兵确实无所畏惧,但他们凤毛麟角。多数人会因为无法控制身体而不寒而栗。在一切组织、纪律、阵型、机动和行动手段中,又都必须考虑到这种战栗。因为在上述情况下,士兵往往会惴惴不安、自我欺骗、低估自己,同时高估敌人的进攻精神。

在战场上,看不见摸不着的死神盲目地游荡,可怕的子弹呼啸声让人知道它的存在。在紧张情绪的控制下,新兵会弓背弯腰、蜷缩成一团,用不可名状的本能求生。他会觉得,面前的危险越严重,每个人逃跑的机会就越大。但他很快就发现,他的躯体是吸引铅弹的磁铁。而后,被恐惧感支配的他肯定会临阵脱逃,或者用布尔巴基将军[①]栩栩如生又意味深长的话说,就是"以进为遁"。

---

① 译注:夏尔—但尼·布尔巴基(Charles Denis Sauter Bourbaki, 1816—1897),希腊裔法国将军,参加过阿尔马河、英克曼都战役。

可以说，士兵是从他的军官手下逃之夭夭的，他的确溜之大吉了！但是，他之所以逃跑，是因为到逃跑时为止，没有人关心过他的性格、气质，以及他那易受感染、容易冲动的人类天性。人们一直认为，士兵不可能按照条令规定的战斗手段战斗。今天也是如此，未来的士兵会与过去一样溜之大吉。

当然也有所有士兵都一哄而散的时候，他们要么向前跑，要么向后逃。但是，部队组织、战斗方法加快了这场危机的到来，尽管它们本应尽可能地予以推迟。

我军的所有军官都担心，当然根据他们的经验确实很有理由担心，士兵会在敌人面前过快地消耗弹药，这个问题确实值得关注。如何终结这种无用和危险的弹药浪费是症结所在。我军的士兵很不冷静，一旦身处险境就举枪射击，用开火来舒缓压力、打发时间，根本无法让他们停止射击。

世上有这么一些人，你根本不可能让他觉得为难。他们会信心满满地发问："出了什么事？你在为阻止你的士兵开火而烦恼吗？此事不难。你发现他们不够冷静，罔顾长官的命令，甚至不顾自身安危地胡乱开火，对吧？不要紧，即使是在演习之中，我们都要求士兵及其长官使用需要极度冷静、镇定和自信的射击方式。难道他们做不到吗？只要你不断提出要求，自然会得到回报。于是，你就会拥有一种前所未闻的战斗手段，简单、美妙而又令人生畏。"

以上确实是一套美妙的理论，却会让老谋深算的腓特烈大帝笑出眼泪来，他肯定不会相信这套鬼话。[1]这是一种永远被视为不可能，而且在今天比以往任何时候都更加不可能实现的逃避困难的手段。

与其担心士兵会脱离指挥，不如找到更好的办法来掌控他，而非要求他及其长官输出不切实际的火力。士兵乃至军官接到命令而不予执行，是对军纪的侵犯。军纪的原则是，绝对不能下达不可能完成的任务，因为那样做会导致抗命。

要让奉命射击成为可能，需要许多先决条件，包括士兵之间及其军官之间的诸多条件。所以，这帮认为什么都很容易的人会说，那就完善这些条件好了。但要实现奉命射击，还需要完善官兵的神经、体力和精神力量，以强化他们的身心，

---

[1] 腓特烈的战斗训令证实了这一点。他手下最出色的将领齐腾、瓦尔内里都知道这些战斗方式，但他们与腓特烈本人一样，都认为它们根本不可行，并且在战争中时刻予以防范。但是，欧洲各国都对腓特烈推崇备至，试图在战场上模仿他搞的演习，让自己的军队排列得整整齐齐，做好了被他打垮的准备，而这恰恰是腓特烈追求的目标，甚至普鲁士人都上了他的当。但是，在1808年、1813年之后，普鲁士人重新捡起了合理的战斗方式。

消除精神的兴奋、肌肉的颤抖。然而问题是，有人能做到吗？

腓特烈的士兵被军棍打出了森严的军纪。然而，尽管军纪已经严明到了极致，腓特烈的士兵依然会随意射击。

我们必须重申，战场上的人的自保意识，有时会压倒一切。依靠更大的恐惧来压制自保本能而取得的军纪，是不可能完全达成这个目的的。军纪仅此而已，技止此耳。

当军纪和献身精神使士兵实现自我超越时，我们并不否认存在异乎寻常的例外。但是，这些例外非同寻常，凤毛麟角。他们由于例外而受到钦敬，而例外反过来证实了常态。

至于尽善尽美的军人，不妨想想斯巴达人。如果说曾经存在过完全适合打仗的人的话，那就是斯巴达人。尽管如此，斯巴达人也会吃败仗和逃跑。

尽管训练有素，人的士气和体力依然是有限的。本应在战场上战斗到最后一人的斯巴达人，却逃之夭夭了。

以临危不惧的沉着和可怕的滚动火力而著称的英国人，以死气沉沉即所谓坚韧不拔而著称的俄国人，都会在攻势面前退避三舍；因其服从性和坚韧性而被誉为好兵苗子的德国人，同样会临阵退缩。

这帮人又提出了反对意见。也许对新兵蛋子来说，奉命射击行不通，但是，对精锐老兵如何？答：须知战争开始时并不存在老兵，作战方式是为年轻的菜鸟部队量身打造的。

他们还会问，如果普鲁士人在上一场战争中成功地使用了奉命射击，我们为什么不能用呢？答：即使普鲁士人确实用过——何况这一点尚未得到证实，也不能说明我们也行。这种引进德国战术的狂热并不鲜见，尽管此举一贯理所应当地遭到反对。卢克纳元帅①说过："无论他们如何折磨自己的士兵，幸运的是，他们永远无法让士兵成为普鲁士人。"后来，古维翁·圣西尔元帅说："士兵接受了

---

① 译注：尼古拉·卢克纳（Nicolas Luckner, 1722—1794），服役于法国军队的德国人、法国元帅。卢克纳出生于德国巴伐利亚州卡姆，在帕绍接受了早期教育。在进入法军之前，卢克纳曾效力于巴伐利亚、荷兰和汉诺威的军队。在七年战争中，卢克纳作为轻骑兵指挥参与了对法作战。1763年，卢克纳加入法军，中将军衔。卢克纳是法国大革命的支持者，1791年成为元帅。1792年，卢克纳担任莱茵军团司令，其间克洛德·约瑟夫·鲁日·德·李尔谱写了献给卢克纳的《莱茵军战歌》（Chant de Guerre pour l'Armée du Rhin），即法国国歌《马赛曲》的前身。1794年，屡立战功的卢克纳在巴黎被大革命法庭送上断头台。如今德国卡姆市政厅的钟琴，每天中午12时05分都会演奏《马赛曲》，以纪念该城历史上最著名的人物卢克纳。

被认为适应战争所必需的形形色色的训练，但是，应该采用适合法国人的军事天赋、性格和气质的训练。没有人认为有必要考虑到这一点，因为直接引进德国人的战术更加方便。"

奉行预想的战术，更多的是古板的德国人的做法，而非我们的风格。德国人相当听话，但问题在于他们试图采用违背天性的战术。法国人做不到。法国人更加任性，更容易激动，更容易受外界影响，更加冲动，更不听话，在我国最近的几场战争中，法国人会迅速违反条令的字面规定和精神实质。一位普鲁士军官说："德国人具备责任感和服从性。他们服从严格的军纪，充满献身精神，尽管他们不具备灵动的头脑。德国人天性淳朴，厚重而不躁动，理智冷静，喜欢思考，缺乏魄力和灵感，希望但不执迷于征服别人，平静地服从命令，认真但机械地、毫无激情地予以执行，以听天由命的勇气进行英雄主义地战斗，他们也会让自己毫无意义地流血牺牲，但是他们必定让敌人为此付出高昂代价。他们并不尚武好战，并不雄心勃勃，但是由于他们的服从和坚韧，他们依然是优秀的士兵。我们必须在他们的头脑中反复灌输这些是他们自己的意志，一种鞭策他们前进的个人冲动。"

根据这幅我们认为略为偏颇、即使爱国主义者也会认为有些贬损的德意志民族形象，使用法国人无法采用的战术[①]来对付德国人是有可能的。然而，德国人的确采用了这些战术吗？回想布吕歇尔对他的旅长们说的话，不要让刺刀在进攻枪林弹雨中土崩瓦解。请注意现行的普鲁士射击条令规定，每次射击之前都得进行试射，以便在士兵的训练中断了一段时日之后，驱散士兵身上的那种兴奋感。

总而言之，如果说古代步枪不可能实施奉命射击，那么今天更是如此，原因很简单：随着步枪杀伤力的提高，恐惧感也会提高。在蒂雷纳时代，由于当时使用滑膛枪，而且战斗的进展速度更加缓慢，所以彼时的阵线比今天的能够维持更长时间。

今天，鉴于每个士兵都配备了速射步枪，事情变得更容易了吗？答：并非如此！武器和人的关系永恒不变。你给我一支滑膛枪，我能打60步远，给我线膛枪能打

---

① 译注：即奉命射击。

到200步远,夏塞波步枪①是400步。也许我的冷静和稳重还不如从前的60步火枪手,但是,由于这款新式步枪在400步的距离上的高速射击能力,无论对我还是对敌人,它都比滑膛枪在60步距离上射击时更加可怖。还有更高的射击精度吗? 答案是否定的。在法国大革命之前,线膛枪就已经投入了使用,然而,这种尽人皆知的武器在战争中却非常罕见,而且它的效力,就如在那些罕有的战例显示的那样,并不令人满意。在200—400米的战斗距离内,根本不可能用它进行精确射击,于是人们放弃了它,转而使用老式步枪。步行猎兵不懂奉命射击吗? 精挑细选出来的精锐部队也不会采用,但这是他们使用手头武器的一个好办法。

今天,我们拥有能够在600—700步距离上依然精准的武器。这是否意味着可以在700米距离上实施精确射击? 答 : 不行。如果你的敌人与我们一样装备精良,那么700米射击的结果与400米射击的结果是相同的。既然产生的损失相当,双方表现出来的冷静也会相同,也就是说,这种冷静会烟消云散。如果一方的射速提高三倍,那么被打翻的人就会增加三倍,保持冷静的难度也会提高三倍。与从前不可能实施奉命射击一样,今天依然做不到。从前不可能做到瞄准射击,今天也好不了多少。

但是,如果说奉命射击不可行,那么为什么还要尝试呢? 我们得永远考虑各种可能性,否则我们会犯下可悲的错误。戴恩将军说:"在我们的军事圈子中,理论家比比皆是,实干家却凤毛麟角。而且,当战斗来临时,人们往往会发现战斗原则乱七八糟,根本不可能用得上,最满腹经纶的军官依然无所作为,无法使用他们积累的科学财富。"

那么,就让我们这些实干家去探寻可行的方法好了。让我们仔细搜罗经验教训,铭记培根②的名言:"经验胜于科学。"

骑兵

摘自色诺芬：

无论是好事还是坏事，越难以预见的事态，越能激发喜悦和沮丧的情绪。最典型的例证是，战场上的奇袭必定会让敌军惊恐万状。

当两军发生接触或隔着战场对峙时，骑兵、散兵会率先发动突击，通过侧击来阻止或追逐敌人，此后，两军通常都会小心翼翼，直到战斗达到关键时刻才会倾尽全力。还有一种情况，战斗照常开始之后，一方反其道而行之地迅速行动，发动侧击之后，要么逃离战场，要么追逐敌人。这是一种能够以最小的风险，最大程度杀伤敌人的方法，即在得到支援时就全速冲锋，或者以同样的迅捷摆脱敌人。如果有可能的话，每支散兵部队都留下四五名最骁勇的骑兵，组成一支奇兵埋伏起来，在其他散兵发动侧击时突击敌人会取得更佳战果。

马略与辛布里人之战

摘自普鲁塔克 [①] 的《马略传》：

---

① 译注：普鲁塔克（Plutarchus，约公元46—120）罗马帝国时代的希腊作家、哲学家、历史学家，以《比较列传》（又称《希腊罗马名人传》或《希腊罗马英豪列传》）一书闻名后世，《马略传》是其中的一部传记。

辛布里人国王皮奥瑞克斯带着一小队骑兵来到罗马营地前，向马略提出挑战，在指定的时间和地点，为由谁来做主宰作殊死之斗。马略的答复是罗马人不会就何时进行战斗询问敌人的意见。不过，他这次会让辛布里人心满意足，双方约定的时间是在三天后，地点是维西立附近的平原，此地便于罗马人运用他们的骑兵部队，也有足够的空间可以让辛布里人展开庞大的阵容。

在指定的那一天，双方完成部署列出会战的队形。卡图拉斯指挥的兵力有 2.03 万人，马略有 3.2 万人。马略的部队组成左右两翼，卡图拉斯的位置摆在中央。苏拉曾经参加过这次会战，让我们知道当时发生的状况。根据苏拉的说法，马略用这种阵型来部署他的军队，因为他期望他指挥的两翼会率先与敌军的重步兵交手，[①]这样一来胜利就会归于马略和他的士兵，甚至卡图拉斯的部队可以不必参加战斗。还有很多人告诉我们，说是卡图拉斯在他必须做出澄清的报告中坚持这种论点，为自己应有的荣誉提出辩白，从各个方面指控马略贪功诿过。

辛布里步兵以整齐的秩序走出他们的阵地，以战斗队形组成了一个坚固的方阵，其长、宽相等，都是 30 个斯塔迪或大约 5500 米。[②]他们的 1.5 万骑兵装备精良，头盔上装饰着张开血盆大口的兽头，上面有高高的羽毛，看起来像翅膀，让他们显得更加高大。他们穿着铁质胸甲，手持白得耀眼的盾牌。每人携带两根标枪，远则投掷标枪，近则挥舞沉重的长剑。

在这场会战中，辛布里骑兵没有正面进攻罗马人，而是转向右侧，逐渐向右延展，企图与正面的步兵战友联手，围歼罗马人。罗马将领们立即看穿了这个伎俩，但是他们约束不住麾下的士兵，一个罗马士兵高喊敌人逃跑了，随即带领所有罗马士兵发动了追击。与此同时，蛮族步兵像狂潮巨浪一样猛扑上来。

马略洗净双手，举手向天，发誓要为神明举行百牛祭。至于卡图拉斯，他也向天举起双手，承诺为今天的胜利举行盛大庆典。马略也献上了祭品，当祭司向他展示祭品的内脏时，他喊道："胜利属于我们。"但是，当两军行动起来时，发生了一件事，在苏拉看来这是神明对马略的惩罚。

一旦如此庞大的队伍行动起来，便扬起了遮天蔽日的尘埃，导致两军都看不

---

① 译注：阵型正面宽大的状况下中央位置会向后退缩，所以通常双方的两翼会先交手。
② 译注：斯塔迪或斯塔狄昂是古希腊和古罗马的长度单位，约折合 185 米。

见对方。马略率领所部先向敌军的战阵发动进攻，但是在烟尘中与敌人失之交臂，与蛮族擦肩而过，导致马略在平原上为了寻找敌人而徘徊良久。与此同时，命运女神让蛮族大军扑向卡图拉斯，后者不得不与他的麾下迎接辛布里人的全部攻势，而苏拉也在其中。

炎炎酷热和恰好射入辛布里人眼中的炽热阳光，帮助了罗马人。辛布里蛮族生长在寒冷的森林地带，经得住严寒，却无法耐受酷热。他们大汗淋漓，气喘吁吁，用盾牌遮挡烈日。这场会战发生在夏至之后，即八月份的新月出现的三天前，当时八月还叫第六月。[①] 烟尘掩盖了敌人的兵力优势，从而支撑了罗马人的勇气。每个前进的罗马大队都与面前敌人展开交锋。此外，战前的磨炼和辛苦的工作，使罗马人坚韧不拔，尽管他们是在酷热和冒进的情况下发动进攻的，但没有一个罗马人气喘吁吁和汗流浃背。据说，卡图拉斯赞颂所部的文章证实了这一点。

大多数敌人，尤其是最英勇的敌人，都被砍成数段，因为为了防止一线部队崩溃，他们与被绑在腰带上的锁链连接在一起。胜利者把逃跑的残敌追逐到后者用壕沟围绕起来的营地之中。

罗马人俘虏了 6 万辛布里人，杀死者倍之。

阿尔马河会战之一

阿尔当·杜皮克上校的信函节选。1869 年 2 月 9 日，负责进攻的步兵师中的连长 V 上尉，从于伊发出的一封信：

我的连与由 D 上尉指挥的第 3 连，奉命掩护该营。

在距离阿尔马河八九百米的地方，我们看到了一堵上面是白色的墙，我们不知道它是干吗用的。但是，当我军前进到距离这堵墙不到三百米的地方时，它却突然向我们喷射出猛烈的营级火力，并且边开火边展开。原来这是一个俄军步兵营，他们身着山鹑灰色或粟色制服，头戴白色头盔，在艳阳的照射下，令人产生了幻觉。

---

① 译注：最早的罗马历法只有十个月，叫作第一月、第二月……第十月，其中的第六月叫作Sextilis。第二任罗马国王努马在十个月前面增加了两个月，即一月、二月，原来的第一月变成了三月，其他已有月份以此类推，于是第六月（Sextilis）成了八月。奥古斯都称帝之后，将八月的名字改为自己的尊号，即奥古斯都（August）。

这说明,这种配色极其管用,因为让我们产生他们是一堵墙的错觉。①我们猛烈还击,但双方都没有取得效果,因为我们射击得太快,瞄准线太高了……随后我们发动进攻,我们不知道是谁下达的命令……我们继续奔跑,轻而易举地过了河,当我们集结起来准备登上山冈时,可以说这个营的其他攻势是在杂乱无章地进行,各连混杂在一起,嘴里高呼"前进"或唱着歌曲。我们也一样,再次发动进攻,幸运地第一个到达了山冈最高点。至于俄国人,他们目瞪口呆,组成了一个密集方阵。为何如此呢? 我猜我们向左转,进攻俄军中路,于是他们以为自己被包围了,才组成了这个古怪的阵型。恰在此时,暂时指挥一个步行猎兵营的 M 少校,极为不合时宜地下令吹响了撤退号令。这位军官看到了俄军骑兵在行动,以为他们要向我们发动冲锋。然而,事实截然相反,他们正在以中队队形实施机动,以规避舰队中的墨纪拉号②战舰向他们发射的炮弹。军号发出的命令与进攻一样被迅速地执行了,这是一种自保的本能,催促人逃离险境,尤其是在奉命逃跑时。幸运的是,镇定自若的达盖尔上尉发现了这个严重错误,用洪亮的声音下令"前进",从而阻止了撤退,我们又发动了进攻。这场攻势使我们掌控了电报线,取得了战斗的胜利。在这场第二轮进攻中,俄国人转身逃跑了,我军的刺刀几乎未能伤及他们分毫。就这样,一位指挥着一个营的少校擅自吹响军号,令战局岌岌可危。一个小小上尉下令"前进",却决定了胜局。这就是昨天的历史教训,也许明天会用得上。

由此可见,尽管总司令的计划完善,执行细节却糟糕透顶,以胜利为基础制定的新式战斗条令会招致可悲的错误。让我们做个总结:

首先,一名非洲猎兵下达了进攻命令。

其次,各支进攻部队交织混杂成了一团。仅仅重新编组该旅,我们就耗费了将近一个小时。这个人大呼小叫,那个人自鸣得意,高级军官咆哮不已,等等,不一而足。如果貌似会威胁我们的俄军骑兵确实向我们发动了冲锋,肯定会让我们乱作一团从而大败亏输。各连队刚一开火就阵脚大乱。一旦开始交战,各级长

---

① 此处值得注意的是,法军制服的颜色很荒谬,只是为了在检阅中引人注目。因此,相比身穿灰衣的线列步枪兵,身穿黑衣的猎兵能在更远处被看到。红裤子也比灰裤子更显眼。因此,灰色应该成为步兵制服的基色,散兵制服更需如此。当夜幕降临时,由于身穿山鹬灰色制服,俄军神不知鬼不觉地摸进了我军的战壕。

② 译注:墨纪拉(Megere)也作美该拉(Megaera),是希腊神话中复仇三女神中的嫉妒女神。复仇三女神是黑夜的女儿,像她们的母亲一样凶狠。他们身材高大,眼睛血红,头发间蠕动着一条条毒蛇。她们一手执着火把,一手执着蝰蛇扭成的鞭子,锲而不舍地追杀被复仇者。

官就再也无法掌控部下了，士兵们混杂在一起，晕头转向不知道自己所在的位置。

第三，队伍没有保持肃静。军官、军士和接受指挥的士兵都在各种大呼小叫，军号吹响了不知道从哪里下达的号令。

第四，从打响第一枪到最后一枪，我军都没有实施机动。我根本不记得我和我的部下在一起过；直到战斗尾声，我们才找到彼此。轻步兵、猎兵和第 20 线列步兵团的士兵组成了一个攻击群，仅此而已。大约在 4 点钟，我军开始第一次点兵。9 点钟第二次点名时，发现大约三分之一的士兵不知所踪。其实只有约 50 人失踪，其中 30 人负伤，至于其他人，我也不知道他们哪去了。

第五，为了减轻士兵的负重，开火时大家把背囊放在平原上，因为事先没有制定相应的计划，所以没有采取任何措施来保护它们。到了晚上，大多数士兵都发现他们的背囊残缺不全，缺少了在我们的置身之地根本无法得到的必需品。

显然，必须压抑部下的个人积极性，将指挥权交给长官，最重要的是注意训练那在迫近敌军时，随时会端起刺刀杀向敌人的士兵。我早就发现，如果不能牢牢掌控一支进攻部队，那么它肯定会土崩瓦解和抱头鼠窜；但是，如果掌控得力，这支进攻部队会在敌人面前几步远的地方停下脚步。我得告诉你一件在费达多城堡亲眼所见的值得留意的事情。关于刺刀他们滔滔不绝，而我仅仅看见刺刀被使用了一次，那是在一场夜间的堑壕战中。我还注意到，在医院中接受治疗的伤口几乎都是由枪炮造成的，刺刀伤寥寥无几。

阿尔马河会战之二

阿尔当·杜皮克上校的信函节选。第 17 步行猎兵营的 P 上尉，从雷恩寄来的信，写于 1868 年 11 月和 1869 年 2 月，信中有杜皮克上校的评点和 P 上尉的复信。

P 上尉的第一封信：

就是在那里，我才有机会欣赏我英勇的战友，达盖尔上校的镇定自若，他就在敌人的眼皮子底下骑着一匹牝马前进，像一位游客那样从容不迫地观察敌军的一举一动。

我会永远向他的沉着和勇气致敬……

阿尔当·杜皮克点评道：

难道不是达盖尔上尉把别人下令吹响的"撤退"号声，改为"前进"号令吗？

P 上尉答复道：

事实上，我们在树林里面用残垣断壁作为掩体向俄军射击的时候，听到身后传来某人下令吹响的"撤退"号声。就在此时，我的连长怒气冲冲地下令吹响"前进"号，以此恢复因某人的心神不宁或疏忽大意而受到动摇的斗志。

英克曼会战

阿尔当·杜皮克上校的信函节选。第一封是第 17 线列步兵团的 G 上校，从里昂寄来的信，写于 1869 年 3 月 21 日。

第 7 轻步兵团一营还没有靠近电报塔，就接到了驰援英军的新命令，后者的兵力过于薄弱，无力抵挡一支庞大的俄军，其阵线中央已经溃散，而且被赶回了自己的营盘。

第 7 轻步兵团一营的瓦西耶少校，在跑了 3 公里之后，光荣地第一个冲到俄军面前。在英军的热烈欢呼声中，法军展开战斗队形，随后在其勇敢的上校发出的"刺刀冲锋"的呐喊声中群情激愤，向俄军纵队猛扑过去，并将其击溃。

第 7 轻步兵团一营、第 6 线列步兵团的 1 个营、第 3 步行猎兵团的 4 个连、5 个阿尔及利亚猎兵连，抵挡住了俄军先头部队 2 个小时，而俄军继续排成密集纵队从英克曼峡谷和高地汹涌而来。

第 7 轻步兵团一营三次被迫退却几步以集结兵力，又三次以同样的斗志发动刺刀冲锋并夺取了同样的胜利。

下午 4 点钟，俄军溃不成军，被我军追赶进英克曼山谷。

在这个值得纪念的日子里，第 7 轻步兵团的所有军官、军士和士兵都忠勇地恪尽职守，他们互相较劲，展现了英勇无畏和自我奉献的精神。

第二封信：阿尔当·杜皮克上校针对 B 上尉的信件（这些信件都散失了）提出的疑问。

俄军采用了什么阵型？是先头部队开火，后面各排试图从草地后面投入战斗的纵队吗？

瓦西耶少校前进时，所有人都紧随其后吗？相互距离有多远？进攻者采用了什么阵型？是毫无秩序的人群、单行、两行还是密集队形？在背后挨了枪子和刺刀后，俄军是否立即掉头逃跑？他们转身反扑追击的我军吗？这场针对大队敌人的进攻持续了多久，俄军阵型的厚度妨碍了他们的撤退吗？

我军有人被刺刀刺伤吗？

在遭到第一波猛攻之后，我军是在大家做出积极反应之前就退却了，还是仅仅由于身单力薄的士兵为了寻找战友、重拾信心而却步，从而引发了全军退却？

第二次进攻与第一次一样吗？第 6 线列步兵团是第一支支援第 7 轻步兵团的部队吗？轻步兵打得怎么样？

马真塔会战

阿尔当·杜皮克上校的信函节选。C 上尉写于 1868 年 8 月 23 日的信件。

在马真塔，我正在麦克马洪元帅[①] 军下辖的埃斯皮内萨师。该师位于正在图尔比戈渡过提契诺河[②] 的法军的最左侧，沿着该河左岸向马真塔进军。在马真塔村附近，一轮近距离齐射提醒我们，敌人就在我们前方。这片布满树木、篱笆和葡萄藤的原野掩盖了敌军的踪迹。

我军第 1 营和外籍军团将奥地利军队驱赶进了马真塔村。

与此同时，第 2 轻步兵营和我所在的第 3 轻步兵营充当预备队，齐装满员地直接由师长指挥。显然，在埃斯皮内萨师与麦克马洪军的第 1 师，即拉·莫特鲁

---

① 译注：玛利·埃德姆·帕特里斯·莫里斯·德·麦克马洪（Marie Edme Patrice Maurice de Mac-Mahon, 1808—1893），法国军人。在克里米亚战争及意大利马真塔战役（1859年）中功勋卓著，被升为法国元帅，并以马真塔战役受封为马真塔公爵（duc de Magenta）。普法战争后，法兰西第二帝国灭亡，法兰西第三共和国成立，他担任第三共和国的第二任总统。

② 译注：提契诺河（Ticino）是波河左岸支流，古代叫提契努斯河（Ticinus），前文提到的提契努斯河会战就是以它命名的。

格师之间，有一个不小的空隙，而且在交战之际，至少有 1 个奥地利旅楔入了该空隙，从侧翼和后方进攻我师正在马真塔村前交战的几支部队。好在这片林木蓊郁的原野掩盖了战局，否则我会怀疑我军能否继续像之前那样坚持下去。无论如何，两个充当预备队的营都没有出动。敌军的猛烈火力向我军两翼延伸，似乎要包围我们；子弹已经从我军的右侧呼啸而来。埃斯皮内萨将军在我们面前部署了五门火炮，向马真塔村开火。与此同时，我们接到了我部向右侧转移的命令，以驱赶正在向我军开火的隐蔽之敌。我还记得，当我和我的部队脱离纵队时，我看见一名惊慌失措的炮兵上尉向我们跑过来，叫喊着："将军，将军，我们丢了一门炮！"将军答道："听着，轻步兵们，放下背囊给我上！"听到这话，两个营的官兵们乱糟糟地雀跃而进，把背囊扔得遍地都是。

起初，我们没有看见奥军的踪迹。走了片刻就发现了敌人，只见奥军正在拖走他们刚刚缴获的火炮。我军一看到他们就呐喊一声，猛扑过去。不知道我军近在咫尺的奥地利人惊恐万状，于是没有开火就逃之夭夭了。我们夺回了火炮；我连中的一个人缴获了敌军的团旗。大约 200 名奥军被俘，哈特曼麾下的奥军第 5 团的五个营溃不成军，四散奔逃。我相信，如果不是战场上植被茂密，结果可能会不同。整场遭遇战持续了大约 10 分钟。

我军的这两个营占领了敌军的第一个阵地，无一伤亡，豪气干云。大约 1 个小时之后，埃斯皮诺萨将军亲率这两个营，向马真塔村进军。我们以排为单位组成纵队，各排之间保持间隔。这番进军以梯队进行，第 2 营在前，第 3 营拖后一点，还有一个连位于最前方充当散兵。

我军距离奥军 150 步的时候，他们的阵线明显摇了，一线敌军转身向后方逃窜。就在此时，将军再次下令："扔掉背囊，跑步冲锋！"大家就地扔下背囊，跑步向前冲杀。

奥军没有迎击我们。我们与他们混杂在一起进了村子。逐屋战斗持续良久。大多数奥军撤退了。留在房屋中的被迫举手投降。在一所大房子里面，我与大约 50 名官兵俘获了 400 名败兵和 5 名军官，其中包括豪瑟上校。

我认为，我军在马真塔交上了好运。我们作战的那片植被茂密的原野，让奥军看不见我军的兵力劣势。我相信，如果在开阔地上交手的话，我们不会如此成功。在火炮得失事件中，奥军被我军的突袭打蒙了。遭到我军攻击的那些奥地利人手里都拿着家伙，可是他们既没丢弃武器，也没有开枪射击。这是一场典型的轻步兵进攻，一旦成功就会取得令人瞠目结舌的战果。但是如果走了背运，有时也会付出高昂的代价。关于这一点，请留意一下在帕莱斯特罗战场上的第3轻步兵团，马里尼亚诺战场上的第1轻步兵团。埃斯皮诺萨将军率领两个营向马真塔村的进军，是我见过的最精彩纷呈、最气势恢宏的场面。除了这场进攻之外，战斗往往是以散兵和大股部队来进行的。

索尔费里诺会战

阿尔当·杜皮克上校的信函节选。C上尉寄来的信件。

第55步兵团隶属于第4军之第3师。

离开梅多莱之后，该团在道路右侧停下脚步，随着各个连相继到位，全团组成密集纵队。

一位军营副官走来，向团长下达了命令。

该团随即上路，前进了几米之后，在阵线的右侧以营为单位组成密集队形。尽管敌人开始向我们射击，但我们的行动井井有条。我们紧握武器，原地待命，一动不动地暴露在敌人的枪林弹雨之下，甚至没有派出散兵。因此，在整场战役期间，我都觉得散兵学校似乎根本不曾存在过。

此后，尼埃尔将军①派来一名工兵少校，下令从该团调走一个营。位于左翼的第3营接到了抽调命令，那位少校命令该营"沿着左翼开进"，于是我们在敌人面前，以密集纵队沿着左翼向卡萨—诺瓦农场进发，我相信，尼埃尔将军就在那里。

该营稍事停顿，面向前方，聚拢得更加紧密了。

尼埃尔将军说："就地待命，你们是我手头仅有的预备队。"随后，将军向前面的农场瞅了瞅，一两分钟之后对少校说："少校，上刺刀，吹冲锋号，前进。"

起初，前进行动执行得还不错，挺进了大约90米。敌军的弹片干扰着第3营的行动，士兵们扛着步枪走得更加齐整。

---

① 译注：即前文提到的尼埃尔元帅。

在距离农场大约 90 米的地方，不知哪里传来了"卧倒"的喊声。这声喊叫立即在营里面重复一遍。背囊被扔得满地都是，在混乱的喊叫声中，全营乱七八糟地继续前进。

从此时起，在当天的其余时间内，作为一个战斗单位的第 3 营不复存在了。

到了当天快结束的时候，做了将该团集结起来的尝试之后，在为时 1 个小时的整补即将完毕的时候，进行了点名。

第 3 掷弹兵连于清晨出发时，已经有 132-135 人到齐了。第一次点名时，只有 47 人应答，关于这个数字我可以对天发誓，但是许多人还在搜寻背囊和口粮。次日吹起床号的时候，有 93 或 94 个人答"到"，许多人在夜间归队。

这就是我几天都记得的兵力数字，因为我从 6 月 25 日起开始负责该连的补给工作。

再补充一点信息：几天之后尽人皆知，第 4 掷弹兵连中至少有 20 人从来没上过战场。该连的伤员被送回梅多莱。后来有人说他们看见该连的 20 多人，一起躺在梅多莱附近的草地上，而他们的战友却在战斗。他们甚至说出了一些人名，但说不全。该掷弹兵连是在 4 月 19 日为了打仗而组建的，当天就接收了 40 名新兵，在米兰又接纳了 29 人，所以该连在两个月内招募了 78 名新兵。这些人都没有受到审判或惩罚。他们的战友骑在他们的肩膀上狂奔，以示薄惩，仅此而已。

门塔纳会战

阿尔当·杜皮克上校的信函节选。C 上尉写于 1868 年 8 月 23 日的信件。

11 月 3 日凌晨 2 点钟，我们抄起武器前往罗通多山。我们还不知道会在门塔纳遭遇加里波第义勇军。[①]教皇国的军队约有 3000 人，我军大约 2500 人。1 点钟，教皇军与其敌人遭遇。轻步兵发动了猛烈进攻，但双方在初战中都没有蒙受重大

---

① 译注：朱塞佩·加里波第（Giuseppe Garibaldi, 1807—1882），意大利民族解放运动的领袖，军事家。1833 年，他参加青年意大利党。1834 年起义失败，逃亡南美，参加巴西南部共和主义者起义和维护乌拉圭独立的战争。1848 年意大利独立战争爆发后，组织志愿军与奥地利军队作战。1858 年获少将衔。1860 年组织红衫军转战西西里和南意大利。1861 年意大利独立后，试图强攻教皇统治下的罗马，遭遇失败。1870 年协同政府军攻克罗马。普法战争期间，应邀赴法参战，组建"孚日兵团"。巴黎公社成立后，加里波第在缺席情况下当选为国民自卫总司令。1882 年在卡普雷拉岛病逝，享年 75 岁。此处的加里波第义勇军，就是他组建的红衫军。

损失。这个阶段没有什么特别之处，按照惯例，一支部队向前推进，没有因为敌军火力而停下脚步，最终后者却掉头逃跑了。教皇军的轻步兵具有非凡的战斗精神。将他们与昂蒂布军团①进行比较的话，我们不得不得出一个结论：为理想而战的人比为金钱卖命的人打得更加精彩顽强。每次教皇军前进，我军也随之跟进。我们并不关心这场战斗，也不想参加战斗，更不希望我们会被加里波第的义勇军拦住去路。好在这些事都没有发生。

大约在3点钟。当时，第1线列步兵团的1个营抽调前3个连负责掩护炮兵，即部署在战场上的三四门火炮。该营的后3个连组成法军纵队的前锋，其他团紧随其后。第1线列步兵团团长弗里蒙特研究了战场之后，率领两个猎兵连出击，他的团的1个营紧随其后，从右侧包抄村庄。

与此同时，第1线列步兵团面向罗通多山方向，进一步向右侧进击，在途中两次暴风骤雨般地向罗通多山随意开火。由于距离和地形的原因，火力造成的物质损失微乎其微，但是在打击士气方面的效果肯定相当可观，在从门塔纳到罗通多山的路上逃兵如潮，我军的神枪手控制着这条路，他们向逃敌开火，造成的杀伤比夏塞波步枪造成的还要大。直到夜幕降临，我们一直驻守同一个阵地，当我军撤退到门塔纳附近的一个阵地时，便就地宿营了。

我连是与第1线列步兵团联手向右翼进攻的两个猎兵连之一。我连拥有98支步枪（我们还没有装备夏塞波步枪），迫使加里波第义勇军丢下一门火炮和不少步枪，撤离他们坚守的阵地。此外，根据还留在战场上的人的判断，我连使将近70个敌人丧失了战斗力。1个敌人身中数弹，子弹击穿了他的皮带和卡宾枪，所以他只负了轻伤。

我们向右进击之后，将军身边还剩下三个猎兵连、第29步兵团的一个营、第59步兵团的三个营，我并没有把没有参战的教皇军计算在内。我的几个战友告诉我，在一条两侧都无人占领的下沉道路上，他们曾经与第59团的一个猎兵连火并。到达村庄附近时，来自房舍或由敌军神枪手（他们可以轻松到达无人防守的

---

① 译注：昂蒂布军团（Antibes legion）是在教皇庇护九世的教皇国务卿吉科摩·安东内利的指导下招募的。1864年9月签订了《九月公约》，它允许教皇保留军队，但没有赋予拿破仑三世继续在罗马维持保护教皇权威的部队的权利。于是安东内利组建了该军团以取代驻扎在罗马的法国军队。

侧翼）射出的几发子弹，招来了我军猛烈的还击。所有士兵都开了枪，为了避免误伤友军——可能确实误伤了，军官们用命令和行动阻止开火。直到一些士兵在军官的带领下爬上了道路两侧，枪声才平息下来。我不认为他们充分理解了新式武器的使用方法。

第 1 线列步兵团对罗通多山的火力打击并不十分奏效，我认为效果微不足道。我说的不是士气方面的效果，这方面战果辉煌。

罗通多山附近有很多加里波第义勇军，但此地的地形与意大利村庄周围一样，密布树木、草丛等植被。在这种情况下，我认为神枪手的火力比齐射更加有效，因为在这种地形上，士兵难以估计目标距离，根本无法瞄准。

二战盟军间谍和反间谍官方培训手册
军情六处前身SOE编写
美国中央情报局前身OSS采纳并使用

"点燃整个欧洲!"

——被希特勒激怒的丘吉尔,向SOE发出的著名指令